Erich Wustmann

Hrenki

Geboren im indianischen Dschungel

Mitteldeutscher Verlag Halle · Leipzig

ISBN 3-354-00043-0

2. Auflage
Lizenz-Nr. 444-300/142/87 · 7001
Printed in the German Democratic Republic
Gesamtausstattung: Peter Hartmann
Gesamtherstellung: Karl-Marx-Werk Pößneck V 15/30
Best.-Nr. 639 243 3

01250

Weitab im Sertão

In einer windstillen Nacht, zur Zeit der langen Trokkenheit, schien der Halbmond silberhell aus dem Meer zu steigen. Seine matten Strahlen huschten über die wogende Flut und fielen gleichzeitig auf die Häuserreihen von Pernambuco und die weiße Stadt San Salvador in Bahia, auf den hellen Strand der Copacabana und auf die Wolkenkratzer von Rio de Janeiro, die Symbole der modernen Zeit. Dann lief der Schein über das Gebirge hinweg, weit hinein ins brasilianische Interior, wo von der neuen Zeit nichts mehr zu spüren ist, wo der wilde Sertão beginnt und das Raunzen des Jaguars durch die große Einsamkeit klingt.

Dort schlug ein Mann die Augen auf und betrachtete den langsam aufsteigenden Mond. Ihn fröstelte, denn die Nacht war kühl. Er besaß keine Decke, um seine Glieder zu wärmen, nicht einmal Hemd und Hose, denn er war ein Indianer vom Stamm der Crao. Nur eine geflochtene Bastmatte diente ihm als Unterlage. Sein Körper war schwarz bemalt, Hals, Unterarme und Unterschenkel sahen blutrot aus. Im Gesicht trug er zwei rote Streifen, die seitlich der Augen von der Stirn abwärts liefen. Sein Name war Herjo. Im Dorf galt er als der beste Sänger, doch war er auch in sportlichen Wettkämpfen kaum zu schlagen. Blauschwarzes, bis auf die Schultern herabfallendes Haar umrahmte sein schönes, fast weiches Gesicht.

Jetzt richtete er sich auf, rollte die Matte zusammen, ging in seine Hütte und schob sie unters Dach. Langsam setzte er sich in Bewegung und trat eine Wanderung an, die ihn um das Dorf führen würde. Die Häuser, die aus einem festen Gerüst und Palmenblättern bestanden, bildeten einen großen Ring um einen freien Platz. Wäre jemand aus der Stadt mit einer Meßvorrichtung gekommen, hätte er als Dorfumfang ungefähr einen Kilometer feststellen können. Herjo brauchte jedoch keine Maße. Die Entfernung galt ihm ebensowenig wie die Zeit. Er brummelte leise vor sich hin, als suche er nach einer Melodie. Davon erwachte Hrenki. Sie kugelte sich zusammen wie ein Igel, denn sie fror von den Zehen bis zur Nasenspitze. Wenn sie die Augen öffnete, konnte sie nichts sehen, denn es war noch dunkel in der Hütte. Alle anderen schienen zu schlafen.

Draußen näherte sich der nächtliche Sänger, dessen Stimme nunmehr laut durch die Stille klang. Sie schwoll an wie ein Sturm, verklang wie ein Hauch und rüttelte an den Träumen der Schläfer. Herjo konnte singen; Buteblö schien ihm diese schöne Stimme gegeben zu haben, der Gott Buteblö, der alles schuf.

»Kommt«, sang er, »kommt alle herbei! Kalt ist die Nacht. Der Mond ist da. Kommt und laßt uns tanzen. Am Feuer wird uns warm.«

Hrenki kroch durch den Raum, schob die Matte beiseite und lugte ins Freie. Dann kauerte sie sich draußen vor die Tür. Ein kleiner Hund schmiegte sich an sie und schien genauso zu frieren wie sie.

Herjo entfernte sich, aber sein aufrüttelnder Gesang hing an- und abschwellend über dem ganzen Dorf. Dreimal wanderte er singend um den großen Platz. Manchmal hüpfte er im Takt seiner Melodien.

Hrenki wartete das Ende seiner Wanderung nicht erst ab. Als sie sah, daß inmitten des Dorfplatzes die Flammen eines Feuers höher schlugen, erhob sie sich, um einem Weg zu folgen, der zur Platzmitte führte. Sie bemerkte auch noch andere Gestalten, die sich dasselbe Ziel gesteckt hatten. Der Stammesälteste schürte das Feuer, um das sich die Erwachsenen zwanglos gruppierten. Hrenki fing an, ein eigenes Feuer zu entfachen. Dürres Holz lag genügend auf einem Stoß, und mit einem Stück Palmenblatt holte sie ein Flämmchen, das sie unter ihren Stapel schob. Noch während sie pustete, gesellte sich Ganghuá zu ihr, ein Mädchen aus dem Nachbarhaus.

Herjo wanderte immer noch laut singend um das Dorf. Er vermochte jedoch nicht alle Leute aus den Hütten zu locken, denn wer nicht fror, blieb lieber liegen und schlief weiter. Selbst der Häuptling stand erst auf, nachdem Herjo seinen Rundgang beendet hatte.

Vor sich hin summend, kam Herjo zur Platzmitte. In der rechten Hand hielt er eine Rassel, eine kleine, mit einem Holzstiel versehene Kalebassenfrucht, in der Steinchen klapperten. Als gäbe es außer ihm niemand weiter auf dem Dorfplatz, ging er an den anderen vorbei, tänzelte jenseits des Feuers hin und her und schwang dabei immer die Rassel. Er stimmte einen rhythmischen Gesang an ohne besonderen Text. Die anderen wußten jedoch, daß er mit einem Jagdtanz beginnen würde. Deswegen erhoben sich die Männer, gingen zu ihm und bildeten um ihn herum einen Kreis. Während sie sich, einander an den Händen haltend, mit raschen Schritten fortbewegten, tanzte Herjo im Kreis und entgegengesetzt mit hüpfenden Sprüngen. Die anderen fielen in seinen Gesang ein, ohne seine Tonhöhe zu erreichen oder gar zu überbieten. Er blieb der Vorsänger und war tonangebend. Immer noch sah es aus, als kümmere er sich gar nicht um die anderen.

Hrenki stocherte in ihrem Feuer und genoß die

Wärme. Plötzlich drehte sie sich in ihrer Hockstellung zu Ganghuá und fragte: »Gehst du ganz früh mit los?«

»Mit dir?« erkundigte sich die Freundin.

»Ich dachte«, meinte Hrenki.

»Das ist möglich«, erwiderte die andere.

Damit hatte sich diese Angelegenheit erledigt. Es lag nicht in der Art der Crao, eine einfache Sache groß und breit zu besprechen.

Hrenki schürte das Feuer. Sie lachte vergnügt vor sich hin, denn sie fand es lustig, den Flammen zuzusehen.

Inzwischen hatten mehrere Frauen ein drittes Feuer angelegt. Sie trugen kleine Kinder bei sich, doch waren einige so jung, daß sie bei den Weißen noch als Mädchen gegolten hätten. Aber die Crao traten sehr früh in eine Ehe ein. Sie kannten es nicht anders und sprachen nicht darüber. Keiner zählte ihre Jahre.

»Ich habe Bienen gefunden«, sagte Ganghuá, ohne ihren Blick vom Feuer zu wenden.

Hrenki sah auf und fragte gespannt: »Hast du den Honig schon geholt?«

»Nein, vielleicht holen wir ihn jetzt.«

»Ja, bestimmt. Wir wollen nachher aufbrechen und Feuer mitnehmen. Muß der Baum gefällt werden?«

»Ein Pfeilrohr genügt.«

Hrenki schnalzte mit der Zunge, lachte und zeigte ihre schönen, spitzgefeilten Zähne. Das Feuer warf seinen flackernden Schein auf ihr Gesicht, in dem alle Härchen sorgfältig ausgezupft waren. Selbst die Augenlider waren wimpernlos. Zu beiden Seiten der Wangen hatte ihr die Mutter ein Muster aus schwarzen Streifen aufgemalt. Ihr Haar schimmerte blauschwarz und umgab in dichter Fülle das Gesicht. Sie trug jetzt keine

weitere Körperbemalung und war nur mit der roten Urucúfarbe eingerieben. Um die Hüften hatte sie einen Tuchfetzen gebunden, dessen eigentliche Farbe nicht mehr zu erkennen war, denn die Körperbemalung hatte ihn völlig verfärbt.

Hrenki galt als ein schönes Mädchen. Sie wußte es und legte großen Wert auf einen guten Haarschnitt und sorgfältige Bemalung, auch schmückte sie sich gern mit Ketten aus bunten Samenkapseln. Herjo hatte mehrere Tänze angeführt, an denen sich nur die Männer beteiligten. Jetzt legte er eine Pause ein, und alle Männer kamen zu dem großen Feuer. Sie rollten dicke Klötze heran, auf die sie sich setzen konnten. Dabei ergab es sich wie von selbst, daß die Alten für sich blieben und die jungen Männer eigene Gruppen bildeten. Drei Knaben waren dabei, ein Feuer für sich anzuzünden. Wahrscheinlich befand sich niemand mehr in den Häusern; die Nacht war bald vorbei.

Unter den Männern gab es prächtige Gestalten, furchtlose Jäger und tapfere Krieger. In ihren Ohren trugen sie große bemalte Scheiben, an den Oberarmen Bastschmuck oder eine bunte Papageienfeder im Haar. Ihre Körperbemalung unterschied sich sehr, denn das Dorf wurde in drei Clans eingeteilt, und die meisten trugen das Zeichen des betreffenden Clan-Tieres. Da gab es Jaguar, Fischotter und Adler, alles Tiere, die von den jeweiligen Clanleuten nicht gejagt wurden. Der Clan band die Gruppe, doch durften die Angehörigen eines Clans nicht untereinander heiraten. Als das Dorf größer gewesen war, hatte es noch die Kaimane gegeben, aber das war schon lange her.

Allmählich neigte sich die Nacht dem Morgen zu. Die Helligkeit nahm zu, und am östlichen Himmel zeigte sich langsam eine rötliche Färbung. Herjo erhob sich, rasselte mit seiner Kalebasse und tanzte hüpfend hin und her. Seine Stimme galt diesmal den Frauen. Hrenki und Ganghuá gingen nun auch zu ihm. Die Frauen stellten sich in langer Reihe auf und hatten den Blick der aufgehenden Sonne zugewandt. Mit ihren schönen Altstimmen begleiteten sie Herjos Gesang. Ihre angewinkelten Arme bewegten sie vor und zurück. Allmorgendlich begrüßten sie auf diese Weise die Sonne, wenn deren erste Strahlen wohltuend die nächtliche Kühle verdrängten.

Als es hell geworden war, beendete Herjo den Tanz. Immer noch rasselnd, verließ er den Platz; die Nacht war vorbei, das Tagewerk konnte beginnen.

»Gehen wir?« fragte Hrenki.

»Ja, jetzt gleich«, erwiderte Ganghuá.

Sie waren im Dorf die einzigen Mädchen dieses Alters und arbeiteten entweder mit ihren Eltern auf der Pflanzung oder streiften gemeinsam durch den Sertão, um alles zu sammeln, was sie essen oder sonstwie verwerten konnten. Hrenki nahm in gewohnter Weise einen glimmenden Ast mit. Sie lief nach Hause, gab ihren Eltern Bescheid, hängte eine leichte Basttasche auf den Rücken und nahm für den Honig eine Kalebassenschale in die Hand. Ganghuá trug außerdem noch ein langes Rohr, eine Art Bambus, aus dem die Pfeile hergestellt werden.

Vom Dorf führten Pfade nach allen Richtungen. Sie waren schmal, denn Indianer laufen immer hintereinander und brauchen dadurch keine breiten Wege. Nach Möglichkeit bleiben sie auf diesen Pfaden, weil sie dort vor Schlangen am sichersten sind.

Hrenki schritt voraus, schwenkte ihren glimmenden

Ast und blies zuweilen auf die Glut. Ihr Blick wanderte vom Weg ab über die offene Landschaft, wo es überall Gebüsch und einzelne Bäume gab. Manchmal sirrte eine Zikade. Mit schrillem Ruf flogen Vögel vor ihr auf. Sonst blieb es still, und der Sertão schien wie ausgestorben.

Mit feindlichen Indianern brauchten die Mädchen nicht zu rechnen. Die Crao hatten sich in ein Gebiet zurückgezogen, wo es keine anderen Stämme gab. Dort lebten sie in drei Dörfern, die jedoch so weit voneinander entfernt lagen, daß sich ihre Bewohner nur selten gegenseitig besuchten. Überall konnten dagegen Jaguare auftauchen, die am hellichten Tag jedoch kaum einen Angriff wagten. Gefährlich aber waren die Schlangen, vor allem die kleine rot-weiß beringte Korallenschlange, deren Biß zum Tode führte.

Hrenki achtete auf alles. Wäre Ganghuá vorausgegangen, hätte sie nach allem Ausschau halten müssen. So liefen sie lange Zeit, während die Sonne höher stieg und wohltuend warm auf sie herunter schien.

Als der glimmende Ast verlöschen wollte, blieben die Mädchen stehen. Sie brachen von dürrem Stechpalmengestrüpp einige Wedel ab, die sie darüber zu einem Haufen schichteten, und bliesen kräftig das Feuer an, bis der Ast wieder richtig glimmte.

Plötzlich bog Ganghuá vom Pfade ab. Obwohl der Sertão überall ähnlich aussah, fanden sich die Mädchen gut zurecht. Sie kannten meilenweit jeden Früchtebaum und jedes Vogelnest.

Ganghuá blieb unter einem alten Baum stehen, in dessen hohlem Stamm die Bienen summten. In halber Höhe flogen sie ein und aus. Es war eine kleine Bienenart, die sich nicht angriffslustig zeigte und deren Stiche nur brannten, ohne Schwellungen hervorzurufen.

»Fein«, sagte Hrenki, indem sie den Baumstamm abschätzte. »Wenn wir dort oben die morsche Stelle aufklopfen, müßten wir die Waben erreichen.«

Ganghuá lachte. Sie verband ihre Füße durch einen um die Gelenke gelegten Kletterstrick miteinander und fing an, den Baum zu ersteigen. Indem sie die Fußsohlen gegen den Stamm drückte, erreichte sie rasch die morsche Stelle unterhalb des Einflugloches. Dort legte sie einen zweiten Baststrick um ihren Rücken und den Baum, so daß sie beide Hände frei bewegen konnte. Aus ihrer umgehängten Tasche holte sie zwei Steine, von denen der eine zugespitzt war. Den trieb sie mit kräftigen Schlägen in den Stamm hinein.

Hrenki hatte inzwischen dürres Holz gesammelt und ein Feuer entfacht, in das sie nach und nach grüne Zweige legte, damit dicker Qualm aufstieg, der die Bienen vertrieb. Ganghuá rechnete trotzdem damit, blitzschnell die Flucht ergreifen zu müssen, denn es konnte passieren, daß sich die bestohlenen Bienen in Scharen auf sie herabstürzten. Diesmal verlief jedoch alles nach Wunsch. Der Keil fraß sich in das morsche Holz, drang tief ein und stieß plötzlich ins Leere.

Ganghuá schnupperte in die Öffnung. »Wirf das Rohr herauf!« rief sie der Freundin zu. Vorsichtig drehte sie das Pfeilrohr in das Loch. Danach löste sie den oberen Strick und stieg geschwind zu Boden. Von dort aus drehte sie das lange Rohr noch tiefer in den Stamm hinein.

»Er kommt!« rief Hrenki und hielt ihre Kalebasse unter das Rohr. Tatsächlich zeigte sich am Rohrende ein heller Tropfen, der sich wie ein Faden löste und immer dicker wurde, bis der Honig goldgelb in die untergestellte Schale lief.

Hrenki stellte das Räuchern ein, weil die Bienen den Raub gar nicht zu bemerken schienen. Der Honig rann und füllte allmählich die Kalebasse. Das Rohr mußte nur von Zeit zu Zeit ein wenig bewegt werden, um in dem Wabenbau neue Quellen zu eröffnen.

Den Mädchen lag wenig daran, die Behälter vollgefüllt nach Hause zu tragen. Sie aßen, soviel sie essen konnten. Was dann noch übrigblieb, wollten sie gerne mitnehmen.

Noch während sie sich auf diese Weise beschäftigten, stand ein junger Indianer ein gutes Stück entfernt in einem Gebüsch. Seit geraumer Zeit beobachtete er die Mädchen. Sein Körper zeigte die Bemalung der Schlange, aber sein Gesicht war frei von jeder Farbe. In den Händen hielt er mehrere Pfeile und einen Bogen, vor ihm lag ein erbeutetes Gürteltier. Den Ohrscheiben zufolge war auch er ein Crao.

Hrenki erhob sich aus ihrer Hockstellung, blickte umher und sagte leise: »Wir werden beobachtet.«

Ganghuá ging augenblicklich zu Boden. »Siehst du etwas?« fragte sie.

»Nein, ich spüre es nur.«

»Sollen wir gehen?«

»Das hat ja doch keinen Zweck.«

Der Indianer merkte, daß er entdeckt worden war. In stattlicher Größe trat er aus dem Gebüsch. Um sein Kommen anzumelden, stieß er einen kurzen Ruf aus. Die Mädchen heuchelten Unbefangenheit und nahmen ihre Beschäftigung wieder auf. Obwohl sie ihn nicht kannten, fürchteten sie sich nicht, denn er war ein Crao.

Grußlos trat der junge Mann zu ihnen. Er lachte, hockte sich nieder und naschte an dem Honig. »Da komme ich zur rechten Zeit«, meinte er schließlich.

»Ja, denn wir haben Hunger«, antwortete Hrenki mit einem Blick auf das erbeutete Gürteltier.

»Das hatte ich den Leuten zugedacht, bei denen ich schlafen werde«, gab er zurück.

»Woher kommst du?« wollte Ganghuá wissen.

»Vom Großen Lied. Ihr scheint es nicht zu kennen.«

»Nein, wir hörten nur davon«, gab Hrenki zu.

»Wenn ihr zwei Tage lauft, seht ihr es vor euch liegen.«

»Wozu?« fragte Ganghuá.

»Es ist ein Dorf, viel schöner als jedes andere.«

»Woher weißt du das? Du kennst nicht einmal das unsrige.«

»Die Alten sagen es, und die müssen es wissen.«

»Freilich, da hast du recht«, erwiderte Hrenki.

»Ich habe trotzdem Hunger, und der Honig läuft nicht mehr«, meinte Ganghuá. Mit einem Ruck zog sie das Rohr aus dem Baum. Danach suchte sie stark riechende Blätter, füllte krustige Erde in ihr Täschchen, legte abermals den Fußstrick an und kletterte am Stamm empor, um das Loch zu verschließen. Auf diese Weise verhinderte sie das Eindringen von Ameisen und anderem Getier und erhielt sich eine Honigquelle, die sie ab und zu ganz nach Belieben anzapfen konnte. Als sie damit fertig war, versteckte sie das Rohr in einem Gebüsch.

Bevor die Mädchen den Heimweg antraten, suchten sie mit dem jungen Crao einen Cajúbaum auf, der gutschmeckende, reife Früchte trug. Seine Äste reichten fast bis auf den Boden herab. Da aßen sie nach Herzenslust, und die Mädchen füllten obendrein noch ihre beiden Taschen. Weil es jedoch zu viele Früchte waren, fertigte Hrenki aus zwei kleinen Palmwedeln ein Körbchen an, um möglichst viel Obst mitzunehmen.

»Hast du eine Frau, Mehin?« fragte Hrenki, als sie hintereinander dem Dorf zuschritten. Sie nannte den jungen Mann ›Mehin‹, denn so werden alle jungen Männer gerufen. Die Crao vermeiden es nach Möglichkeit, sich beim Namen zu nennen, damit die bösen Geister, die sie überall vermuten, nicht erfahren, wie sie heißen.

Der Crao verneinte und sagte: »Vielleicht werde ich dich nehmen.«

Hrenki erschrak und hatte keine Lust, mit ihm weiterzugehen. Deswegen blieb sie zurück und bog seitwärts ab. Das war eine so deutliche Abfuhr, daß sie jeder begreifen mußte.

»So«, meinte Ganghuá spöttisch, »das hast du davon.«

Auch sie verließ den Pfad, um der Freundin zu folgen. Der Crao ging jedoch lachend weiter, ohne sich noch einmal umzudrehen.

Die Mädchen kamen vor dem Besucher im Dorfe an. Es war um die Mittagszeit, als die Sonne am höchsten stand und ihre Glut ausstrahlte. Hrenki kam gerade zurecht, um den ersten Maniokfladen essen zu können, den die Mutter gebacken hatte. Der Vater stand an der Hüttentür und flocht aus den feinen Fasern der Buritipalme ein langes Tragband.

»Wir begegneten einem Mehin, der unser Dorf besuchen wird«, sprach Hrenki, während sie genießerisch das Gebäck kaute. »Er kommt vom Großen Lied.«

»Allein?« wunderte sich die Mutter.

»Ja, sein Zeichen ist die Schlange.«

»Dann ist er weitläufig mit uns verwandt«, bemerkte der Vater.

»Er sagte, daß er mich heiraten will.«

»Das wird er kaum wirklich wollen — oder du müßtest uns verlassen.«

»Ich will ihn aber nicht!«

»Du kannst noch warten«, meinte der Vater. »Trotzdem halte ich das Große Lied für besser als unser Dorf.«

»Wieso?« fragte Hrenki.

Der Vater unterbrach die Arbeit, holte einen inzwischen fertiggebackenen Fladen und setzte sich auf einen Stein. Während er aß, wollte er weder gestört werden noch erzählen.

Der Besucher hatte soeben das Dorf erreicht und war in das Haus des Häuptlings getreten. Ein Hund bellte, sonst blieb es still ringsumher, denn die Mittagszeit verbrachten alle Leute möglichst im Schatten.

Hrenkis Vater nahm einen Schluck Wasser aus der Kalebasse, setzte sich wieder neben Frau und Tochter und sagte: »Die Crao sind weit umhergekommen. Mein Großvater hat darüber viel erzählt. Ich weiß nicht, wo sie überall gewesen sein mögen. Einige sahen den großen Strom, den sie Amazonas nennen, andere waren an dem großen Wasser, dort, wo die Weißen wohnen. Sie haben selten Kriege geführt, nur dann, wenn sie angegriffen wurden. Auch mit den Weißen kamen sie aus.« Der Vater überlegte, bevor er fortfuhr: »Da war ein alter Mann mit Bart und langem Kleid. Er kam zu uns, doch lebte ich damals noch nicht. Vielleicht war der Großvater noch nicht einmal da. Und jener Alte lebte bei den Crao. Er brachte einen anderen Buteblö mit, und die Crao brauchten nicht mehr die Buschgeister zu fürchten. Was er alles gesagt hat, haben wir vergessen.«

»Er lebte lange?« fragte Hrenki, als der Vater schwieg.

»Ich glaube schon. Er war zu allen wie ein Vater. Die Crao lernten vieles von ihm, legten Felder an und pflanzten Bäume. Das Dorf, in dem sie lebten, besteht nicht mehr, aber später erbauten viele Crao ein schönes Dorf mit Feldern und großen Bäumen. Sie nannten es Icré, das Große Lied.«

»Und warum nannten sie es so?« wollte Hrenki wissen.

»Dort sangen sie viel mehr als in den anderen Dörfern. Sie sangen und tanzten bei Tag und Nacht, und so ist es geblieben.«

»Warum sind nicht alle Crao dorthin gezogen?« fragte Hrenki.

»Zu viele auf einem Platz, das ist nicht gut. Dann müßten alle verhungern, weil es keine Tiere mehr gäbe.«

»Warum bist du nicht dort geblieben?«

»Mein Vater war auch nicht dort, vielleicht nicht einmal der Großvater. Wir haben jedoch Verwandte unter den Schlangen, denn mein Bruder zog dorthin zu einer Frau, auch lebt eine Schwester deiner Mutter im Dorf Icré!«

»Und wer ist der Mehin, der zu Besuch gekommen ist?«

»Den muß ich mir erst einmal ansehen.«

Der Vater erhob sich und ging den Weg entlang zum Häuptlingshaus. Hrenki überlegte nicht lange, sondern folgte ihm. Inzwischen waren auch andere den Weg gegangen, um den Gast zu begrüßen, denn es geschah selten, daß ein Fremder in dieses entlegene Dorf geriet.

Ein Herz für junge Tiere

Hrenki war, wie alle Kinder der Crao, mit Tieren aufgewachsen. Sie bevorzugte junge Tiere, die auf Hilfe angewiesen waren. Tag für Tag spähte sie im Sertão nach Jungtieren aus, ganz gleich, ob sie in einem Nest lagen oder unbeholfen vor ihr flohen. Sie holte zu guter Letzt alle kleinen Vierfüßler ein und brachte es fertig, halbflügge Vögel so lange zu jagen, bis sie ihr in die Hände fielen. Ihre Verfolgung artete manchmal in Grausamkeit aus, und sie nahm den Muttertieren ihre Jungen weg, ohne Mitleid zu verspüren.

Als Hrenki ganz klein war, spielte sie nur mit Hundewelpen. Etwas später beschäftigte sie sich mit entkernten Maiskolben. Das waren ihre Puppen. Wenn sie einem eine Feder aufsteckte, galt er als Junge, während eine um die Mitte gebundene Bastschnur ein Mädchen darstellen sollte. Diese Puppen verwöhnte sie, auch gab sie ihnen zu essen und zu trinken, bis irgendein Junge kam und die schönen Püppchen als wertlosen Kram beiseite fegte. Dann weinte Hrenki und suchte Trost bei den Welpen, aber eines Tages besaß sie doch wieder ihre Puppenkinder, die über kurz oder lang den gleichen Weg wie die früheren gingen.

Ganz anders verhielt sich die Sache mit jungen Papageien und Araras, die sie füttern durfte, bis sie groß waren und sich zum Spielen nicht mehr eigneten.

Die Indianer hielten diese Vögel, weil sie schöne Federn hatten, die sie brauchten, um sich für ihre Feste zu schmücken. Sie rupften ihnen je nach Bedarf die schönsten Federn aus, und obwohl sie sich völlig frei bewegen und fortfliegen konnten, saßen die großen Vögel

in ihrem bunten Federschmuck, als warteten sie nur darauf, ihre Schönheit für eins der vielen Feste herzugeben.

Mit großer Hingabe nahm sich Hrenki der jungen, unbeholfenen Papageien an. Sie kaute das Futter vor und schob es ihnen tief in den Schlund hinein. Wochenlang mußte ein Jungtier gefüttert werden. Wenn es größer war und die Nahrung selbst aufnehmen konnte, dann kaute Hrenki einen Bissen Maniokfladen vor und schob ihn zwischen ihre Lippen, wo ihn der Vogel vorsichtig wegnahm. Dadurch entstand ein so enges Verhältnis zwischen ihr und den Tieren, daß sich die jungen Papageien und Araras nicht mehr von Hrenki trennen wollten. Es blieb ihr nichts weiter übrig, als auf fast allen Wegen eine Stange zu tragen, auf die sich die Vögel setzen konnten. Wurden sie größer und flügge, dann flogen sie einfach mit. Erst wenn sie ganz erwachsen waren, verloren sie ihre Anhänglichkeit, doch blieben sie für immer im Dorf.

Viele Jungtiere brachte der Vater von seinen Jagdstreifen mit nach Hause. Einmal war es eine kleine Gazelle, ein andermal ein junger Nandu, ein kleiner Strauß. Diesen Vogel zog Hrenki in üblicher Weise auf, doch gewöhnte er sich nur an sie und griff alle anderen Crao heftig an. Er wurde so bösartig, daß ihm alle aus dem Wege gingen. Hrenki weinte, als er wegen seiner Gefährlichkeit abgeschafft werden mußte.

Grob und ungesellig benahm sich ein junges Stachelschwein, mit dem sich Hrenki große Mühe gab. Dieses Tier zeigte seine Stacheln, biß um sich und verweigerte die Nahrung. Der Vater trug es schließlich wieder in den Sertão hinaus, denn es war groß genug, um sich allein durchschlagen zu können, aber noch zu klein für eine Mahlzeit.

Natürlich zogen auch die anderen Kinder junge Tiere auf. Fast in jedem Haus war eins anzutreffen. Manchmal kamen die Mädchen und Jungen zusammen, um ihre Tiere zu vergleichen. Obwohl die Indianer in einer Gemeinschaft lebten und die Jagdbeute untereinander teilten, blieben die Jungtiere im Besitz der Familien. Kein Kind trennte sich von seinem Tier, das ihm gleichzeitig Spielgefährte war. Wer keins besaß, mußte in den Sertão gehen und sich eins suchen.

Bei dem Versuch, einen Sumpfvogel einzufangen, wäre Hrenki fast umgekommen. Vor den Augen der Freundin Ganghuá versank sie bis zur Brust im Morast und sank immer tiefer. Ganghuá sah sich nach einer Möglichkeit um, der Freundin schnell zu helfen. Sie schleppte dürres Holz herbei, errichtete einen Damm und schob Hrenki einen starken Ast zu, an dem sie sich festhalten konnte. Auf diese Weise entkamen beide dem Moor, doch sie sahen arg mitgenommen aus.

Um sich zu säubern, suchten sie den Bach auf, der an ihrem Dorf vorüberfloß. Hrenki lachte über ihr Abenteuer und fragte: »Hast du jemals im Sumpf gelegen?«

»Nein, aber mein Bruder«, antwortete Ganghuá. »Ich glaube, von ihm war überhaupt nichts mehr zu sehen; im letzten Augenblick wurde er gerettet.«

»Ich möchte es nicht noch einmal erleben. Mein Vater sagt: ›Laß dich beißen, damit du gescheit wirst.‹ Jetzt hat mich das Moor gebissen.«

Als sie an den Wasserlauf kamen, wollte sich Hrenki hineinwerfen, doch wurde sie von Ganghuá unsanft zurückgerissen, denn aus den überhängenden Zweigen eines Gebüsches lugte der Kopf einer Schlange hervor.

Hrenki sah sich um, hob einen Stein auf und schleuderte ihn mit ganzer Kraft gegen das Scheusal. Die Schlange zuckte zurück, wand sich unter dem Gebüsch hervor, verknotete ihren Leib und trieb mit der schwachen Strömung. Wahrscheinlich hatte der Stein eine empfindliche Stelle getroffen. Das Tier war keinesfalls tot, sondern nur vorübergehend gelähmt. Beide Mädchen bewaffneten sich mit Stöcken und schlugen so lange auf die Schlange ein, bis sie sich nicht mehr rührte. Jede Schlange wird von den Indianern getötet. Eine uralte Feindschaft besteht zwischen ihnen. Diesmal hatten die Mädchen eine Sururuku erlegt, eine der gefährlichsten Schlangen des brasilianischen Interiors.

Nach diesem Erlebnis tobten sie in ausgelassener Fröhlichkeit im Wasser, schwammen, tauchten und bespritzten sich, bis sich der klare Bach in eine Lehmbrühe verwandelt hatte.

An diesem Tag kehrten Hrenki und Ganghuá ohne Beute heim, aber bereits am nächsten Tag wollte Hrenki mit ihrem Vater einen kleinen See aufsuchen, auf dem er Enten und Gänse vermutete. Ihm war es recht, daß seine Tochter mitgehen wollte, denn wenn er mehrere dieser großen Vögel erlegte, mußte er sie nicht allein nach Hause schleppen.

Herjo rief auch an dem folgenden Morgen singend zum Tanz. Die Helligkeit brach soeben an. Hrenki war mit ihren Eltern längst aufgestanden. Die Mutter packte Eßbares zusammen, einige Fladen, in der heißen Asche gebackene Bataten und ein Stück Fleisch vom Abend. Sie wickelte alles in ein großes Blatt und verschnürte es zu einem Bündel, das Hrenki unter den Arm nahm. Während die anderen Crao dem Rufe des Vorsängers folgten, verließ ein Indianer mit seiner Tochter das

Dorf, um in den erwachenden Tag zu wandern. Sie hatten einen weiten Weg vor sich und mußten sich sputen, denn wenn die Nacht anbrach, wollten sie wieder zu Hause sein.

In üblicher Weise schritt Hrenki dem Vater voraus. Sie brauchte nur auf den Weg zu achten. Sobald sie ihn hinter sich wußte, bestand für sie keine Gefahr. Er griff den Jaguar ebenso furchtlos an wie die größte Riesenschlange. Und sein Pfeil traf so sicher, daß er einen fliegenden Vogel zu Boden holte.

Während sie einem schmalen Pfad folgten, erzählte Hrenki zum zweiten- und drittenmal ihr gestriges Abenteuer. Der Vater kannte es bereits in allen Einzelheiten, doch lachte er immer wieder. Dieses mehrmalige Erzählen ist eine Eigenart der Indianer. Sie erreichen damit, daß sich eine wichtige Begebenheit genau einprägt, so daß sie jedermann nacherzählen kann und sie sich über Generationen hinaus erhält. Auf diese Weise sind sehr alte Geschehnisse bis auf den heutigen Tag überliefert worden. Es gibt unter den Stammesleuten hervorragende Erzähler, die dafür bekannt sind und die auf eine wortgetreue Wiedergabe der Erlebnisse achten. Sie sind die Lehrmeister der Heranwachsenden, aus deren Reihen ebenfalls zuverlässige Berichterstatter hervorgehen sollen. Deswegen war es nicht verwunderlich, daß Hrenki ihr Abenteuer mehrmals erzählte, denn nicht oft steckt ein Indianer bis zur Nasenspitze im Moor und erschlägt obendrein noch eine Sururuku.

»Hast du schon einmal dringelegen?« fragte Hrenki, während sie sich kurz nach ihrem Vater umdrehte.

»Ja, nur ganz anders«, erwiderte er. »Ich war damals noch sehr jung. Wir waren so viele Männer, wie du Finger an beiden Händen hast. Unsere Stammesältesten hatten beschlossen, daß wir uns nach einigen Urubu umsehen sollten, die zwei unserer Jäger überfallen und erschlagen hatten. Mit den Urubu lagen wir eigentlich nicht im Streit, weil unsere Jagdgebiete nicht aneinandergrenzten. Ich hatte überhaupt noch keinen zu Gesicht bekommen, doch ich ging mit. Wir glaubten nicht an einen Kampf. Viele Tage waren wir unterwegs. Wir jagten, erblickten jedoch keinen anderen Menschen, bis wir unvermutet auf sie stießen. Im nächsten Augenblick beschossen sie uns mit Pfeilen. Das war deutlich genug. Wir sammelten ihre abgeschossenen Pfeile ein und zogen uns zurück. An einem offenen Kampf lag uns nicht viel, denn die Urubu waren uns überlegen. Sie folgten uns nicht, und wir erfanden eine List. Ich schlich mit einem anderen zurück, um sie zu beobachten. Das war nicht so einfach, weil auch die Urubu uns zwei Leute nachschickten. Ich hielt es für ratsam, allein die Gegner zu verfolgen, damit der andere den beiden Spähern auf den Fersen bleiben konnte. Er tat es gründlich und machte sie stumm. Am Abend lagerten die Urubu an einem Moor. Sie glaubten, von dieser Seite her sicher zu sein. Ich lief zurück zu meinen Leuten. Wir legten uns ins Wasser und warteten. Es kam eine mondhelle Nacht. Du weißt, daß Kämpfe immer bei Sonnenaufgang stattfinden. Wir hatten anderes vor. Bis über die Haare beschmierten wir uns mit Schlamm. Fast hätten wir uns vor uns selbst gefürchtet. Jeder band Zweige um Leib, Kopf und Hals. Manche sahen aus wie schlammverkrustetes Strauchwerk. So arbeiteten wir uns unbemerkt durch das Moor. Dann lagen wir still, so wie wir waren. Einer grunzte wie ein Schwein, ein anderer knurrte wie ein Hund, ich raunzte wie ein Jaguar; Vögel zwitscherten, Frösche quakten, Eulen schrien. Es hörte sich schaurig an. Die Urubu erschraken sehr. Zuerst wußten sie nicht, was sie tun sollten, dann packten sie ihre Sachen, und in diesem Augenblick wurde es überall im Moor lebendig. Gestalten sprangen auf, Sträucher fingen an zu tanzen. Der Lärm nahm kein Ende. Wir schossen mit Pfeilen auf die Urubu, und sie ließen alles fallen und ergriffen die Flucht. Sie liefen sehr weit weg. Vielleicht waren etliche verwundet. Wir hoben ihre Waffen auf, fanden auch ein langes Messer, und damit kehrten wir um. Keinem Urubu ist es eingefallen, später wieder an dieses Moor zu gehen. Wir haben sie nie wieder gesehen.«

»Das war eine große Tat!« rief Hrenki begeistert.

Der hellichte Tag lag auf dem Sertão. Araras und Tukane flogen auf Nahrungssuche. Wenn sie die beiden Menschen erblickten, stießen sie einen Warnruf aus. Sie wußten wohl, daß keinem Indianer zu trauen war. Zwar galt das Fleisch dieser Vögel als ungenießbar, doch lockten ihre Federn.

Der Indianer beachtete sie diesmal nicht. Er hatte anderes im Sinn. Um sein Ziel zu erreichen, durfte er keine Zeit verlieren, denn der Weg war weit.

Hrenki hatte den schnellen Schritt des Vaters angeschlagen, war gut gelaunt und erzählte alles mögliche, auch von der Begegnung mit dem Crao, der aus dem Nachbardorf zu Besuch gekommen war. Er hielt sich immer noch im Dorf auf und erwies sich als ein guter Jäger.

Als die Sonne am höchsten stand, erreichten sie eine Senke, die dicht bewaldet war. An ihren Rändern wuchsen schlanke Palmen, während der Wald aus Laubbäumen und krüppelhaftem Unterholz bestand. Mitten darin lag ein See, der eigentümlich dunkel aussah. Die Crao nannten ihn Schwarzwasser. Die Indianer wagten nicht, bei Nacht dieses Stück Urland zu betreten. Sie fürchteten die dort hausenden Jaguare und Geister und den Wächter des Ganzen — ein steinaltes, moosbewachsenes Krokodil.

Hrenki wäre niemals allein diesen Weg gegangen. Diese Gegend lockte zwar durch ihre Geheimnisse, doch schreckte sie ab durch ihre Gefahren. Jetzt ging ihr Vater voraus, und sie blieb dicht hinter ihm. Lautlos berührten ihre Füße den weichen schwarzen Boden.

Ringsum zirpte eine Schar von Grillen; Zikaden sirrten auf den Bäumen. Schmetterlinge umgaukelten die Büsche. Modriger Geruch wechselte mit dem Duft unsichtbarer Blüten. Kleine Vögel huschten im Strauchwerk, schreckten auf und flogen davon. Irgendwo kreischten einige Affen.

Unbeirrt bahnte sich der Indianer einen Weg durch das Dickicht. Der Pfad hatte hier gänzlich aufgehört. Hellwach waren die Sinne des Menschen, weil er in dieser Urnatur nur bestehen konnte, wenn er sich als der Klügere erwies. Hier mordete ein Lebewesen das andere, und trotzdem zog es sie alle in dieses Stück Urwald hinein.

Langsam, lautlos näherte sich der Crao dem See. Seine Bewegungen waren katzenhaft, lauernd und angriffsbereit. In seinem Gesicht lag eine ungeheure Spannung; seine Augen hatten sich zu schmalen Schlitzen zusammengezogen.

Am Rande des Sees blieb er stehen. Hrenki schmiegte sich klein und kaum sichtbar an ihn. Mit einem Blick zeigte er über den See. Dort, ziemlich weit entfernt, lagen und standen große weiße Vögel in Ufernähe. Das hieß also, daß sich der Jäger an einer anderen Stelle anschleichen mußte. Der Crao trat zurück,

glitt durch den Busch, kroch zuweilen auf Händen und Füßen und war immer bestrebt, unbemerkt zu bleiben. Oft fiel sein Blick in die Baumkronen, wo es Affen, Raubkatzen und Faultiere gab. Heute ließen sie sich jedoch nicht sehen.

Als der Vater wieder einmal ganz langsam schlich und gar noch stehenblieb, gewahrte Hrenki nicht weit entfernt eine Anzahl Gänse. Sie schliefen oder putzten ihr Gefieder und schienen sich in Sicherheit zu wiegen. Der Vater hob seinen Bogen, legte behutsam einen Pfeil auf und zielte lange. Seine Hände waren ruhig, seine Muskeln auf das äußerste gespannt. Hrenki spürte das Klopfen ihres Herzens. Dann flog der Pfeil davon. Sein Pfeifen ließ die Vögel aufhorchen, doch war er schneller als sie. Haargenau traf er eine Gans in den Kopf, so daß sie augenblicklich zusammensank. Die anderen erschraken, blieben jedoch am Fleck. Bald danach traf ein zweiter Pfeil sein Ziel, und erst nachdem die dritte Gans am Boden lag, stob die Schar davon. Ein vierter Pfeil sauste hinter ihr her und riß eine Gans aus der Luft ins Wasser.

So schießt ein Crao! Das waren Meisterschüsse, keiner hatte sein Ziel verfehlt. Hrenki war stolz auf ihren Vater, und in ihren Augen lag ein frohes Leuchten.

Auch der Indianer war zufrieden. Rasch holte er aus einem kleinen Beutel, den er auf den Brust trug, einen feingedrehten Faden und band ihn an ein klobiges Aststück. Dann trat er ans Wasser und schleuderte den Ast nach der auf dem See treibenden Gans. Zweimal verfehlte er das Ziel, aber beim dritten Versuch traf er so günstig, daß er die Beute vorsichtig an Land ziehen konnte. In diesem Augenblick tauchten unweit drei schwarze Buckel aus dem Wasser.

»Da!« hauchte Hrenki, zu Tode erschrocken.

»Das Krokodil wird sich hüten, am Tag den See zu verlassen«, tröstete sie der Vater. »Nur wer ins Wasser tritt, ist des Todes.«

Er bahnte sich einen Weg am See entlang und trug die Gans in der linken Hand. Die anderen drei Gänse zu bekommen, bereitete keine Schwierigkeit. Einer der abgeschossenen Pfeile war gebrochen. Der Vater legte ihn auf die Sehne, spannte den Bogen und schoß den Pfeil genau zwischen die Augen des Krokodils. Es rührte sich nicht, denn der Pfeil war nicht in der Lage, den Panzer auch nur leicht anzuritzen. Der Indianer lachte wie über einen gelungenen Scherz.

Hrenki wagte kaum, das Krokodil anzusehen. Ihr war unheimlich zumute. Jeden Augenblick erwartete sie einen Angriff des Tieres. Da riß das Ungeheuer sein Maul weit auf, zeigte ein furchtbares Gebiß, klappte es hörbar zu und sank in die Tiefe.

»Jetzt schleicht es heran!« flüsterte Hrenki erschrokken. Der Vater lachte, aber er bündelte rasch seine Gänse, um den See zu verlassen. Sie entfernten sich ein gutes Stück, erreichten einen etwas freieren Platz unter den Bäumen und ließen sich dort nieder. Hrenki packte ihren Mundvorrat aus, denn sie hatten seit dem frühen Morgen nichts mehr gegessen. Schweigend verzehrten sie Flachbrot, Fleisch und Bataten. Der Vater holte in einem gefalteten Blatt Wasser, damit sie auch ihren Durst stillen konnten. Als sie endlich fertig waren, fragte Hrenki:

»Gibt es nur dieses eine Krokodil in dem Wasser? Es ist wohl älter als wir beide zusammen?«

»Es ist sehr alt«, bestätigte ihr der Vater. »Mein Vater hat es bereits gesehen, als er noch ein Junge war, und das ist lange her. Immer war es jedoch nicht in diesem See. Keiner weiß, wo es früher gewesen sein mag. Wenn Krokodile alt werden, sind sie oft sehr böse. Sie vertragen sich nicht mit den anderen und werden Einzelgänger. Dann dulden sie kein anderes Krokodil in der Nähe. Nachts kommen sie an Land, überfallen schlafende Tiere und auch Menschen. Sie schleifen sie ins Wasser und sollen dort auf dem Grund große Vorräte besitzen.«

»Kein Mensch kann sie schießen?«

»Keiner tut es. Wozu auch? Ihr Fleisch schmeckt nicht. Nur junge kann man essen.«

»Aber alle Pfeile prallen ab.«

»Nicht überall. Auch das Krokodil hat weiche Stellen, wo ein Pfeil eindringen kann.«

»Was würdest du tun, wenn jetzt eins käme?« fragte Hrenki gespannt.

»Man müßte die Augen treffen.«

»Ich hätte Angst.«

Der Vater hängte die Gänse in eine Astgabel und schickte sich an, noch ein Stück durch den Wald zu gehen, um nach Tieren Ausschau zu halten. Hrenki erblickte vielerlei Blumen, darunter Orchideen, die hauptsächlich hoch im Geäst der Bäume, jedoch auf umgestürzten Baumriesen auch am Boden weiterblühten. Lustig fand sie die Mimosensträucher, deren gefiederte Blätter sich bei jeder Berührung zusammenrollten. Ein leichter Stoß genügte, um sämtliche Blätter eines Zweiges in Bewegung zu versetzen. Ihre gelben Blüten sahen hauchzart aus.

Sonst beachtete Hrenki die Blumen wenig. Für ihre Halsketten verwendete sie bunte Samenkapseln, und im übrigen schaute sie lieber nach etwas Eßbarem oder nach jungen Tieren aus. Genauso verhielten sich Ganghuá und jeder andere Crao.

Ihr Vater blieb an einem umgebrochenen Baum stehen und beklopfte den Stamm. Mit seinen harten Fußsohlen trat er dagegen, bis das morsche Holz zerbrach. Das Stammesinnere bestand aus einer fauligen, fast pulvrigen Masse, in der es eine Menge großer, zarter Larven gab. Sie bildeten eine leckere Speise, und Hrenki konnte nicht genug davon bekommen.

Tausendjährige Beobachtung hatte die Indianer in die Geheimnisse der Natur eingeweiht, so daß sie die Heilkraft der Kräuter, Früchte und Wurzeln kannten und auch wußten, was der Körper brauchte oder was ihm schadete, welche Mittel Krankheiten heilten oder zumindest linderten. Deswegen verspeisten sie auch die zarten Larven der Käfer und Bienen mit großem Genuß.

Hrenkis Magen begann sich sichtbar zu runden. Wenn es darauf ankam, stopfte sie sehr viel in sich hinein, doch machte es ihr nichts aus, zwei Tage lang zu hungern. Heute fanden sie und ihr Vater obendrein noch einen Strauch mit gutschmeckenden Beeren, so daß das Schmausen kein Ende nahm. Zu guter Letzt brachte Hrenki keinen Bissen mehr hinunter.

Mit dem Jagdglück war es vorbei. Zwei niedliche Pinseläffchen turnten zwar durch das Geäst eines hohen Baumes, doch waren sie zu empfindlich, als daß man sie mit einem stumpfen Pfeil hätte abschießen können, wie es üblich war, wenn man Tiere lebend einfangen wollte. Hrenki war froh, daß sie den Rückweg antraten und sie nur eine Gans zu tragen hatte, denn der Vogel war schwer genug für die weite Wanderung.

Die große Beratung

Schon lange Zeit war es so, daß die Crao immer weitere Wege gehen mußten, um das Wild aufzuspüren. Täglich streiften die Jäger umher, doch kehrten sie oft mit leeren Händen zurück. Von kleineren Tieren abgesehen, gehörte jeder größere Fang dem ganzen Dorf. Dieser Brauch hatte sich vor allem in Notzeiten bewährt. Im Laufe der Jahre jedoch wurde das Wild ausgerottet oder vertrieben, und es gab nicht mehr alle Tage Fleisch zu essen.

Im Zwiegespräch oder innerhalb der Familien und Sippen redeten die Crao über eine Verlegung des Dorfes, doch hatte sich der Ältestenrat noch nicht damit befaßt. Nunmehr entschloß sich der Häuptling, über diese Angelegenheit eine Beratung einzuberufen. Herjo umschritt eines Abends singend das Dorf und forderte die Ältesten und beratenden Männer auf, sich in der Platzmitte einzufinden. Alle jungen Männer, die sich sportlich betätigten, waren damit nicht gemeint, denn nach altem Recht schieden die Männer aus den Reihen der Sportler und Krieger, wenn das zunehmende Alter sie dazu zwang, und erst dann gehörten sie zu dem Kreis der Stammesältesten.

Die Crao waren früher zahlenmäßig stärker gewesen. Sie bildeten mit anderen Stämmen die große Familie der Gé. Eingeschleppte Krankheiten führten jedoch zu einer Schwächung sämtlicher Tribus. Die Kindersterblichkeit war erschreckend groß, und auch immer weniger Kinder wurden geboren. Dadurch waren die sporttreibenden Gruppen ebenso wie die beratenden schwächer geworden. Die Crao fanden jedoch einen Ausweg, indem sie die älteren Sportler zu den Beratungen zuließen.

Herjos Ruf brachte also eine stattliche Anzahl Männer auf die Beine. Es waren etwa so viele, wie ein Mensch Finger und Zehen besitzt.

Kinder und Jugendliche hatten eine Menge Holz herangeschleppt, damit das Feuer genügend Nahrung fand. Ein Mann sorgte dafür, daß es hoch genug brannte.

Um das Feuer herum lagen dicke Holzklötze, die zum Klotzrennen benutzt wurden und als Sitzgelegenheiten dienten. Auf ihnen saßen jetzt die Männer, die schweigend in die Flammen sahen. Als letzter erschien der Häuptling. Er nahm neben dem Stammesältesten Platz und fragte, sich im Kreis umblickend: »Wer war heute auf Jagd?« Er hätte es wissen müssen, denn es war am Morgen gesagt worden, wer dies und jenes tun sollte. Vielleicht suchte er nur eine passende Einleitung. Ohne eine Antwort abzuwarten, fuhr er fort: »Nichts, wie häufig. Das liegt nicht an den Jägern. Unsere Pfeile finden ihr Ziel, wenn Wild da ist. Ich habe seit einer Ewigkeit keinen Hirsch mehr gesehen. Faultiere scheint es nicht mehr zu geben. Nur die Jaguare vermehren sich, weil wir ihr Fleisch nicht mögen. Ich glaube, sie erbeuten mehr Wild als die Crao. Hätten wir ihnen nachgestellt, brauchten wir nicht zu hungern. So ist es doch?«

Der Häuptling sah die anderen der Reihe nach an. Einige wiegten zustimmend ihre Köpfe. Der Älteste räusperte sich und antwortete: »Jaguare sind immer unsere Feinde gewesen. Auf unsere Kosten werden sie dick und fett. Als ich jung war, trug ich, ebenso wie die anderen, eine Kette mit den Krallen der selbsterlegten

Jaguare. Ich sehe bei keinem unserer jungen Jäger eine solche Kette. Wir sind müde geworden.«

Als der Älteste schwieg, sagte ein anderer alter Mann: »Auch damals haben wir Gebiete leergejagt. Es blieb uns nichts weiter übrig, als unser Dorf zu verlegen.«

»Das wollten wir besprechen«, bemerkte der Häuptling. »Was bindet uns an diesen Ort? Die Crao haben nie die Arbeit gescheut, ein neues Dorf zu errichten. Ich möchte eure Meinung dazu hören.«

»Vergiß nicht die Pflanzungen«, warf ein Mann ein.

»Es ist üblich, ein Dorf nur so weit zu verlegen, daß jeder die Felder noch erreichen kann«, meinte der Häuptling.

»Dadurch gewinnen wir wenig«, sagte Hrenkis Vater. »Wir sollten lieber einen passenden Ort suchen, dort neue Felder anlegen und noch ein Jahr warten, bevor wir unser Dorf aufgeben. Wenn wir dann umsiedeln, haben wir gleich etwas zu ernten.«

»Der Vorschlag wäre gut, wenn wir hier noch genügend Wild jagen könnten.«

»Es bleibt sich gleich, ob wir nach dem Wild oder nach den Feldfrüchten weit laufen müssen«, meinte ein jüngerer Crao.

»Warum geht es den Leuten vom Großen Lied besser?« fragte ein anderer. »Weil sie so viel Maniok, Mais, Bataten, Bananen und Mango ernten, daß sie ihre Schweine damit füttern können. Das ist es, was wir versäumt haben.«

»Alles ist richtig«, sprach der Häuptling, »doch warte ich immer noch auf Vorschläge.«

Die Beratung verlief stürmisch. Vor allem regten sich die jüngeren Männer auf, während die Alten ihre

Ruhe zu bewahren suchten. Dann und wann kamen Kinder in die Nähe geschlichen, als wollten sie nach dem Brennholz sehen; in Wirklichkeit lauschten sie auf jedes Wort, um es den anderen zuzutragen. Auch die Frauen fanden keine Ruhe und huschten mit kleinen Kindern auf der Hüfte von Haus zu Haus. Die Verlegung des Dorfes beschäftigte alle Gemüter, weil die meisten noch keinen solchen Umzug mitgemacht hatten. Sie stellten es sich schwierig vor, eine Zeitlang ohne Haus leben zu müssen. Einige schwärmten von einem viel schöneren Platz, als wäre dort bereits alles vorhanden.

Währenddessen ergriff der Stammesälteste das Wort und erzählte in seiner bedächtigen Art:

»Vor sehr langer Zeit führte ich einen Mann. Er kam vom großen Wasser her und wollte weit laufen. Ich ging mit ihm. Als er jedoch die Javahé aufsuchen wollte, äußerte ich meine Bedenken. Wir waren nicht gut auf sie zu sprechen. Der Mann sagte, daß ich dort nichts zu fürchten brauchte. Er kannte den dortigen Häuptling. Ich ging also mit. Die Javahé nahmen uns gut auf. Nun kommt das, was ich euch sagen will. Sie wohnten an einem Fluß. Jeden Tag aßen sie Fisch. Fleisch spielte bei ihnen keine so große Rolle wie bei uns. Niemals werden sie alle Fische essen können, die in dem Wasser sind. Daran sollten wir denken, wenn wir einen neuen Wohnplatz suchen.«

Der Häuptling zog ein finsteres Gesicht und sprach:

»Gut hast du geredet, doch haben die Crao immer die großen Wasser gemieden. Dort werden wir nie in Ruhe leben können. Hast du gesehen, daß die Javahé so tanzten und Sport trieben wie wir?«

»Nein, das ist wahr«, bestätigte der Älteste. »Ich

denke auch nicht an einen Fluß, sondern an ein Wasser, das jedoch größer sein müßte als das Schwarzwasser.«

Dieser Vorschlag war nicht schlecht. Die Besprechung drehte sich nunmehr um alle Gewässer, die im Sertão zu finden waren und von denen die Indianer wußten.

Hrenki kam mit einem dürren Ast zur Platzmitte, machte sich am Holzstoß zu schaffen, stocherte im Feuer und ging nach umständlichem Bemühen mit einem brennenden Stock davon. Sie wollte das Feuer nach Hause tragen, weil dort die Asche erkaltet war.

Die Mutter saß an der Tür und sah der Tochter entgegen, sprach jedoch kein Wort. Hrenki entfachte ein kleines Feuer, hielt ihre Hände daran und sagte schließlich:

»Sie sprechen von einem großen Wasser. Dorthin sollen wir ziehen. Vater kennt den Platz genau.«

»Er wird es sagen, wenn es beschlossen ist«, versetzte die Mutter. Ihre Worte klangen so, als wollte sie die Tochter tadeln.

Hrenki lächelte, legte Holz nach und fuhr fort: »Fische sollen in dem Wasser sein. Darum geht es ihnen.«

»Was du nicht alles weißt«, sagte die Frau kopfschüttelnd.

Hrenki tat so, als wollte sie hinter dem Haus verschwinden. In Wirklichkeit huschte sie zu den Nachbarn, zog Ganghuá ins Vertrauen und riet ihr, ebenfalls von der Platzmitte Glut zu holen.

»Das möchte ich nicht«, meinte Ganghuá. »Es ist immer so gewesen, daß wir die Glut vom nächsten Feuer geholt haben. Da muß uns etwas anderes einfallen.«

»Dann bring deinem Vater eine Schale Wasser.«

»Das ist gut! Ich komme dann zu dir.«

Die Beratung zog sich in die Länge. Jetzt drehte sich das Gespräch um den Umzug. Keiner achtete auf Ganghuá, die ihrem Vater Wasser brachte. Er trank und ließ die Schale reihum gehen.

»Zwei unserer Leute sollten den Platz genau untersuchen und feststellen, ob er von anderen Menschen aufgesucht wird«, schlug der Häuptling vor. »Spricht alles für eine Besiedlung, sollen sie das erste Haus für uns bauen.«

Der Häuptling redete lange und ausführlich. Nach ihm ergriffen andere das Wort. Schließlich verschwand der Mond, und der Morgen war nicht mehr fern. Erst als es nichts mehr zu sagen gab, erhob sich einer nach dem anderen, um den Platz zu verlassen. Hrenkis Vater ging mit dem Zauberer, der im Dorf eine geachtete Stellung einnahm. Sie sprachen nicht viel, aber als der klagende Schrei eines Nachtvogels zu hören war, blieb der Zauberer stehen und sagte, zu den Sternen aufblickend:

»Es liegt nichts Gutes in der Luft. Am Feuer habe ich es nicht gemerkt, aber hier spüre ich es.«

»Was ist es?« fragte Hrenkis Vater.

»Ein Unglück — oder eine Krankheit. Es ist noch zu weit entfernt, als daß ich es erkennen könnte. Vielleicht geht es auch vorbei.«

Als der Vater in die Hütte trat, saß Hrenki mit ihrer Mutter am Feuer. Er legte sich sofort auf seine Matte, als hätte er nichts zu berichten, so daß die anderen nicht fragen wollten.

An diesem Morgen ließ sich Herjos Stimme nicht vernehmen. An seiner Stelle sang ein jüngerer Crao, doch traten nur die Burschen zum Sport vor die Hütten.

Sie bildeten zwei kleine Gruppen, die gegeneinander antreten wollten. Zuerst fand das Klotzrennen statt.

Jede Gruppe legte einem der ihrigen einen manns-schweren Klotz auf die Schulter. Das Rennen fing an. Sobald der Klotzträger ermüdete, schob sich ein anderer unter die drückende Last. Meistens führte ein Lauf dreimal um das Dorf herum; heute begnügten sie sich mit einer Runde. Anschließend folgte ein Stabrennen, ein Stafettenlauf mit mehrmaligem Wechsel, zweimal um das Dorf herum.

Während die letzten Burschen noch liefen, schürte Hrenkis Vater das Feuer vorm Haus. Ihn fröstelte, denn der Morgen war kühl. Hrenki und die Mutter setzten sich zu ihm, weil sie neugierig waren und Näheres erfahren wollten.

»Morgen früh gehe ich mit Japalé weg«, begann er gleich danach die Unterhaltung. »Es wäre gut, viele Maniokfladen zu backen.«

Japalé war ein naher Verwandter, der einem anderen Clan angehörte. ›Japalé‹ war nicht sein Name, sondern zeigte den Verwandtschaftsgrad an.

»Wohin?« fragte die Mutter.

»Du kennst das große Wasser nicht«, erwiderte er. »Vielleicht werden wir alle dorthin ziehen. Wir wollen auskundschaften, wie dort die Verhältnisse sind. Stellen sie uns zufrieden, werden wir ein Haus bauen.«

»Bleibt ihr lange fort?«

»Das ist möglich. Nur wenn wir nichts finden, kommen wir bald zurück.«

»Nimmst du mich mit?« erkundigte sich Hrenki und sah den Vater erwartungsvoll an.

»Dich?« antwortete er verwundert, denn daran hatte er wohl am allerwenigsten gedacht.

»Ich kann mich um das Essen kümmern«, meinte sie, »und bauen kann ich auch.«

»Meinetwegen«, erwiderte er schließlich. »Auch Hlob nehmen wir mit. Paß auf, daß er morgen früh hier ist.«

Mit Hlob meinte der Vater ihren Hund, denn eigentlich wurde jeder Hund Hlob genannt, ganz gleich, ob er darauf hörte oder nicht. Im allgemeinen taugten die Hunde nicht viel. Wenn sie gebraucht wurden, war meist die ganze Meute unterwegs, um zu jagen, weil es im Dorf zuwenig Futter für sie gab. Einzeln benahmen sich die Hunde meistens besser, als wenn mehrere zusammen waren. Sie waren jedoch vorzügliche Wächter, die bei jeder Gefahr sofort anschlugen.

Am nächsten Morgen erschien Japalé mit einem großen Korb, den er mit Hilfe eines Stirnbandes auf dem Rücken trug. Hrenkis Vater hatte ebenfalls einen solchen Korb mit Eßwaren bepackt. Jeder besaß einen Bogen und mehrere Pfeile. Japalé obendrein ein Buschmesser. Im Dorf gab es zwei dieser Messer, die der Häuptling in einer Siedlung der Weißen eingehandelt hatte. Hrenki schulterte ein Bündel Pfeile und hängte eine Kalebasse daran, die als Wasserbehälter dienen sollte. So verließen sie mit Hlob das Dorf.

Der Abschied fiel Hrenki nicht schwer. Kein Indianer sieht sich beim Fortgehen noch einmal um. Wer ging, der sah geradeaus. Nur die Zurückbleibenden konnten den Davongehenden nachblicken, und so stand auch Hrenkis Mutter noch lange hinterm Haus, um den drei kleiner werdenden Gestalten einen letzten Blick nachzusenden. Sie seufzte, als ahnte sie, daß es ein Abschied für immer war.

Japalé sah zuerst den Mann, der plötzlich auftauchte

und ein wenig schwankend dem Pfad folgte, der zum Dorf führte.

»Seltsam, daß er allein kommt«, sagte Hrenkis Vater. »Zwei zogen aus, um ins Dorf der Weißen zu gehen. Allein kehrt einer zurück.«

Der Mann schaute kaum auf. In einer Hand hielt er ein Messer, sonst trug er nichts. Als er die drei Crao erblickte, sank er an einem Baumstamm nieder.

»Was ist mit dir?« fragte Japalé, indem er sich zu ihm herabbeugte.

Der Mann, ein Dorfbewohner in mittleren Jahren, nahm sich zusammen und antwortete: »Ein böser Geist steckt hier drin.« Dabei klopfte er an Kopf, Brust und Bauch.

»Und wo ist der andere Mann geblieben?«

»Er starb bereits im Dorf der Weißen.«

»Geh zum Zauberer, damit er dir den bösen Geist ausbläst«, riet Japalé. »Wir gehen einen anderen Weg. Aber beeile dich!«

Nachdem sie ihre Wanderung wieder aufgenommen hatten, meinte Hrenkis Vater, daß diese Begegnung kein gutes Zeichen sei. Er dachte an den Zauberer, der ein Unheil vorausgesehen hatte.

Von Feinden und Freunden umgeben

Die Crao fürchteten die Buschgeister und umgingen deshalb bei Einbruch der Dunkelheit die anzutreffenden Urwaldstreifen des Sertão nach Möglichkeit. Sie waren Kinder der offenen Landschaft, wo die Geister keinen Unterschlupf fanden. Solange die Crao ein Gelände überblicken konnten, fühlten sie sich in Sicherheit; richtig geborgen waren sie jedoch erst am Feuer, an das sich weder die Geister noch Raubtiere wagten.

Im Beisein ihres Vaters dachte Hrenki an keine Gefahr. Sie liebte ihren Insú, wie sie den Vater nannte, und vertraute ihm völlig. Neben ihm hätte sie sogar im dichtesten Urwald geschlafen.

Am Abend war sie so müde, daß sie sowieso nicht nach Geistern fragte. Die Männer schritten tagsüber rüstig aus und legten weite Strecken zurück. Vier Tage wanderten sie bereits, und am fünften sahen sie einen See vor sich liegen, der so groß war, wie Hrenki noch keinen kannte. An seinen Ufern stand der Wald dichter als im offenen Sertão, doch war er trocken und gut zu begehen. Japalé hielt es für ratsam, ihn eine Zeitlang zu beobachten. Er rechnete mit Menschen, und denen war nicht zu trauen. Der Vater stimmte ihm zu und fand ein Versteck auf einem roten Hügel, der wie ein riesengroßes Haus in der ebenen Landschaft lag. Eine zweite Bergkuppe befand sich weiter entfernt nach Sonnenuntergang zu.

Hrenki unterhielt ein kleines rauchloses Feuer, an dem sie ein Gürteltier in seinem eigenen Panzer briet. Sie hatten es unterwegs ausgegraben und als Abendmahlzeit mitgenommen. Das Feueranzünden wurde durch eine gebogene Glasscherbe vereinfacht. Japalé hütete sie wie eine Kostbarkeit. Wer weiß, wo er sie gefunden hatte. Sie ersparte jedenfalls das mühselige Feuerreiben mit zwei Hölzern; nur durfte die Sonne nicht zu tief am Himmel stehen, weil sie dann nicht mehr die Kraft besaß, durch das Glas zu brennen.

Während Hrenki am Feuer hockte, lag ihr Vater mit Japalé auf der Lauer. Vielleicht verrieten sich fremde

Indianer durch eine Rauchsäule oder durch einen nächtlichen Feuerschein. Insú war vor langer Zeit einmal hier gewesen und hatte keine Menschenseele angetroffen, doch konnte sich in der Zwischenzeit vieles geändert haben. Auch andere Indianerstämme gerieten in Not und mußten ihr Dorf verlegen. Außerdem gab es weiße Siedler, die plötzlich von einem Stück Land Besitz ergriffen und mit Feuerwaffen ihr Anwesen verteidigten. Größte Vorsicht war geboten, denn die beiden Craomänner waren schlecht bewaffnet und keinesfalls auf einen Kampf eingestellt. Nachdem sie gegessen hatten, legte sich Hrenki schlafen, während die anderen wachten. Es geschah jedoch nichts in dieser Nacht.

Ein Jaguar brüllte in der Nähe kurz auf. Irgendwo zerriß ein Hornfrosch mit seiner urigen Stimme die Stille. Wie überall in den tropischen Wäldern, wurde es erst am Morgen im Wald lebendig. Die Crao erkannten an den Stimmen verschiedene Affenarten, ebenso Wildschweine und Vögel in großer Zahl. Dieses rege Leben und Treiben deutete auf eine unberührte Natur und eine ungehemmte Lebensweise der Tiere hin. Da auch in der Frühe kein Rauch zu sehen war, brachen die drei Crao auf, um den See in näheren Augenschein zu nehmen. Vorerst suchten sie ein Versteck für die Körbe. Mit der Last auf dem Rücken war es den Männern nicht möglich, ihre Umwelt genau in Augenschein zu nehmen. Deswegen beabsichtigten sie, ohne Gepäck an einem Tag den See zu umgehen. Am Abend wollten sie wieder bei den Körben sein und auf dem Hügel die Nacht verbringen.

Hrenki brauchte nichts zu tragen. Frei wie Hlob folgte sie den Männern. Ihr Herz schlug aufgeregt vor

Freude. An einer Stelle wagten die drei zu baden, weil nichts auf Krokodile schließen ließ. Mit Stachelrochen war natürlich immer zu rechnen.

Die Männer mußten darauf achten, Tiere oder gar Menschen rechtzeitig zu sehen oder ihre Spuren zu entdecken. Nichts durfte ihren Blicken entgehen. Überall erkannten sie Fährten; sie sahen auch, wie ein Jaguar nach Katzenart seine Krallen in die Rinde eines Baumes gedrückt hatte. Kaum sichtbare Blutspuren zeugten von nächtlichen Kämpfen der Tiere untereinander, Haarbüschel hingen an stachligen Zweigen, Kot verriet das Alter der Fährten. Ganze Affenherden turnten durchs Geäst der Bäume. Sie kreischten, als sie die Menschen unter sich erblickten. Den Crao lag nichts an einer Jagd. Wenn sie den See bis zum Abend umgehen wollten, durften sie keine Zeit verlieren. Wo ein Baum über das Wasser ragte, stiegen sie hinauf und beobachteten von oben herab die Fische. Am Rande gab es nur kleinere, doch weiter draußen sprangen auch größere aus dem Wasser in die Luft. Fischreiher standen unbeweglich auf im See liegenden dürren Ästen, während Schildkröten von schrägen Baumstämmen herab ins Wasser plumpsten, sobald sie die Menschen bemerkten.

Für Hrenki war alles neu. Sie hätte einen solchen Tummelplatz der Tiere nicht für möglich gehalten. Sollten die Crao ihr Dorf an diesen See verlegen, war die Fleischversorgung auf Jahre hinaus gesichert. Das Wild hielt sich nicht nur in Seenähe auf, sondern bevölkerte auch weithin den Sertão.

Erfreulicherweise schien es in dem See wirklich keine Krokodile zu geben. Das war für Hrenki die angenehmste Feststellung. Die gefährlichen Stachelro-

chen kamen dagegen massenhaft vor. Wahrscheinlich besaßen sie hier keine Feinde.

»Mit ihnen werden wir fertig«, meinte Japalé. »Wo häufig gebadet wird, halten sie sich nicht lange auf. Wenn du ins Wasser gehst, Crale, mußt du planschen. Dann reißen sie aus.«

Japalé nannte Hrenki immer nur Crale, Mädchen, um sie so vor bösen Geistern zu schützen.

Hrenki badete bei jeder Gelegenheit. Auch die Männer warfen sich oft ins Wasser.

Obwohl nicht die geringste Spur auf Menschen hinwies, vergaßen die Crao niemals ihre Wachsamkeit. Sie benahmen sich immer so, als hätten sie einen unsichtbaren Feind vor sich. Ihre Augen waren überall. Auch Hrenki beobachtete mißtrauisch ihre Umwelt, und selbst der Hund blieb in unmittelbarer Nähe der Menschen.

Hier und dort wurde der Wald sehr dicht. Dann gehörte ein geübtes Auge dazu, um einen Durchschlupf zu finden. Wer vorausging, benutzte manchmal das Messer. Einmal blieb Insú stehen und meinte, der Boden sei gut für Maniok.

Hrenki freute sich auf die Verlegung des Dorfes an diesen See. Was wollte sie nicht alles Ganghuá und den anderen Kindern von dem neuen Platz erzählen! Sogar die Frauen würden gespannt zuhören, weil sie diesen See nicht kannten. Und als sie einmal nachts die Sterne im Wasser funkeln sah, nannte sie ihn »Sternenwasser« und »Sternensee«.

»Daß hier kein Mensch ist, besagt nichts«, sprach Japalé, als sie nach der Wanderung am Lagerfeuer saßen und einige Fische brieten.

»Mit dem Hausbau müssen wir noch warten«, versetzte Insú. »Wir sollten zuerst einen großen Bogen schlagen und uns nach allen Richtungen hin absichern. Laßt uns so viele Tage umherstreifen, wie Finger an einer Hand sind.«

Japalé pflichtete ihm bei.

Das bedeutete, daß sie noch einmal laufen mußten. Hrenki seufzte still, denn sie wäre lieber hier geblieben. Allein konnte sie es jedoch nicht wagen, und so mußte sie wohl oder übel an allen Streifzügen teilnehmen.

Die Männer errichteten am frühen Morgen ein Gestell mit einem Dach, unter das sie die beiden Körbe mit dem Maniokbrot hängen konnten. Einen kleinen Vorrat nahmen sie mit; doch hatten sie vor, unterwegs Wild zu schießen und Früchte zu sammeln. In diesem fremden Gebiet wollten sie sich nicht unnötig belasten. Wären Frauen dabei gewesen, hätten sie ein Bündel auf dem Kopf tragen können, aber von Hrenki wollten es die Männer nicht verlangen. Sie war noch eine Crale, die nicht schwer tragen sollte.

Wenn die Crao durch den Sertão gingen, durfte kein Kleidungsstück sie behindern. Meistens verzichteten sie auch auf einen Schurz. Früher klopften und gerbten die Frauen das Innere der Baumrinde, um Schurze herzustellen. Jetzt verwendeten sie Stoff, den sie durch Tausch vom Nachbardorf erhielten. Die dortigen Einwohner holten ihn vom Posten des Indianerschutzdienstes. Hrenki mußte sich mit einem Schurz begnügen, der nur ein kleiner Fetzen war. Er hinderte sie jedoch nicht beim Laufen, sie sprang so leicht wie Hlob, zumal sie im Dorf viel Sport getrieben hatte. Im Rennen nahm sie es mit den Jungen auf; auch lief sie ab und zu mit leichten Klötzen. Sie war schlank und ausdauernd. Nur wenn die Männer ihren üblichen Jägerschritt anschlugen, kam sie kaum noch mit.

Obwohl es in dieser Gegend keine Wege gab, schritten sie nach altem Brauch hintereinander. Sogar Hlob blieb in der Reihe. Hrenki befand sich in der Mitte. Nur wenn sie Früchte sah, lief sie rasch davon. Die Männer teilten sich in die Führung, ohne daß darüber gesprochen wurde. Japalé war zwar älter als Hrenkis Vater, doch lag ihm nichts an einem Vorrecht. Die Crao waren friedliche Menschen, und Streit lag ihnen fern.

Am ersten Tag, der ohne Zwischenfall verlief, gingen sie genau der Sonne entgegen. Am zweiten änderten sie die Richtung, und am dritten folgten sie dem Sonnenuntergang. Dort vermuteten sie fremdstämmige Indianer, die es in der Nähe des großen Flusses geben sollte. Der Stammesälteste hatte von den Javahé gesprochen. Er glaubte, daß sie mit den Chavante verfeindet wären und auch andere Tribus bekämpfen würden. Die Crao hielten es für ratsam, diese Menschen zwar im Auge zu behalten, sich jedoch nicht mit ihnen einzulassen. Jetzt, in Richtung des Sonnenunterganges, war mit ihnen zu rechnen.

Hlob war unruhig geworden. Seine Nase roch anderes als nur Schlangen, Gürteltiere, Jaguare und Ameisenbären. Wahrscheinlich nahm er den Geruch anderer Hunde auf. Gab es fremde Indianer in der Nähe, dann streiften sie natürlich weit umher und kamen auch in diese Gegend. Unter Umständen stellten sie die ganze Umsiedlung der Crao in Frage, denn kein Stamm war gewillt, einen Teil seines Jagdgebietes abzutreten. In den meisten Fällen führten derartige Streitigkeiten zu blutigen Kämpfen, bis eine Gruppe unter großen Verlusten den Rückzug antreten mußte.

Japalé und Insú hatten keine Lust, anderen Menschen zu begegnen. Ein Kampf wäre für sie aussichtslos gewesen, zumal sie auf Hrenki Rücksicht nehmen mußten. Der Tod war ihnen so gewiß wie ihr die Gefangennahme. Junge Mädchen wurden immer geschont, denn in jedem Dorf fehlte es an Frauen. Schwere Kämpfe hatten ihretwegen zwischen den Stämmen stattgefunden, und nur die Crao beteiligten sich nicht daran, weil sie abseits wohnten und in Frieden leben wollten.

Hrenki wußte, worum es diesmal ging und daß sie allen Grund hatte, überaus vorsichtig zu sein. Sie blieb immer in der Mitte und ließ sich nicht mehr durch Wildfrüchte verlocken. Beruhigend war jedoch die unberührte Natur, in der es keine Pfade gab und die so den Eindruck völliger Verlassenheit erweckte. Auch die Tiere benahmen sich so zutraulich, als hätten sie den Menschen noch nicht als ihren Feind kennengelernt.

An diesem Abend war Hrenki bemüht, das Feuer vollkommen rauchlos brennen zu lassen. Da sie immer für eine offene Flamme sorgte, gelang es ihr auch, und es bildete sich kaum sichtbarer Rauch. Sie briet wieder Fische, die sie am Nachmittag in einem kleinen See geschossen hatten. Auch Hlob bekam seinen Teil davon.

Japalé saß nach der Mahlzeit auf einem Hügel, hatte den Hund bei sich und ließ seine Blicke über die Wildnis streifen. Er war ein heiterer, friedlicher Mensch. Wäre er gefragt worden, ob er mit seinem Dasein zufrieden sei, hätte er wahrscheinlich keine Antwort gefunden. Er kannte kein anderes Leben und konnte keine Vergleiche ziehen. Jede gute Mahlzeit versetzte ihn in eine frohe Stimmung.

Genauso verhielt es sich mit Hrenkis Vater, der beim letzten Tageslicht für seine Tochter aus zwei Palmwedeln eine Hängematte flocht, die er dann zwischen zwei Bäume hängte. Die Crao pflegten nur auf ihren Streifzügen solche Hängematten zu benutzen, weil sie in ihnen sicherer und wärmer lagen als auf der bloßen Erde. Hrenki kuschelte sich zufrieden in das raschelnde Blattwerk und schlief bald ein. Sie wachte erst auf, als die Sonne schon hoch am Himmel stand. Die beiden Männer hockten am Feuer. Eine seltsame Unruhe befiel Hrenki, denn am Abend war beschlossen worden, bei Sonnenaufgang die Wanderung fortzusetzen. Von einer bangen Ahnung erfaßt, kauerte sie sich neben ihren Vater und fragte: »Sind Menschen in der Nähe?«

»Sie haben uns in der Dunkelheit umzingelt«, gab er zu. Sein Blick war finster.

»Wer sind sie?« flüsterte sie erschrocken.

»Das kann man nicht wissen.«

»Weiße?«

»Wohl kaum.«

Hrenki spähte scharf aus, entdeckte jedoch nichts Verdächtiges. Wahrscheinlich blieben die Feinde so lange gut versteckt, bis sie die Stärke ihrer Gegner festgestellt hatten. Hätten sie gewußt, daß sie nur zwei Crao und ein Mädchen vor sich hatten und daß nicht auch noch andere in der Nähe waren, wären sie bereits bei Sonnenaufgang über sie hergefallen. Jetzt saßen die drei in einer bösen Falle, aus der es kein Entkommen gab.

Träge verrann die Zeit. Hlob knurrte manchmal, weil ihm der flaue Wind eine verdächtige Witterung zutrug. Von den fremden Indianern war kaum eine Spur zu sehen. Japalé und Insú merkten trotzdem, wo sie ungefähr steckten, denn sie besaßen ein feines Gespür für unsichtbare Dinge. Sie fühlten einen auf sie gerichteten Blick ebenso, wie sie den kaum wahrnehmbaren Geruch des roten Farbstoffes Urucú errieten.

Als sich die Sonne der Himmelsmitte näherte, trat plötzlich ein Mann aus dem Gebüsch. Er war auffallend groß und besaß eine schwarz-rote Körperbemalung. Sein Haar trug er anders als die Crao. In seiner Unterlippe steckte ein dünnes Holzstäbchen, um die Beine unterhalb der Knie und um die Oberarme hatte er rote Schnüre gebunden. Bewaffnet war er mit einem Bogen und nur einem Pfeil.

»Ein Javahé«, flüsterte Japalé.

Der fremde Indianer trat einige Schritte vor und blieb stehen. Dann hob er den Bogen, legte lässig den Pfeil auf und schoß, ohne zu zielen, in Richtung der Belagerten. Der Pfeil bohrte sich vor dem Lagerplatz der drei Crao in den Boden.

Japalé sagte, indem er aufstand: »Bleib du bei der Crale!« Daraufhin lehnte er seinen Bogen ebenso wie die Pfeile an den nächsten Baum. Waffenlos zog er den Pfeil des Gegners aus der Erde, um sich dem fremden Indianer damit zu nähern. Der andere kam ihm langsam entgegen. Sie trafen sich ungefähr in der Mitte zwischen den Javahé und den Crao.

»Wer bist du?« rief der Javahé, als er den Crao fast erreicht hatte.

»Ich bin ein Crao«, erwiderte Japalé. »Der Name tut nichts zur Sache. Mein Begleiter nennt mich Japalé. Aber wer bist du, und wie kommt es, daß du die Sprache der Crao beherrschst?«

»Ich bin Capitão der Javahé«, gab der hochgewachsene Indianer zurück. »Meine Frau ist eine Crao, deswegen rede ich eure Sprache.«

»Dann kenne ich dich«, erklärte Japalé. »Du holtest das Mädchen ohne Streit. Es stammte aus dem Dorf beim Posten. Es ist mit uns verwandt.«

Der Javahé-Häuptling stand mit dem Posten des Indianerschutzdienstes in Verbindung, weswegen er sich ›Capitão‹ nannte. Es ist die portugiesische Bezeichnung für Häuptling.

Noch während die beiden dieses Gespräch führten, tauchten ringsum bewaffnete Javahé auf, die sich um sie scharten. Aber auch Insú und Hrenki hatten sich erhoben, um nicht abseits zu stehen. Der Vater nahm seine Waffen mit. Hrenki hatte ihre Furcht noch nicht überwunden.

»Wolltet ihr jagen?« setzte der Capitão die Unterhaltung fort.

»Wie ihr seht, haben wir nicht gejagt, auch war es nicht unsere Absicht, mit euch einen Streit anzufangen«, erwiderte Japalé. »Unsere Ältesten sagten: ›Seht euch um nach einem neuen Platz. Wenn ihr dorthin kommt, wo die Sonne untergeht, dann besucht die Javahé.‹ Unser Stammesältester ist, als er noch jung war, mit einem Weißen bei euch gewesen.«

»Ihr sucht also einen neuen Platz?«

»Es wird Zeit, daß wir wieder einmal das Dorf verlegen.«

»Kommt mit in unser Lager. Dort können wir alles besprechen. Es gibt nichts, was man durch ein Gespräch nicht klären könnte.«

Im Lager der Javahé

Ein seltsamer Zug bewegte sich in Richtung des Sonnenunterganges. An seiner Spitze lief der Capitão der Javahé, ihm folgten Japalé, Hrenki, Insú und Hlob, dann kam eine lange Reihe Indianer, von denen die meisten eine Körperbemalung trugen. Alle hatten sie Bogen und Pfeile geschultert, sogar Hrenki besaß ein Bündel Pfeilrohr, das sie unterwegs an einem See abgeschnitten hatten.

So wanderten sie den ganzen Nachmittag. Wenn ein Indianer sagte, der Weg sei nicht weit, so war das nicht wörtlich zu nehmen. Auch ein Tagesmarsch konnte für ihn eine kurze Strecke bedeuten. Vor allem verriet er niemals die Lage seines Lagers, wenn er Fremde dorthin führte.

Hrenki wußte nicht, was sie von dem ganzen Vorgang halten sollte. Daß ihnen vorerst keine Gefahr drohte, war ihr klar, trotzdem mißtraute sie den vielen Männern, die groß und kriegerisch aussahen. Im Durchschnitt waren sie größer als die Crao. Ihr Schmuck sah anders aus, auch trugen sie keine Ohrscheiben. Nur in ihrem Wesen unterschieden sie sich kaum von den Männern ihres Stammes.

Obwohl die Javahé keinerlei Vorsicht walten ließen und laut redeten, wagte Hrenki keine Unterhaltung mit ihrem Vater. Sie wußte, daß der Capitão ihre Sprache verstand, und hütete sich, etwas zu sagen, was jener vielleicht nicht hören durfte. Einmal drehte er sich nach ihr um und fragte, ob er zu schnell gehe. Dabei sah er sie freundlich an. Sie verneinte mit leiser Stimme.

Bevor die Sonne unterging, erreichten sie einen

breiten Fluß, der in dieser Jahreszeit wenig Wasser führte. An seinen Ufern erhoben sich dichte Urwaldstreifen, und lange, breite Sandbänke ergaben vorzügliche Lagerplätze. Auf einer solchen befanden sich die kleinen Palmhütten der Javahé, auch schräg aufgestellte Windschirme, die gleichzeitig vor den heißen Sonnenstrahlen schützen sollten.

Hier tummelten sich Kinder und Hunde, Frauen und Greise hockten im Schatten, wo sie sich mit irgendeiner Arbeit beschäftigten. Sobald die Hunde den ankommenden Trupp gewahrten, jagten sie ihm laut bellend und vor Freude heulend entgegen. Die Kinder sprangen zu ihren Vätern, doch als sie die Crao erblickten, liefen sie erschrocken davon.

Vom ersten Augenblick an gefiel Hrenki dieser Lagerplatz. Als die Häuptlingsfrau freudestrahlend auf sie zukam und sich als eine Crao zu erkennen gab, fühlte sich Hrenki gut aufgehoben. Sie wurde sofort von den Frauen und Kindern umringt und mußte erzählen. Die Javahé verstanden sie nicht, doch übersetzte die Frau des Häuptlings, sobald eine kleine Pause eintrat.

»Wohnt ihr immer an diesem Fluß?« wollte Hrenki wissen.

»Ja, aber sehr weit von hier entfernt«, erwiderte die Frau. »Wenn die Regenzeit beginnt, steigt das Wasser bis in den Wald hinein.«

»Warum verlaßt ihr das Dorf?«

»Weil wir hier größere Fische fangen. Der Pirarucú wird so groß wie ein Mensch. Er hält sich in den Buchten auf, wo das Wasser still steht.«

»Dann müßt ihr sehr weit laufen, um euer Dorf zu erreichen«, meinte Hrenki.

Die Frau lachte und sagte: »Die Javahé laufen nur, wenn es nicht anders geht. Unsere Boote siehst du nicht, weil wir sie auf Grund gelegt haben, damit sie nicht austrocknen.«

»Bei euch ist alles anders«, sprach Hrenki verwundert. »Du bist doch eine Crao. Wie bist du hierhergekommen?«

»Das will ich dir erzählen, wenn wir allein sind. Jetzt bin ich eine Javahé. Ich habe zwei Jungen. Sieh sie dir an. Der große pfeilt schon Fische.«

Nachdem die erste Neugier gestillt war, zogen sich die Frauen und Kinder zurück. Für alle war es eine ausgemachte Sache, daß die drei Crao eine Zeitlang als Gäste im Lager blieben.

Auch die Männer waren dieser Meinung. Der Capitão wich kaum von der Seite der Crao. Er ließ die Frauen sofort Maniokfladen backen und Fische kochen, um die Gäste zu bewirten. Japalé hatte ihm ein dünnes Bündel Pfeilrohr geschenkt, da sie keine anderen Gaben besaßen. In der Regel wurden bei allen Besuchen Geschenke ausgetauscht.

Nachdem die Sonne untergegangen war, saßen sie am Feuer und kamen wieder auf die Verlegung des Craodorfes zu sprechen. Dagegen hätten die Javahé nichts einzuwenden, meinte der Capitão, denn bis zum See hätten sie ihre Streifzüge niemals ausgedehnt.

»Befinden sich noch andere Stämme hier in der Nähe?« fragte Insú.

»Sie sind weiter weg und werden euch nicht behelligen. Ihr solltet aber mit dem SPI über alles sprechen«, riet der Häuptling.

»Mit dem Indianerschutzdienst?«

»Das eine eurer Dörfer liegt doch nahebei. Der

SPI ist eine große Macht. Ihr dürft ihn nicht unterschätzen.«

»Steht ihr mit ihm in Verbindung?«

»Mit einem anderen Posten als eure Leute. Das kommt jedoch auf eins heraus. Hätten wir nichts mit dem SPI zu tun, wäre es heute zwischen uns zum Kampf gekommen. Wir haben eingesehen, daß diese ewigen Streitigkeiten zu nichts führen. Der SPI hat recht.«

»Was tätet ihr, wenn die Chavante oder Cayapó euch angriffen?« fragte Japalé lauernd.

»Dann würden wir sie mit unseren Pfeilen überschütten«, erwiderte der Capitão finster.

»Und der SPI?«

»Er bemüht sich um die Befriedung aller Stämme. Es geht nicht nur um uns, die wir Indianer genannt werden, sondern hauptsächlich um die Weißen. Sie machen uns das Land streitig. Der SPI will das nicht.«

»Was hat der SPI davon?«

Der Capitão zeigte ein überraschtes Gesicht und erwiderte zögernd: »Das weiß ich nicht. Von uns bekommt er nichts. Wir erhalten immer etwas von ihm.«

»Sprichst du die Sprache der Weißen?« fragte Japalé.

»Durch den Postenführer habe ich Portugiesisch gelernt. Er sagt, der Häuptling des SPI sei General Rondon, dessen Mutter eine Indianerin gewesen ist. Ohne Rondon gäbe es keinen SPI.«

»Dann ist er ein ganz großer Capitão«, meinte Hrenkis Vater.

»Noch mehr«, erklärte der Häuptling. »Ein General kommt gleich nach dem Capitão in Rio.«

»Dann ist er also weniger als ein Capitão?«

»Jetzt bringen wir alles durcheinander«, stellte der

Häuptling seufzend fest. »Der Postenführer erzählt mir vieles, was ich nicht verstehe. Rio soll größer sein als sämtliche Indianerdörfer zusammengenommen. Dort reichen die Häuser bis in den Himmel hinein. Stellt euch das vor!«

Die Crao versuchten es, kamen jedoch zu keinem Ergebnis. Wie sollten die Menschen so hoch hinaufgelangen? Da hatte der Posten bestimmt übertrieben. Vielleicht stimmte überhaupt nichts, was er erzählte. Japalé wollte nichts mehr hören. Es ging zu viel in seinem Kopf herum. Er schloß die Augen und versuchte einzuschlafen.

Auch Insú zeigte Müdigkeit. Dem Capitão war es recht, wenn sich alle zum Schlafen niederlegten. Um den Gästen einen Unterschlupf zu verschaffen, rammte er zwei Stangen in den Sand, verband sie oben mit einer dritten und lehnte dürre Palmwedel schräg daran. Im Nu war diese einfache Behausung hergestellt. Die alte Decke, die der Häuptling obendrein noch brachte, hielten die Crao für überflüssig. Sie meinten, der Sand sei warm genug, so daß sie nicht frieren müßten.

Die Häuptlingsfrau saß indessen mit Hrenki an einem kleinen Feuer. Zwischen ihnen lagen auf einem grünen Blatt Bananen und geröstete Palmenkerne. Hrenki ließ sich nicht zweimal bitten und langte herzhaft zu.

Die Frau hatte von ihrer Kindheit erzählt. Nun fuhr sie lächelnd fort:

»Ungefähr einen Tagesmarsch von unserem Dorf hatte sich ein Mann vom SPI niedergelassen. Er lockte die Indianer zu sich und gab ihnen schöne Geschenke. Im Laufe der Zeit kamen zu ihm mehrere Helfer. Natürlich besuchten wir diese Leute oft und gern, weil wir

immer etwas erhielten, und dort traf ich einen jungen Javahé. Er fragte, ob ich seine Frau werden wollte. Ich sagte nein. Dann kam er mit dem Postenführer in unser Dorf und fragte noch einmal. Ich wies ihn abermals ab. Etwas später tauchte er allein bei uns auf. Da sagte ich ja. So kam ich zu den Javahé, die alle sehr gut zu mir waren, so daß ich gern bei ihnen geblieben bin.«

»Sie sind anders als wir«, behauptete Hrenki.

»Gewiß, doch sind sie weder besser noch schlechter.«

»Hast du deine Eltern nie wieder gesehen?«

»Wir haben sie manchmal besucht. Jetzt sind sie schon lange tot.«

»Vielleicht hast du es hier besser als bei den Crao«, meinte Hrenki.

»Das will ich nicht sagen«, gab die Frau nachdenklich zurück. »Meine Kindheit war schön. Wenn ich daran denke, wie wir Kinder gelaufen sind! Gleich hinterm Dorf floß ein kleiner Bach, in dem es weder Piranhas noch Krokodile gab, und das Wasser war viel besser als hier im Fluß. Jetzt laufe ich wenig, denn wir benutzen lieber unsere Boote. Die Javahé sind keine so guten Läufer wie die Crao. Sie rennen nicht mit Klötzen und laufen nicht mit Stäben. Ihr Gesang ist anders, und sie singen nicht so häufig.«

»Nun bin ich müde«, sagte Hrenki plötzlich. »Alle schlafen schon. Hast du noch etwas zu trinken?«

Die Frau holte eine Kalebassenschale voll Wasser und brachte ein großes Jaguarfell mit. Darauf sollte Hrenki schlafen.

So begann eine Nacht, wie sie Hrenki noch nicht erlebt hatte. Der Fluß ließ sie nicht zur Ruhe kommen. Sie war die völlig stillen Nächte gewöhnt, während hier fortwährend etwas zu plätschern schien. Waren es Fische, Krokodile oder Geister? Wie konnte man sorglos schlafen, wenn diese Stimmen nicht schwiegen?

Hrenki nahm ihr Fell, kroch zu ihrem Vater hin und versuchte dort einzuschlafen. Er legte die Decke über sie, und sie kuschelte sich hinein, bis nichts mehr von ihr zu sehen war. Mehrmals erwachte sie und lauschte den rätselhaften Lauten dieser Nacht.

Beim Hausbau am Sternensee

Hrenki glaubte, ein großes Stück der Welt gesehen zu haben; denn was konnte es außer den Erlebnissen der letzten Tage sonst noch geben? Gewiß, irgendwo gab es noch ein Dorf der Weißen, aber die Geschichte von den Häusern, die bis in den Himmel reichen sollten, die ihr der Vater gleich erzählt hatte, ging ihr zu weit. Sie hielt sich an die Tatsachen und hatte festgestellt, daß ein Jaguarfell eine bessere Unterlage ergab als eine Matte. Jetzt wünschte sie sich ein solches Fell.

Insú und Japalé schüttelten über diesen törichten Wunsch ihre Köpfe. Fische wollte Hrenki nur noch geräuchert essen, und ein Kanu wollte sie haben, denn sie war mit den Kindern der Javahé kreuz und quer über den Fluß gefahren.

»Das ist doch auch hier auf dem Sternensee möglich«, sagte sie nicht zu Unrecht.

Weder Japalé noch Insú kannten sich im Bootsbau aus. Sie stellten sich diese Arbeit nicht einfach vor, obwohl sie ein Buschmesser besaßen und wußten, welches Holz in Frage käme.

»Und eine Decke möchte ich besitzen«, sagte Hrenki, »damit ich mich immer warm zudecken kann.«

Ihr Vater wollte nichts mehr hören. Die Wünsche seiner Tochter überstiegen alles Dagewesene. Insgeheim mußte er sich freilich sagen, daß eine warme Decke nicht zu verachten war. Der sandige Boden strahlte die gespeicherte Sonnenwärme bis nach Mitternacht aus. Dann ringelten sich die Schläfer mehr und mehr zusammen, bis sie schließlich fröstelnd die letzten Glutreste des Feuers anbliesen und im Dorf auf den Ruf des Vorsängers warteten, der alle zum Tanz aufforderte.

Mit einer Decke oder einem Fell war die nächtliche Kühle besser zu ertragen. Jaguare gab es in Mengen. Wahrscheinlich waren die Felle der Hirsche sogar noch besser. Bisher hatten die Crao sämtliche Felle weggeworfen, weil sie ihre schön geflochtenen Matten aus den Fasern der Buritipalme bevorzugten.

Jetzt bauten die beiden Crao ein gutes, festes Haus. Hrenki half recht und schlecht, schleppte Palmwedel heran und kümmerte sich um die Mahlzeiten. Sobald dieses Haus fertig war, wollten sie nach Hause gehen, und die Umsiedlung konnte beginnen.

Das Haus wurde nicht am See erbaut, sondern ein Stück hinter jenem Hügel, auf dem die drei Crao in den ersten beiden Nächten geschlafen hatten. Sie wollten dort ein Dorf anlegen, das sich durch nichts von dem alten unterschied. Es mußte den gleichen Umfang besitzen, den gleichen Platz für die Tänze und auch die gleichen Wege für die Rennen. Daß der Weg zum See weiter war als im alten Dorf der Pfad zum Bach, spielte dabei keine Rolle. Zum Wasserholen gab es genügend Zeit.

Als Hrenki eines Tages gut angeleint auf einer hohen Palme saß, mit dem Buschmesser die langen Wedel abschlug und dabei ein wenig verschnaufte, gewahrte sie nicht weit entfernt ein braunes Fell mit dunklen Tupfen. Ein Jaguar! durchzuckte es sie. Vorsichtig stieß sie einen zischenden Laut aus, der ihrem Vater galt. Er stand unter ihr und blickte zu ihr auf. Sie deutete an ihrem Körper Tupfen an und streckte behutsam den rechten Zeigefinger aus. Dieser Hinweis genügte ihm. Jeden Strauch als Deckung benutzend, entfernte er sich lautlos gegen den Wind. Die große Katze schien unbesorgt zu schlafen. Erst als der Jäger auf etwa zehn Schritt herangekommen war, erhob sie sich mit unwilligem Geknurr. Tier und Mensch standen sich plötzlich ungedeckt gegenüber. Das Raubtier fand kaum Zeit, sich zu ducken; es sprang sofort und erhielt in diesem Augenblick den Pfeil schräg von vorn in die Brust. Der Mann wich blitzschnell zur Seite, spannte abermals den Bogen und traf mit dem zweiten Pfeil so gut, daß der Jaguar zusammenbrach. Noch einmal versuchte er sich zu erheben, doch schien der Pfeil sein Herz durchbohrt zu haben.

Hrenki war so schnell vom Baum geklettert, daß sie fast abgestürzt wäre. Ihr Vater lachte, als er sie erblickte. »Da liegt dein Fell«, sagte er, während er mit einem Fuß prüfte, ob noch Leben in dem Tier war.

Bald danach besaß Hrenki nicht nur ein prächtiges Fell, sondern auch noch wunderbare Krallen für eine Halskette. Diese Ketten wurden eigentlich von Männern getragen, doch hatte sie den Jaguar zuerst gesehen und aus diesem Grunde die Krallen verdient. Einen halben Tag brauchte sie dazu, die Krallen zu säubern und auf einen Faden zu ziehen. Dann legte sie stolz ihren neuen Schmuck an und trug ihn bei Tag und bei Nacht.

Die Tage vergingen in gleichbleibender Arbeit, ohne daß irgendein Zwischenfall eingetreten wäre. Das Dach über dem Kopf verlieh den Crao das Gefühl des Geborgenseins, und die Gewißheit, weiterhin keine anderen Menschen anzutreffen, machte sie sorglos und heiter. Japalé hatte die Pflichten eines Rufers und Vorsängers übernommen, stand deshalb früh auf und rief zum Badengehen. Da sie jedoch vor Tagesanbruch nicht durch den Wald gehen wollten, setzten sie sich eine Zeitlang ans Feuer, oder sie fingen an zu tanzen. Sobald die Sonne am Himmel stand, begaben sie sich zu dritt an den See, wo sie badeten und ihre Kalebassen mit Wasser füllten. Auch abends vor Sonnenuntergang badeten sie. Diese täglichen Bäder waren ihnen unentbehrlich.

Trotz ihrer sorglosen Lebensweise sehnte sich Hrenki nach dem Dorf, nach der Mutter, nach Ganghuá und allen anderen Bewohnern. Solange sie etwas Neues erlebte, war sie voller Spannung. Jetzt ließ sie die Gedanken häufiger nach Hause schweifen, zumal sie ihre Tiere vermißte, die sie der Freundin anvertraut hatte.

»Bald werden wir aufbrechen«, beruhigte sie ihr Vater. »Das Haus ist fertig. Nun fangen wir nur noch Fische, damit wir nicht mit leeren Händen heimkommen.«

Die Männer fingen, und Hrenki räucherte sie auf einem niedrigen Gestell, unter dem sie ein Feuer unterhielt. Darüber vergingen mehrere Tage.

Das grauenvolle Schweigen

Insú und Japalé hatten auf dem Nachhauseweg schwer zu tragen. Ihre Körbe waren vollgepackt mit geräucherten Fischen. Hrenki klemmte ihr Jaguarfell unter den Arm und sammelte unterwegs mancherlei Früchte. So liefen sie vom frühen Morgen bis in die Dunkelheit hinein, denn sie wollten in vier Tagen das Dorf erreichen, um die geräucherten Fische nicht dem Verderben auszusetzen.

Hrenki war froh darüber. Sie hatte es eilig, weil sie es nicht erwarten konnte, der Mutter und Ganghuá ihre Erlebnisse zu berichten. Bereits jetzt plauderte sie über alles mögliche, nur um die Zeit zu verkürzen.

Nach altem Brauch kehrten die Crao nicht in der Dunkelheit von einer Reise zurück. Ihre Ankunft mußte von allen Dorfbewohnern gesehen werden. Nur wer mit leeren Händen kam, hatte allen Grund, sich wie ein Dieb ins Dorf zu schleichen. Wer mit vollen Körben heimkehrte, zog frühmorgens oder mittags ein, wenn alle Leute zu Hause waren. Dann sprach sich ihre Ankunft rasch herum, aber alle warteten, bis der Rufer kundgab, daß jeder kommen möge, um sich von dem Mitgebrachten etwas abzuholen.

Japalé und Hrenkis Vater errechneten genau ihre Tagesstrecken. Sie wollten so ankommen, daß die Sonne bereits ein Stück am Himmel stand. Dann waren die Tänze oder das Rennen beendet, und alle Dorfbewohner rüsteten sich zur täglichen Arbeit. Das bedeutete für die drei Heimkehrer, daß sie an diesem Morgen sehr früh aufstehen mußten. Die morgendliche Dunkelheit fürchteten sie weniger, weil sich um diese Zeit die bösen Geister ebenso zurückzogen wie Jaguare und Schlangen. So glaubten jedenfalls die Crao.

Hrenki wäre am liebsten vorausgelaufen, um ihre Ankunft schreiend kundzugeben. Sie mußte sich jedoch beherrschen, denn wer heimkehrte, zeigte keine Freude, sondern ging aufrecht, ohne nach links und rechts zu sehen, sogar vorbei an guten Freunden. Dagegen mußte jeder Fremde, der in friedlicher Absicht kam, laut rufend seine Ankunft melden.

Die Sonne ging auf, als die Heimkehrenden den Platz vor sich sahen, wo ihr Dorf liegen mußte. Sie erkannten es noch nicht, weil sich die Häuser der Landschaft anpaßten. Am Ende der langen Trockenzeit sahen viele Sträucher so grau aus wie die Häuser der Crao.

Hrenki schrie vor Freude los, doch die Entfernung war noch zu beträchtlich, als daß man sie im Dorf hätte hören können. Die Männer lachten. Sie freuten sich auch, ihre schweren Körbe endlich loszuwerden.

An diesem Morgen ging Hrenki voraus. Mit ihrem Jaguarfell unterm Arm hatte sie es so eilig, daß die Männer kaum noch nachkamen.

Jetzt erkannte sie das Dorf und die einzelnen Häuser. Der Tanz schien bereits beendet zu sein, denn es ließ sich von der Platzmitte her keine Rauchfahne sehen.

»Wahrscheinlich sind sie schon alle unterwegs«, meinte Japalé.

»Dann haben die Jäger kein Glück gehabt«, erwiderte Insú.

»Und wir bringen zwei Körbe Fische!« frohlockte Hrenki.

Nun war es Zeit, sich laut rufend bemerkbar zu machen. Ihre Schreie gellten weithin in den stillen Morgen.

Im Dorf rührte sich nichts. Es sah merkwürdig einsam und verlassen aus. »Sie können doch nicht alle unterwegs sein«, meinte Hrenkis Vater.

Vor den Häusern war kein Mensch zu sehen. Nirgends brannte ein Feuer. Seltsamerweise bellte auch kein Hund.

»Man könnte denken, das ganze Dorf sei umgezogen«, äußerte Japalé.

»Vielleicht ist es so!« rief Hrenki.

»Dann hätten wir doch nicht das Haus zu bauen brauchen«, widersprach Insú.

»Jedenfalls ist kein Mensch zu Hause. Nicht einmal ein Papagei ist zu sehen. Ich finde es sonderbar.«

Sie hatten die ersten beiden Häuser erreicht und gaben es auf, sich noch einmal bemerkbar zu machen. Unter einem Baum stellten sie ihre Körbe ab. Hrenki legte das Fell obenauf.

Japalé sah in die erste Hütte und fand sie leer. Genauso war es in der zweiten und dritten. Das ganze Dorf war unbewohnt. Insú stocherte in mehreren Aschehaufen und fand nicht einen Funken Glut.

»Sie haben das Dorf verlassen«, stellte Japalé fest.

»Und wo werden wir sie finden?« fragte Insú.

»Ich verstehe das alles nicht. Sie konnten doch nicht wegziehen, ohne uns Bescheid zu geben.«

»Vielleicht hat uns der Bote nicht gefunden«, wagte Hrenki einzuwenden.

»Das sieht ganz danach aus«, stimmte ihr Japalé zu.

»Wir müssen in alle Häuser sehen. Nimm du diese Hälfte«, entschied Hrenkis Vater. Er fing damit an, ein

Haus nach dem anderen zu durchsuchen. Hrenki folgte ihm mit ängstlichen Gefühlen.

Japalé wunderte sich, daß kein Tier zu erblicken war. Es hatte immer grüne Papageien gegeben, die sich nicht anfassen ließen und die wahrscheinlich bei einer Umsiedlung zurückgeblieben wären. Wovon sollten sie jedoch leben, wenn niemand mehr im Dorf war? Notgedrungen mußten sie wieder verwildern.

Er sah in die Häuser und fand sie leer. Sonderbarerweise lagen überall noch Matten, auch entdeckte er andere Wirtschaftsgeräte, ebenso Pfeile und Bogen. Demzufolge mußte das Dorf doch noch bewohnt werden. Bei einer Umsiedlung hätten die Leute alles mitgenommen.

Sie konnten nicht weit sein. Und wenn sie alle unterwegs waren, so gab es trotzdem einen, der seit langem das Dorf nicht mehr verlassen hatte, und das war der Stammesälteste, der höchstens noch bis zur Platzmitte lief.

Japalé kam an sein Haus, blickte hinein — und prallte entsetzt zurück. Dort lag der Greis auf seiner Matte, von Fliegen übersät und furchtbar anzusehen. Seit etlichen Tagen mußte er tot sein.

Ein entsetzlicher Gestank trieb Japalé zurück. Ihm zitterten die Knie, denn mit einem Male erkannte er die Tragödie, die sich in letzter Zeit hier im Dorf abgespielt hatte. Zu Tode erschrocken ließ er sich auf einem Holzklotz nieder. Ihm war so elend zumute, daß sich das ganze Dorf um ihn zu drehen schien.

So fanden ihn Hrenki und ihr Vater. Er zeigte stumm nach der Hütte, stützte den Kopf in die Hände und seufzte.

Insú betrat das Haus des Stammesältesten, fuhr erschrocken zurück, faßte sich jedoch und ging hinein. Da sah er an einer Wand noch zwei Tote liegen. Schnell schob er Hrenki zurück. Er ging an Japalé vorbei und ein ganzes Stück in den Sertão hinein. Dort entdeckte er viele frische Gräber.

Wortlos kehrte er zurück. Er tupfte Japalé auf die Schulter, wandte sich ab und schritt schnell zu den Körben. Davon nahm er einen auf den Rücken. Hrenki klemmte das Fell unter den Arm, und so folgten sie dem Pfad, der zum Bach führte. Hier gab es einen geräumigen Platz mit vielen Sitzgelegenheiten, denn an dieser Stelle hatten die Crao oft und gern verweilt. Japalé folgte den beiden.

»Was hast du zu sagen?« fragte er wie geistesabwesend.

»Badet!« befahl Insú. »Die bösen Geister sind noch nicht in uns eingedrungen. Wir werden ein großes Feuer unterhalten, damit sie uns meiden.«

Nach dem Bad saßen sie um das Feuer herum. Hrenki blickte angsterfüllt ihren Vater an.

»Sie sind alle tot«, begann er, ohne einen Blick von den Flammen zu wenden. »Als wir das Dorf verließen, begegneten wir einem der Unsrigen, der aus dem Dorf der Weißen kam. Sein Begleiter war gestorben, er selber von einem bösen Geist besessen. Er brachte den Tod für das ganze Dorf. Sie haben die Toten begraben, bis nur noch drei übrig waren, nämlich der Älteste, ein Mann und eine Frau. Diese drei blieben liegen.«

»Und die Mutter?« hauchte Hrenki.

Ihr Vater erhob sich. Mit seltsam steifen Schritten ging er durch den schmalen Waldstreifen, bis er eine Stelle erreichte, von wo aus er das Dorf liegen sah. Lange saß er dort auf einem umgestürzten Baumstamm.

Sein Blick war starr, und seine Lippen bewegten sich, als wollten sie Worte formen.

Hrenki erschauerte trotz des Feuers. Sie vernahm die klagende Stimme ihres Vaters, der zuerst die tote Frau beweinte und nachher alle Leute im Dorf, die Buteblö zu sich gerufen hatte.

Sie war noch zu jung, um in die Klage einzustimmen. Im Grunde genommen begriff sie das furchtbare Geschehen nicht. Es kam zu plötzlich über sie. Sie glaubte nicht daran, die Mutter, Ganghuá, alle anderen nie mehr sehen zu können. Ihr war, als erlebte sie einen schlimmen Traum.

Unfaßbar war das Unheil auch für Japalé. Er konnte sich nicht damit abfinden, daß Frau und Kinder tot waren, und er saß da, als hätte er den Verstand verloren.

Hrenki fing an zu weinen. Sie blieb still, aber dicke Tränen rollten über ihre Wangen. Gedankenlos legte sie dürre Äste in das Feuer, bis die Flammen so hoch loderten, daß die Blätter in den Baumkronen verkohlten und wie schwarze Falter zur Erde gaukelten.

Viel später kam der Vater zurück. Er sah gefaßt aus, sprach jedoch kein Wort. Nachdem er eine Menge Stöcke zurechtgeschnitzt hatte, erbaute er ein Gerüst. Dann öffnete er die Körbe und fing an, die Fische auszubreiten, denn sie mußten noch einmal geräuchert werden, damit sie noch eine Zeitlang hielten. Hrenki half ihm dabei, doch waren ihre Gedanken im Dorf.

Während Hrenki räucherte, setzte sich ihr Vater zu Japalé auf einen am Boden liegenden Stamm. Völlig beherrscht sprach er:

»Wir haben zu überlegen, was wir tun müssen. Drei Tote warten darauf, daß wir sie begraben. Dabei werden sie uns töten.«

»Was schlägst du vor?« fragte Japalé nach geraumer Zeit.

»Die bösen Geister lauern in jedem Haus auf uns. Du weißt doch, wenn Menschen ihr Dorf verließen, brannten sie es hinter sich ab. Auch das unsrige muß in Flammen aufgehen. Dadurch werden die Geister vertrieben. Dann erst können wir die Toten begraben.«

Japalé sagte nichts dazu, aber nach langem Schweigen fragte er: »Und wohin gehen wir?«

»Uns bleibt keine große Wahl«, meinte Hrenkis Vater. »Hat es noch Sinn, unser neuerbautes Haus zu beziehen? Was sollen wir dort? Uns bleibt nichts anderes übrig, als das Große Lied aufzusuchen.«

»Dann tue, was du für richtig hältst. Ich will hier sitzen bleiben.«

Insú nahm einen brennenden Ast und entfernte sich in Richtung des Dorfes. Dort angekommen, hielt er seine Flamme an das dürre Blattwerk des ersten Hauses, und ohne sich umzusehen, lief er von Haus zu Haus, während hinter ihm eine Feuersbrunst ausbrach, die sich nach allen Seiten ausbreitete und auch große Teile des Sertão ergriff.

Noch während er lief und seine Fackel schwang, stimmte er die Totenklage an. Kein Mensch sah seinen schaurigen Lauf. Insú sang wild und laut klagend; vielleicht bemerkte er nicht einmal das verheerende Feuer. Die letzten Hütten brauchte er nicht mehr anzuzünden. Sie brannten von selbst, weil ein heftiger Wind aufgekommen war, der brennende Büschel aufwirbelte. Er jedoch befand sich inmitten eines Flammenmeeres, so daß er nicht wußte, wohin er sich wenden sollte. Seine Klage war verstummt. Jetzt ging es um sein eigenes Leben. Die Flammen umgaben ihn, der Boden glühte un-

ter seinen nackten Füßen, er war wieder der unerschrockene Indianer, der einem Jaguar kaltblütig ins Auge sah. Mit Riesensätzen federte er durch das Feuer. Der Tod wollte Insú packen, aber seine Antwort war ein hohnvolles Lachen.

Als er sich in Sicherheit befand, besah er flüchtig mehrere Brandwunden. Er hielt sie für unbedeutend. Das Schlimmste hatte er hinter sich, denn das Dorf gab es nicht mehr. Es brannte, war ein Flammenmeer, weiter nichts. Für die Crao hatte es seine Bedeutung verloren.

Hrenkis Vater fühlte sich erleichtert. Er hatte gewiß keine große Tat vollbracht, jedoch die Geister vertrieben und den Tod gebannt. Daß jetzt etwas Neues begann, war ihm bewußt. Er dankte Put, der am Tage herrscht, und Babam, dem Gott der Nacht, vor allem aber Buteblö, dem größten aller Götter und Geister, weil ihm Hrenki geblieben war.

Der Weg nach Icré

Hrenki war in den letzten Tagen kaum zu irgendeiner Arbeit fähig gewesen. Ihr Vater holte von der Maniokpflanzung eine Hacke, die dort an einer verborgenen Stelle aufbewahrt wurde, und sie betteten die Reste der drei verbrannten Toten an Ort und Stelle in die Erde.

Anschließend schritten sie schweigend durch den Sertão. Sie besaßen nur Bogen und Pfeile, eine Hacke, ein Buschmesser und ein Jaguarfell. Der Hund sprang ihnen voraus, als ahnte er, daß sie nach dem Dorf Icré wollten. Alles ließen die drei Crao zurück, denn es war nicht gut, von einem so unglückseligen Ort etwas mitzunehmen.

In dem ausgestorbenen Dorf hatte es keine Tiere mehr gegeben. Um nicht zu verhungern, waren sie in den Sertão gegangen. Selbst die Hunde streunten wildernd umher.

Hrenki begriff dies alles nicht. Sie war in größter Sorglosigkeit aufgewachsen und hatte besessen, was sie sich wünschte. Großen Kummer kannte sie nicht, und die kleinen Kümmernisse waren nicht von langer Dauer gewesen. Auf einmal war alles ausgelöscht. Ihr ganzes bisheriges Leben schien es überhaupt nicht gegeben zu haben. Jetzt lief sie in den Sertão hinein, um nie wieder heimzukehren zu den Menschen, die sie kannte und liebte.

Die Männer hingen ihren eigenen Gedanken nach. Jeder ahnte, was der andere dachte, doch sprachen sie nicht darüber. Die Leute von Icré würden sich kaum freuen, die Letzten eines ausgestorbenen Dorfes in ihrer Mitte zu sehen. Gar leicht konnte sie durch die Überlebenden dasselbe Schicksal ereilen. Wer den Tod mit sich trug, brauchte nicht mit dem Erbarmen der anderen Menschen zu rechnen.

Demzufolge wäre es vernünftiger gewesen, das Nachbardorf zu meiden und irgendwo in der Wildnis zu bleiben. Schließlich kam es auf eins heraus, wo sie jagten oder ihr Lagerfeuer anzündeten. Lebten sie nach dem langen Regen, der bald einsetzen mußte, immer noch, dann war der Beweis erbracht, daß sie keinem Menschen gefährlich waren.

Zwischen dem toten Dorf und dem Großen Lied stand eine Hütte, die seit Menschengedenken vorüberkommenden Jägern oder Wanderern als Unterkunft diente. Sie gehörte niemandem, aber manch einer bastelte an ihr herum, erneuerte einen von den Termiten ausgehöhlten Pfosten oder besserte vor der Regenzeit schadhafte Stellen des Daches aus. Im Innenraum befand sich nichts, weil sich in die Einrichtung nur Schlangen, Vogelspinnen und anderes Getier eingenistet hätten.

In dieser Hütte blieben die drei Crao. Hrenki legte sich auf ihr Fell und schlief ein, während die Männer an einem vor dem Haus entfachten Feuer sitzen blieben. Da sie am frühen Morgen gegessen hatten, brauchten sie an diesem Tag nichts mehr zu sich zu nehmen.

Nach längerem Schweigen sagte Hrenkis Vater:

»Ich bin dafür, daß wir an dieser Stelle bleiben. Es wird nicht lange dauern, bis wir Leuten von Icré begegnen werden. Nehmen sie uns mit, ist es gut, andernfalls halten wir es hier lange aus.«

»Am Sternensee wäre es besser gewesen«, erwiderte Japalé.

»Das schon, nur kommt dort niemand vorbei.«

»Wozu auch?«

»Mir kann es egal sein; ich denke jedoch an Hrenki.«

»Du hast recht«, gab Japalé zu.

Damit war es beschlossen, daß sie in diesem Haus blieben. Für die drei gab es alle Hände voll zu tun, wenn sie ihr Leben in gewohnter Weise führen wollten. Vor allem galt es, genügend Fleisch zu beschaffen, da sie keine Maniokwurzeln besaßen und keine Fladen backen konnten. Während die Männer jagten, suchte Hrenki Wildfrüchte und Palmkerne. Hlob war ihr ständiger Begleiter.

Aber Hrenki wurde auch für andere Arbeiten gebraucht, denn von alters her war es üblich, daß bestimmte Arbeiten von Frauen, andere wiederum von Männern verrichtet wurden. Das Flechten von Matten und Körben fiel den Männern zu, während die Vorbereitung der dazu benötigten Palmfasern eine Angelegenheit der Frauen war.

Als Insú eines Tages den langen Trieb einer Buritipalme mitbrachte, kam Hrenki in große Verlegenheit. Sie hatte der Mutter bei dieser Arbeit zugesehen, das Abziehen der dünnen, schmalen Streifen jedoch niemals selber versucht. Der Vater wußte es wahrscheinlich nicht, denn er stellte den mannshohen Trieb einfach an die Hüttenwand und kümmerte sich nicht weiter darum.

Hrenki machte sich kurz entschlossen an die Arbeit. Sie löste am starken Ende einen dünnen Streifen und zog ihn vorsichtig bis zur Spitze ab. Plötzlich fand sie Gefallen an dieser Arbeit. Streifen um Streifen löste sie so, bis sie ein ganzes Bündel zum Trocknen aufhängen konnte. Je mehr sie von der äußeren Hülle des Triebes abzog, desto weicher und feiner wurden die Streifen. Nicht einer riß dabei entzwei. Hrenki fand so viel Vergnügen daran, daß sie darüber alles andere vergaß. Bereits am nächsten Tag begann Insú, ihr eine große, weiche Schlafmatte zu flechten. Japalé ging an diesem Tag allein auf die Jagd.

Insú vermochte sein Schicksal zu meistern. Nach dem Dorfbrand hatte er noch mehrmals die Totenklage angestimmt, wie er es den Verstorbenen schuldig war, auch hatte er ihnen Speisen auf die Gräber gestellt. Im Gegensatz zu Japalé, der ebenfalls häufig die Klage erklingen ließ, fand er schnell wieder in sein gewohntes Leben zurück.

Beim Flechten der Matte erzählte er der Tochter allerlei aus früheren Zeiten, Wahres und Erdachtes, je nachdem. Hrenki wollte auch manches über die Weißen erfahren und fragte, warum diese Menschen ganz anders wären als sie.

»Das ist so«, meinte Insú, ohne von der Arbeit aufzusehen. »Aukjére ist daran schuld. Er war sehr böse auf die Crao.«

»Weshalb war er ihnen böse?« fragte Hrenki.

»Weil sie ihn töten wollten.«

»Das mußt du mir genauer erzählen.«

»Aukjére war ein Crao von ganz besonderer Art. Als kleines Kind hielt er sich lieber bei den Fischen auf. Sie wissen mehr als die Menschen. Und durch sie erfuhr er alles, so daß er klüger war als alle anderen Crao. Das verdroß die Leute, und sie begannen, seine Klugheit zu fürchten. Da gingen sie mit ihm ins Gebirge und stürzten ihn eine steile Wand hinab. Er aber schwebte, ohne sich zu verletzen, wie ein Blatt zur Erde. Dort fand ihn sein Onkel. Er liebte den Knaben und wollte ihn in einem Versteck großziehen. Die Crao fanden ihn jedoch auch dort und verbrannten Aukjére in seinem Winkel. Danach zogen sie weg. Der Onkel kehrte zurück, um wenigstens die Asche zu begraben, doch fand er sie nicht, denn sie war vom Wind davongetragen worden. Weit entfernt von hier kam Aukjére zu sich und wurde wieder ein Mensch. Von nun an war er ein Feind der Crao. Seine Kinder waren weiß, und deren Kinder wurden weiß, und so ist es geblieben.«

»Dann sind die Weißen Kinder der Crao?« wunderte sich Hrenki.

»So ist es, nur wissen es die Weißen nicht«, bestätigte der Vater.

»Ach, sind sie dumm!« rief Hrenki ärgerlich.

»Nein, das sind sie eben nicht«, widersprach Insú. »Du vergißt, daß Aukjére ihnen sein Wissen gegeben hat. Wäre er bei uns geblieben, hätten wir es von ihm übernommen.«

»Ja, das ist wahr. Wozu wäre es uns nützlich?«

»Das weiß ich selber nicht. Vielleicht wirst du es noch erfahren.«

Unter solchen Gesprächen wurde die Matte bald fertig. Danach mußte Hrenki die Fasern auch für Japalé zubereiten. Doch er erzählte nichts, während er flocht. Seit dem großen Brand war er schweigsam geworden.

Eines Tages blieben die Männer länger aus als gewöhnlich. Hlob lag ruhig im Schatten des Hauses. Er döste vor sich hin und schüttelte zuweilen den Kopf, weil ihn die Fliegen nicht in Ruhe ließen. Unwillig knurrend spitzte er plötzlich die Ohren.

Hrenki trat aus der Hütte, um nach den heimkehrenden Jägern Ausschau zu halten. Hlob bellte wütend. Aber nicht die Erwarteten kamen nach Hause, sondern drei fremde Crao und ein Mädchen tauchten auf. Sie schritten direkt auf das Haus zu. Nun wußte Hrenki nicht, wie sie sich verhalten sollte. Am besten war es wohl, das Feuer anzublasen, als sei nichts geschehen. Der Hund gebärdete sich wie toll, gehorchte aber und blieb an ihrer Seite.

»Wer bist du?« fragte einer der Männer, als sie das Haus erreicht hatten. Das fremde Mädchen ließ sich freundlich lächelnd neben Hrenki nieder.

»Mein Vater ist auf der Jagd«, gab Hrenki zurück.

»Seit wann wohnt ihr hier?«

»Noch nicht lange«, antwortete sie, ohne aufzublicken.

Die Männer setzten sich in den Schatten des Hauses, während das Mädchen am Feuer hocken blieb.

»Wie heißt du?« wollte Hrenki wissen.

Es beugte sich zu ihr herüber und flüsterte ihr ins Ohr: »Tucra.«

»So nennt man einen Fluß«, meinte Hrenki.

»Ja, ich wurde dort geboren. Und wie ruft man dich?«

»Hrenki. Kommst du vom Großen Lied?«

»Wir sind von dort. Woher kommst du?«

»Von weit her. Gewohnt haben wir im nächsten Dorf.«

In diesem Augenblick erschienen Japalé und Insú. Sie wunderten sich über den Besuch und begrüßten die drei Crao. Die Mädchen unterhielten sich nur noch flüsternd, aber Hrenki erzählte alles — von ihrem Haus am Sternensee, vom Lager der Javahé und wie sie niemand mehr lebend angetroffen und das ganze Dorf in Asche gelegt hatten. Tucra erschrak sehr, denn auf eine solche Schreckensbotschaft war sie nicht vorbereitet gewesen. Sie legte wiederholt eine Hand auf den Mund, als müßte sie Rufe des Grauens gewaltsam unterdrücken.

»So war es«, beendete Hrenkis Vater seinen Bericht, den die anderen Crao nicht einmal unterbrochen hatten.

»Du hast nichts Gutes erzählt«, versetzte einer der fremden Jäger. »Da haben wir in Icré Grund zu langer Klage. Und was werdet ihr tun?«

»Es gibt für uns nichts anderes, als hierzubleiben.«

»Das ist wahr. Ich nehme an, daß ihr zu uns kommen könnt, doch wollen wir es am Feuer beraten. Wenn wir uns einig sind, geben wir euch Bescheid.«

Tucra stieß Hrenki in die Seite, denn sie hörten alles, was die Männer besprachen. Die Mädchen waren etwa gleichaltrig, auch ähnelten sie sich in ihrer Größe. Sie freuten sich beide über diese unverhoffte Begegnung.

»Wie ist es bei euch im Dorf?« fragte Hrenki. »Tanzt ihr und betreibt ihr Sport?«

»Tag für Tag«, erklärte Tucra. »Wir singen, tanzen, spielen und laufen mit Klötzen und Stäben.«

»Ist es schön bei euch?«

»Wir haben große Bäume mit Mango und Mamão. Du kannst essen, bis dein Bauch ganz dick wird.«

»Dann komme ich«, erwiderte Hrenki freudestrahlend.

Die Männer waren sich ebenso einig wie die Mädchen. Den Jägern vom Großen Lied wäre es lieber gewesen, wenn die anderen gleich mitgegangen wären, aber Insú und Japalé wollten den Bescheid abwarten. Leben könnten sie überall, meinten sie.

Icré, das Große Lied

Vom ersten Augenblick an fühlte sich Hrenki in dem Dorf, das sie Großes Lied nannten, wie zu Hause. Das lag wohl an der Anordnung der Häuser und den gepflegten Wegen, die genau so waren wie in ihrem Heimatdorf. Insú besuchte seinen Bruder und wurde dort freundlich aufgenommen. Hrenki kannte diesen Onkel, der mehrmals zu ihnen ins Dorf gekommen war, und sie freundete sich schnell mit der Tante und einem halbwüchsigen Jungen an, der Giljo gerufen wurde.

Dieser Giljo war ein Draufgänger, ein ruheloser

Bursche, den alle anderen Kinder neidlos als ihren Anführer betrachteten. Hrenki war jedoch so groß, daß sie kaum noch zu den Kindern zählte und eine Stufe einnahm, die geradewegs zu den Erwachsenen führte. Sie war etwa dreizehn Jahre alt, demzufolge bereits heiratsfähig. Es gab auch in diesem Dorf so wenig Mädchen, daß jüngere oder auch ältere Männer noch jüngere Mädchen ins Haus nahmen, die sie vorerst wie ein eigenes Kind behandelten. Auf diese Weise sicherten sie sich für später aber eine Frau. Wenn es diesen Mädchen nicht gefiel, konnten sie jederzeit dieses Verhältnis, das noch nicht als Ehe angesehen wurde, lösen und zu den Eltern zurückkehren.

Giljo dachte nicht an eine Heirat; dazu war er noch zu jung. Er glaubte vielmehr, auch Hrenki unterwerfen zu können. Als sie jedoch sah, daß die von ihm angeführten Kinder alle jünger waren als sie, zog sie sich trotzig von ihm zurück. Dadurch entstanden zwischen ihnen die ersten Spannungen.

»Mach dir nichts daraus«, riet ihr Tucra, mit der sie häufig zusammenkam. »Er hält zu den Kindern, weil er ihnen etwas beibringen kann. Da ist er tonangebend, während er bei den Erwachsenen nichts zu sagen hätte.«

»Und was sagen die Erwachsenen dazu?« fragte Hrenki.

»Sie loben ihn, weil er gescheit ist und die Kinder so gut unterrichtet, als wäre er der Dorfälteste. Beim Tanzen und Singen nimmt er es ganz genau. Ich glaube, wir können etwas von ihm lernen.«

»Warum hältst du nicht zu ihm, wenn es so ist?«

»Ich will nicht. Jetzt bin ich froh, daß du hier bist und er gegen zwei anrennen muß.«

Indem sie selbst die Brücke zu den Kindern abbrachen, reihten sich Hrenki und Tucra unter die Erwachsenen. Es kam noch ein drittes Mädchen dazu, das ein wenig größer war als die beiden anderen und das Ara gerufen wurde. Es plapperte nicht etwa darauflos wie ein Papagei, sondern vermochte die Stimmen der großen bunten Arara so gut nachzuahmen, daß sich die Vögel von ihm täuschen ließen. Aras Zähne waren gleichmäßig spitz zugefeilt, so daß sie nach indianischen Begriffen nicht nur schön aussahen, sondern obendrein eine gefährliche Waffe darstellten. Ein Bursche hatte sie schon zu spüren bekommen. Als er Ara eines Tages belästigte, biß sie ihn in den Arm. Auf diese Narben brauchte er nicht stolz zu sein.

Die drei Mädchen bildeten innerhalb der Dorfgemeinschaft eine kleine Gruppe für sich. Sie standen auf gleicher Stufe mit den etwas älteren Burschen, doch hüteten sie sich, beim Sport gegen diese anzutreten.

Bereits die Kinder betätigten sich sportlich, kümmerten sich jedoch nicht darum, wer wen besiegte oder ob ein Mädchen besser war als ein Junge.

Später wurde es anders. Die drei Freundinnen standen allein und fanden keine Gegner mehr. Den älteren Burschen waren sie nicht gewachsen, und die Frauen wollten keinen Sport mehr treiben. Den Mädchen blieb nichts weiter übrig, als die Kämpfe unter sich auszutragen. Hatten sie Glück, dann gesellten sich noch einige junge Frauen zu ihnen, doch wollten sich die jungen Mütter meist nicht gern von ihren kleinen Kindern trennen.

Beim Tanz zählten keine Altersunterschiede. Wer tanzen wollte, stellte sich mit auf. Selbst die Kleinsten tanzten mit, so gut es eben ging.

Sport, Gesang und Tanz führten Hrenki mit der Dorfbevölkerung zusammen. Sie wurde mit größter Selbstverständlichkeit in diesen Kreis aufgenommen. Sie war eine Crao, und das genügte den anderen. Das Schicksal der Bewohner des Nachbardorfes hatte sich mit Windeseile herumgesprochen, so daß viele Frauen und Männer klagten, weil sie Verwandte und Freunde auf so tragische Weise verloren hatten. Alle bemühten sich darum, daß Hrenki im Großen Lied heimisch wurde. Sie bekam von ihren Freundinnen einen jungen Papagei und eine kleine Ente geschenkt. Giljo gab ihr eine Handvoll feuerrote Samenkapseln, die sie zu einer Kette verarbeiten konnte, und sie sollte in jedes Haus kommen, um an den Mahlzeiten teilzunehmen. Ihr Vater war jedoch dagegen, weil er allein für sie sorgen wollte.

Jetzt, am Ende der Trockenzeit und kurz vor dem großen Regen, waren viele Früchte reif, vor allem Mango und Cajú. Bisher hate Hrenki nur die wilden Cajú gegessen, aber hier gab es riesenhafte Bäume mit großen Früchten. Dazu kamen die alles überragenden Mangobäume, die Hrenki noch nicht kannte. Im Schatten eines solchen Baumes fand die ganze Dorfbevölkerung Platz. An langen Stielen hingen im dichten Blätterwerk gelbe oder auch grüne Früchte in allen Größen. Wer eine von der größten Sorte aß, wurde satt davon. Die Mangofrüchte fielen massenweise zu Boden und wurden dort auch von den Schweinen gefressen.

Kinder und Erwachsene aßen nun nur noch Mangos. Sie bekamen dicke Bäuche, und die Kleinsten wimmerten vor Leibschmerzen. Trotzdem aß jeder weiter, denn wenn der Regen kam, hörte dieses Vergnügen auf. Dann mußten alle wieder ein Jahr bis zur nächsten Ernte warten.

»Die heruntergefallenen sind für die Schweine«, sagte Ara verächtlich. Sie hob keine Mango auf, sondern kletterte lieber mit den Jungen auf die Bäume.

Hrenki ließ sich das nicht zweimal sagen. Im Nu war sie auf einem Baum und kletterte bis in den Wipfel, denn Ara behauptete, daß ganz oben die saftigsten Mangos wüchsen. Letzten Endes ging es nicht um die Früchte, sondern um das Klettern selbst. Hrenki kam sich vor wie ein Affe. Obwohl sie oft genug auf Bäume gestiegen war, hatte sie niemals solche hohen gesehen. In der Krone eines Mangobaumes konnte sie sich auch gut verstecken. Im Astwerk eines einzigen Baumes tummelten sich manchmal sämtliche Kinder des Dorfes.

Diese Jahreszeit war wohl die schönste für die gesamte Bevölkerung. In sie fiel ein Erntefest, für das seit mehreren Wochen die Vorbereitungen getroffen wurden. Einige Männer gingen nicht mehr auf die Jagd, weil sie große, schwere Tanzmasken flechten mußten.

Für diese Beschäftigung gab es ein besonderes Haus. Früher sollte es für Frauen der Crao tabu gewesen sein. Jetzt wurden die alten Sitten nicht mehr so streng eingehalten. Jesuitenpater hatten dafür gesorgt, daß der Buschgeisterglaube an Bedeutung verlor. Nachdem ihr Orden aufgelöst worden war und die Pater ihre Tätigkeit nicht mehr ausüben durften, hatte der uralte Glaube der Crao allerdings wieder festere Formen angenommen. Deswegen besaß jedes Dorf ein besonderes Haus für kultische Zwecke.

Augenblicklich herrschte darin Hochbetrieb. Überall saßen oder standen Männer, die mit geschickten Händen flochten, schnitzten und Schmuck anfertigten. Wer nichts zu tun hatte, sah ihnen zu.

Hrenki ging oft in dieses Haus. Einmal erzählte sie die Geschichte von Aukjére, aber die meisten kannten sie schon. Daraufhin trugen andere Sagen vor, die für Hrenki neu waren.

Flüsternd erzählte Ara von der geheimnisvollen Macht des Pagé, des Zauberers, der mit den Geistern in Verbindung stehen sollte und der sich angeblich in eine Fledermaus verwandeln konnte. Für den Stamm war er von großem Nutzen, denn er heilte viele Krankheiten, trieb die bösen Geister aus den Körpern der Besessenen und zauberte den Regen herbei.

Aber nicht überall war der Zauberer gleichzeitig Medizinmann wie in diesem Dorf. Es gab Pagés, die abgeschlossen für sich lebten, um vermutlich ganz nach Belieben die Gestalt verschiedener Tiere anzunehmen. Ihre Macht überstieg die der Häuptlinge. Kein Mensch wagte es, sich ihren Anordnungen zu widersetzen. Aus diesem Grund wurden sie mehr gefürchtet als geliebt.

Der Pagé von Icré nutzte seine Zauberkunst nicht aus und unterschied sich durch keine Vorrechte von seinen Stammesleuten. Wenn er gebraucht wurde, half er ohne großes Aufsehen.

»Ich möchte trotzdem nichts mit ihm zu tun haben«, flüsterte Hrenki, als Ara ihr den geheimnisvollen Mann beschrieben hatte. Sie ahnte in diesem Augenblick nicht, wie sehr sie ihn bald brauchen würde.

Schwere Gewitterwolken zogen eines Tages über der Wildnis auf. Sie waren die ersten Vorboten der heranrückenden Regenzeit. Vorerst entluden sie sich noch nicht, doch verbreiteten sie eine drückende Schwüle.

Wer nicht arbeiten mußte, blieb lieber daheim oder gar auf der Bastmatte liegen. Die Hunde schlichen hechelnd und lustlos umher. Auch andere Tiere, vor allem die halbwilden schwarzen Schweine, lagen ausgestreckt unter den Bäumen.

Tucra und Ara kamen zu Hrenki, um sie abzuholen. Sie wollten zu einem Cajúbaum gehen, der besonders große Früchte trug. Die lähmende Witterung machte ihnen nichts aus, denn sie waren jung und voller Tatendrang.

Unweit des Dorfes gab es einen Bach mit klarem, kühlem Wasser. Kein Crao ging daran vorbei, ohne ein erfrischendes Bad zu nehmen. Auch die Mädchen badeten, setzten danach ihre Wanderung fort und kamen unter den Baum, dessen überreife Früchte massenhaft zu Boden gefallen waren.

Hrenki überlegte nicht lange, ergriff einen der unteren Äste und zog sich hinauf. Gewandt glitt sie höher. Sie stieg schnell, und in dem Glauben, einen Ast zu ergreifen, umfaßten ihre Hände den kühlen Leib einer Baumschlange. Gleichzeitig hieb die Schlange zu. Hrenki spürte, wie sie fiel, wie sie hart aufschlug und am Boden lag.

Ara und Tucra schrien laut auf. Die kleinere Tucra sprang beiseite und stülpte der heruntergefallenen Schlange kurz entschlossen das länglich geflochtene Körbchen, in das sie die Cajúfrüchte legen wollte, über den Kopf.

Hrenki erhob sich benommen und stieß seltsam glucksende Laute aus. Es klang wie Lachen und Weinen. An ihrem rechten Oberarm klaffte eine stark blutende Wunde. Dort hatte die Schlange zugebissen. Wahrscheinlich hätte sie nicht losgelassen, wenn

Hrenki nicht vom Baum gestürzt wäre. Dadurch wurde das Reptil mitgerissen und landete zwischen den am Boden stehenden Mädchen.

Nicht alle Baumschlangen sind giftig, auch greifen sie nur im Notfall einen Menschen an. Sie haben spitze Zähne, mit denen sie ihre Beute festhalten, um sie allmählich erwürgen zu können. Aber auch bei Schlangen, die nicht giftig sind, ruft der Biß Fieber und Krankheit hervor.

Wie von Sinnen rannte Hrenki dem Dorfe zu. Sie dachte nicht viel, verspürte keinen Schmerz und wurde nur von einer furchtbaren Angst getrieben. Die Freundinnen holten sie ein, doch achtete sie nicht auf sie. Keuchend, stöhnend und schluchzend erreichte sie das Haus ihrer Verwandten, wo sie auf einer Matte zusammenbrach.

Ara war davongelaufen, um den Medizinmann zu holen. Tucra erklärte kurz: »Eine Baumschlange ist es gewesen.«

Insú kniete nieder und drückte an der Wunde, damit sie noch stärker blutete. Hrenki schien das Bewußtsein zu verlieren.

Als der Pagé kam, machten ihm die herbeigelaufenen Nachbarn Platz. Er befahl den Frauen, das Feuer anzublasen. Mit unerschütterlicher Ruhe kramte er in einem Beutel, den er immer bei sich trug, bis er die richtigen Wurzeln gefunden hatte. Diese legte er in ein tönernes Töpfchen, goß Wasser darüber und streute zerkrümelte Kräuter darauf. Nach längerem Kochen entstand eine dunkle, angenehm riechende Brühe.

Etwas umständlich stopfte er seine Pfeife mit Tabak, der nicht gleich glimmen wollte. Aber schließlich gelang es ihm doch, spärliche Rauchwolken auf die

Kranke zu blasen. Dabei murmelte er unverständliche Worte. Viele Crao umstanden ihn und beobachteten gespannt seine Handlung.

Hrenki erholte sich langsam. Sie legte sich auf die linke Seite und blieb ganz ruhig.

Der Pagé blies sie nicht mehr an. Seine Pfeife war ausgegangen. Jetzt nahm er den dunkelbraunen Saft, träufelte ihn vorsichtig in die Wunde und rieb mit ihm Hrenkis Arm und ihre rechte Brustseite ein, wodurch sich ihre Haut sofort bräunlich verfärbte.

Nach dieser sorgfältigen Behandlung schob er Hrenki etwas in den Mund, das die anderen nicht sehen durften. Daraufhin fuhren seine Hände beschwörend über ihren Körper. Mit einer kaum sichtbaren Gebärde deutete er an, daß alle Neugierigen das Haus verlassen sollten. Selbst Insú und die beiden Freundinnen zogen sich zurück.

Leise vor sich hin brummelnd, harrte der Pagé neben der Kranken aus. Durch nichts ließ er sich stören; er mußte bei ihr wachen, um die bösen Geiser von ihr fernzuhalten.

Auch Insú, Tucra und Ara wichen nicht aus der Nähe der Kranken. Sie wußten, daß der Tod sehr nahe war.

Nach zwei Tagen stand Hrenki wieder auf. Sie sah blaß aus, als hätte sie eine schwere Krankheit überstanden. Giljo schenkte ihr an diesem Tag eine Halskette aus duftenden Samenkapseln.

Nach diesem Zwischenfall mit der Schlange wurde Hrenki der Liebling aller Leute im Dorf. Sie war den Geistern des Jenseits entkommen, so daß der Vorsänger, der nach einem Gebiet Acré genannt wurde, zu einem Tanz aufrief. Dieser Acré war Aras Vater, ein

athletischer Mann mit einer klangvollen Stimme. Sein Zeichen war die Londra, weshalb auch Ara gern diese schwarz-rote Bemalung anlegte.

Hrenki bekam nach ihrer Krankheit noch nicht die üblichen Zeichen aufgemalt, sondern rote Streifen und Tupfen, vor denen die bösen Geister die Flucht ergreifen sollten.

Es wurde ein schönes Fest! Die Männer zeigten Jagd- und Kriegstänze, während die Frauen verstreut auf herangerollten Baumstämmen saßen. Ara und Tucra hatten Hrenki in ihre Mitte genommen und waren in der Nähe des Feuers geblieben.

Hrenki schaute versonnen den tanzenden Männern zu, ihren alten Tänzen, die sie schon so oft gesehen hatte; aber in dieser Nacht erschien ihr plötzlich alles neu. Selbst die Freundinnen betrachtete sie mit anderen Augen. Bei ihnen suchte sie Geborgenheit und Schutz, vielleicht noch aus Furcht vor Schlangen und Geistern. Sie hütete diese Angst als ihr Geheimnis, denn sie fürchtete ein mitleidiges Lächeln oder gar den Spott der anderen.

Nur ihr Vater ahnte, was in ihr vorging. Er behandelte sie sehr zärtlich und nannte sie liebevoll seine ›Einzige‹. Um ihr eine Freude zu bereiten, schnitzte er eine hölzerne Puppe, die fast wie ein kleines Menschenkind aussah.

Hrenki wollte in dieser Nacht nicht tanzen. Noch fühlte sie sich zu schwach dazu. Mit einem zaghaften Lächeln saß sie zwischen ihren Freundinnen, die ebenfalls auf das Tanzen verzichteten. Sie sprachen über alles mögliche und schienen nicht zu merken, daß Hrenki keine Antwort gab.

Ara hing sehr an ihrer etwas kleineren Freundin und

versuchte, mütterlich auf sie einzugehen. In den vergangenen Tagen war sie fast immer bei ihr gewesen, bis der Pagé sagte, daß für Hrenki nun nichts mehr zu befürchten sei.

Die Zeit der tanzenden Masken

Noch während die Männer an den Tanzmasken arbeiteten, kehrten einige Frauen verstört von einer Maniokpflanzung zurück. Sie wollten Spuren entdeckt haben, die ganz gewiß von einem bösen Geist herrührten. Die Männer horchten zwar auf, hielten es jedoch nicht für dringend erforderlich, der Sache auf den Grund zu gehen. Die Festvorbereitungen nahmen sie so sehr in Anspruch, daß sie sich augenblicklich nicht um einen Geist kümmern konnten, der es wahrscheinlich sowieso nicht auf das Dorf abgesehen hatte.

Ganz anders verhielten sich die drei Freundinnen. Hrenki war so weit hergestellt, daß sie an kleineren und dann auch an größeren Streifzügen wieder teilnehmen konnte.

An einem frühen Morgen gingen sie angeblich zur Pflanzung, um Maniokwurzeln zu holen. In Wirklichkeit wollten sie die Geisterspuren suchen. Ara hatte in Erfahrung gebracht, wo diese geheimnisvollen Fährten gesehen worden waren.

»Seltsam«, sagte sie, »daß dieser Geist Spuren hinterläßt. Das hat bisher noch keiner getan.«

»Es war eben ein besonders großer Geist«, meinte Tucra.

»Nein, ich glaube an keinen Geist«, widersprach Ara.

»Du glaubst an keinen Geist?« rief Tucra überrascht.

»Eigentlich schon«, lenkte Ara ein, »nur in diesem Falle nicht. Es war ein Tier, sage ich euch.«

»Ein Jaguar?« fragte Hrenki erschrocken.

»Es gibt noch viele andere große Tiere.«

»Dann ist es ein Krokodil gewesen. Ich sah eins im Schwarzwassersee. Nachts gehen sie an Land und hinterlassen breite Trittspuren und eine schmale Furche, die vom Schwanz herrührt. Ich kann sie euch in den Sand malen.«

»Hier hat es seit einer Ewigkeit kein Krokodil gegeben«, meinte Ara. »Die Jäger erzählen nur noch davon. Trotzdem kann eins von weither gekommen sein.«

Die drei Freundinnen redeten sich in eine Stimmung hinein, als ständen sie vor einem großen Abenteuer. Mit Geistern war nicht zu spaßen; denen spürte man lieber nicht nach. Tiere bedeuteten dagegen eine Abwechslung, aufregende Jagden und volle Töpfe bei Gesang und Tanz.

Bis zur Pflanzung war es nicht weit. Außer dieser einen gab es auch noch andere, die entfernter lagen und zu denen die Frauen nicht ohne männlichen Schutz gehen konnten. Hier, wie vielerorts im Sertão, waren die Jaguare zahlreicher geworden.

Ara hielt es für ratsam, zuerst die rätselhaften Spuren zu suchen und anschließend Maniok zu holen. Die beiden anderen waren damit einverstanden.

Sie erreichten eine langgestreckte Bodensenke, in der schlanke Palmen wuchsen und sehr hohes Gras Raubtieren und Schlangen Unterschlupf bot. Hier wollten die Frauen die Fährte gesehen haben. Sie hatten die Stelle ganz genau beschrieben.

Tucra entdeckte sie zuerst. Es waren etwa menschenfußgroße, zweiteilige Eindrücke.

»Wie von einem großen Hirsch«, bemerkte Hrenki.

»So große Hirsche gibt es nicht«, widersprach Ara.

»War es doch ein Geist?« fragte Tucra.

»Jedenfalls kommt diese Spur nicht alle Tage vor«, erklärte Ara, ohne die geringste Furcht zu zeigen.

»Wollen wir ihr folgen?« fragte Hrenki.

»Dazu ist sie viel zu alt. Ich schlage vor, daß wir an dem Grasland vorbeigehen. Vielleicht sehen wir frische Spuren oder gar das Tier selbst.«

»Wer sagt dir, daß es ein Tier ist?« erwiderte Tucra zweifelnd.

»Ein Geist wird sich am hellichten Tag nicht sehen lassen«, erklärte die Freundin.

Hrenki ging jetzt ohne Furcht den anderen voraus. Manchmal blieb sie stehen, um Spuren zu betrachten, die jedoch von anderen Tieren stammten. In diesem hohen Gras suchten viele Lebewesen ein sicheres Versteck.

Sie forschten lange und fanden nichts. Das Grasland ging schließlich in einen Waldstreifen über. Ara riet ab, den Busch zu betreten. So unbekümmert sie sich im offenen Gelände zeigte, so vorsichtig benahm sie sich in einem unübersichtlichen Gebiet. Hrenki wollte soeben darüber lachen, als sie ganz deutlich sah, daß sich nicht weit von ihnen entfernt das hohe Gras bewegte. Sie erschrak, brachte keinen Laut über die Lippen und ging langsam in die Knie. Im Nu folgten ihr die Freundinnen. Auch sie hatten die Bewegung der Gräser bemerkt.

Dort erhob sich plötzlich ein grauer Buckel. Ein massiger Körper schob sich aus den raschelnden Halmen, ein grauenhafter Kopf mit gebogenen, spitzen

Hörnern zeigte sich, und so stand das Ungeheuer bedrohlicher als ein Geist in dem Grasmeer, vielleicht, um sich im nächsten Augenblick auf die drei Mädchen zu stürzen.

Ara schrie laut auf; Hrenki kroch, um unbemerkt entwischen zu können, leise davon. Tucra überlegte nicht lange, sondern schloß sich ihr an, so daß auch Ara nichts anderes übrigblieb, als schleunigst Reißaus zu nehmen. Schließlich richteten sie sich auf und rannten wie kaum jemals in ihrem Leben. Keine sah sich um. Jetzt zeigte sich, wie sportlich die Craomädchen waren. Kein Nandu hätte schneller sein können als sie. Sie dachten freilich nicht an Stafettenlauf und Klotzrennen, sondern wurden von der Angst getrieben, weil sie hinter sich ein Ungeheuer vermuteten.

Hrenki erwies sich als die beste Läuferin. Als sie das Dorf erreichte, war sie den Freundinnen um ein gutes Stück voraus, aber neben dem ersten Haus warf sie sich erschöpft zu Boden.

Mehrere Erwachsene sahen erstaunt, wie auch die beiden anderen mehr tot als lebendig zusammenbrachen. Was hatte das zu bedeuten? War ein solcher Lauf überhaupt noch als Sport zu bezeichnen?

Acré kam dazu und drehte seine Tochter auf den Rücken. Sie nahm sich gewaltig zusammen, setzte sich und sprach keuchend: »Wir haben den Geist gesehen — oder das Tier. Es sah furchtbar aus.«

»Wo?« fragte ihr Vater.

»Hat es uns nicht verfolgt? Seht ihr es nicht?«

Da richteten sich auch Hrenki und Tucra auf. Sie plapperten alle drei auf einmal los, so daß keiner etwas verstand. Acré stieß gellende Laute aus und rief die Männer herbei.

Aus allen Häusern kamen sie, jedoch ohne sich zu beeilen. Zuletzt erschien der Häuptling.

»War es ein Geist oder ein Tier?« erkundigte er sich ohne Umschweife.

»Das wissen wir nicht«, gab Ara aufgeregt zurück.

»Wenn die Sonne scheint, wird sich kaum ein Geist sehen lassen«, bemerkte der Medizinmann spöttisch.

Der Häuptling warf ihm einen bösen Blick zu.

»Nehmen wir an, es wäre ein Tier gewesen«, lenkte Acré versöhnlich ein. »Wie sah es aus?«

»Grau, groß und scheußlich«, erwiderte Ara.

»Größer als ein Hirsch?«

»Groß wie ein Haus! Vielleicht nicht ganz so groß.«

»Und wo war es?«

»Genau dort, wo das hohe Gras aufhört und der Busch beginnt«, erklärte Hrenki.

Ihr Vater mischte sich ein und sagte in ruhigem Ton: »Erzähle der Reihe nach, und ihr anderen seid still.«

Hrenki atmete noch einmal tief durch und berichtete alles, wie es sich zugetragen hatte, nur konnte sie das Tier oder den Geist nicht so beschreiben, daß sich die Erwachsenen ein Bild davon machen konnten. Einer sagte plötzlich: »Toro!« Er hatte dieses Wort im Dorf der Weißen gehört und wußte, daß sie damit einen Stier bezeichneten. Wie kam jedoch ein solcher Stier in diese Gegend?

Die Männer sahen sich verwundert an. Wenn die Mädchen einem Toro begegnet waren, dann konnte jedermann ihre heillose Flucht begreifen. Mit einem verwilderten Stier ließ sich nicht einmal ein einzelner Jäger ein.

»Toro! Toro!« erscholl es aus aller Munde.

Die Männer holten ihre Bogen und Pfeile; denn

wenn dort draußen tatsächlich ein Toro stand, der zu jagen war, dann konnte es ein großes Freudenfest geben.

Die Mädchen mußten wohl oder übel die Führung übernehmen und so vielen Jägern vorangehen, wie Finger an beiden Händen waren. Hrenki übernahm die Spitze. Als sie jedoch die Bodensenke erreichten, teilten sich die Männer in zwei Gruppen. Um dem Tier den Fluchtweg abzuschneiden, umgingen sie das Grasfeld. Die Mädchen blieben zurück, damit sie den Männern nicht im Wege standen. Hrenki drehte vor Aufregung ihren kleinen Schurz zu einem Strick, bis er gänzlich zerriß.

Die Jäger brauchten nicht lange zu suchen. Sie sahen einen riesenhaften Stier am Waldrand stehen, wo er zornig brummend den Boden scharrte.

»Paß auf, er greift an!« warnte Acré leise.

Hrenki sah, wie ihr Vater den Bogen spannte. Gleichzeitig stampfte der Stier durch das dürre, prasselnde Gras. Mehrere Pfeile trafen ihn und bohrten sich tief ein, aber er schüttelte sich nicht einmal und tat so, als hätten ihn nur ein paar Fliegen gestochen.

Abermals gingen mehrere Pfeile auf ihn nieder. Da brach er in die Knie, raffte sich jedoch sofort wieder auf. Ein einzelner Pfeil, der sein Herz traf, warf ihn endgültig um.

Vom Dorf her kamen viele Männer, Frauen und Kinder. Sie wollten alle den Toro sehen und tragen helfen. Es würde ein Fest geben wie selten im Jahr.

Als Hrenki mit ihrem Vater und Japalé in das Große Lied kam, fiel ihr sofort jener Bursche auf, den sie beim Sammeln des Bienenhonigs kennengelernt hatte. Er war damals zu Besuch in ihrem Dorf gewesen, um bei Verwandten einzukehren. Die Leute riefen ihn Ganaz, Gürteltier, womit er einverstanden war. Als Clanzeichen trug er das Zeichen der Schlange.

Dieser gutgewachsene, sportlich gewandte Bursche hatte von Anfang an Gefallen an Hrenki gefunden, nur daß sie zuerst nichts von ihm wissen wollte. Jetzt zeigte sie sich ihm gegenüber freundlicher, ohne aber an Heirat zu denken. Er sollte warten. Wenn die anderen jungen Männer wußten, daß er es auf Hrenki abgesehen hatte, kam ihm keiner zuvor. Außerdem legte die Clanzugehörigkeit Grenzen fest, die jeder beachten mußte. Ganaz hätte niemals Ara heiraten können, obwohl sie gut befreundet waren und in engster Nachbarschaft wohnten.

Wenn Ganaz von der Jagd heimkehrte und einen besonderen Leckerbissen mitbrachte, gab er jedesmal Hrenki ein Stück davon ab. Das war bereits mehr als ein Zeichen der Freundschaft.

Wenn ein Jäger ein größeres Tier erlegte, beschaffte er damit zwar Fleisch für alle, und die Beute wurde gleichmäßig verteilt, aber zusätzlich erhielt der Jäger, je nach Art des Tieres, ein Stück Fleisch dazu. Kleinere Tiere wurden nur innerhalb des Clans aufgeteilt, während Vögel und anderes Kleinwild ihm selbst und seiner Familie gehörten.

Wenn Ganaz diese Regel durchbrach und Hrenki bevorzugte, hatte keiner etwas dagegen einzuwenden, denn sie war für alle eine Art Findelkind. Daß sie ein wenig verwöhnt wurde, war ganz natürlich, und entschied sie sich später für Ganaz, dann war alles um so besser.

Nachdem Hrenki auf der Stierjagd ihren Schurz so

zerrissen hatte, daß er nicht mehr zu gebrauchen war, trennte Ara einen Streifen von ihrem eigenen ab und schenkte ihn ihr.

Ganaz fertigte daraufhin einen Bogen und mehrere Pfeile an und machte sich auf den Weg zum Nachbardorf. Dort hielt er sich über Nacht auf und setzte am nächsten Morgen die Wanderung fort. So erreichte er schließlich den Posten des Indianerschutzdienstes, wo er freundlich aufgenommen und bewirtet wurde. Als er den Posten verließ, hatte er seine neuen Waffen gegen ein Stück Tuch und ein Messer eingetauscht.

Nach seiner Rückkehr suchte er sofort Hrenki auf. Sie saß vor dem Haus und fütterte einen jungen Papagei. Ihm war es lieb, daß er sie allein antraf.

»Ich war beim Posten«, sagte er, indem er sich an die Hauswand lehnte.

Sie beugte sich tiefer über den Papagei, damit Ganaz ihr Gesicht nicht sehen konnte.

»Ist es weit?« fragte sie, nur um etwas zu sagen.

»Für mich nicht«, gab er zurück. »Ich habe dir etwas mitgebracht«, fuhr er nach kurzem Schweigen fort.

Er wickelte den Stoff aus einem Stück Papier, auf dem der Kopf eines weißen Mädchens zu sehen war. Das Tuch legte er neben Hrenki, und das Blatt einer Illustrierten mußte er erst umständlich mit den Händen glätten, bevor er es dazulegen konnte. Sie warf einen kurzen Blick darauf, zog beides näher an sich und fütterte wieder ihren Papagei.

»Gefällt es dir?« wollte er wissen.

»Ja«, antwortete sie leise.

»Das wollte ich nur wissen«, sagte er und schickte sich an, den Platz zu verlassen.

Sie blickte ihn an und lachte. Sein Gesicht blieb unverändert, aber ihr Lachen machte ihn so froh, daß er ein Lied anstimmte, als er schräg über den Dorfplatz nach Hause ging.

Endlich hatten die Männer ihre Flechtarbeiten beendet. Große, schwere Masken, in denen sich ein Mensch verbergen konnte, hingen in dem Kulthaus.

Die ersten Gewitter waren mit schweren Regengüssen über das Dorf hereingebrochen. Jederzeit grollte irgendwo in der Ferne ein Unwetter. Die Bäche führten lehmiges Wasser, und der Himmel zeigte nur noch vormittags sein strahlendes Blau.

Für die Crao wurde es höchste Zeit, das große Fest zu beginnen. Viel zu lange hatte der Pagé diese ereignisvollen Tage hinausgezögert. Er richtete sich nach dem Mond, aber die Regenzeit war nicht aufzuhalten.

Der große Regen meldete sich jedesmal mit einzelnen Gewittern an, die nicht lange anhielten und deren Spuren rasch trockneten. Die Vormittage blieben wolkenlos und heiter, doch zogen immer gegen Mittag Gewitterwolken auf. An einem Nachmittag konnte es mehrere Schauer geben. Nach einem Monat wurde der Regen heftiger. Dann kam er ohne Gewitter und hielt mitunter tagelang an.

Die ersten beiden Gewittergüsse waren für die Crao am schlimmsten, denn da wußten sie nicht, wo sie Schutz finden sollten. Infolge der halbjährigen Trokkenzeit waren die Palmenbündel der Dächer vertrocknet, der Wind hatte sie gelockert, und der erste Regen konnte ungehindert in alle Häuser laufen. Nach kurzer Zeit ließen sie jedoch keinen Tropfen durch, und so blieben sie verquollen und dicht bis zur nächsten Trockenzeit.

Die Crao wußten genau, wann sie mit Regen rechnen mußten. Sie beobachteten alle Vorgänge in der Natur und zogen daraus ihre Schlüsse. Am besten wußte der Pagé Bescheid. Er befragte die Fledermäuse und anderes Getier, in das er sich, wie er vorgab, verwandeln konnte. Um sicherzugehen, setzte er jedes Fest kurzfristig an. Dadurch fanden sämtliche Veranstaltungen bei schönstem Wetter statt.

Trotzdem galt es, die Vorbereitungen rechtzeitig zu treffen. Der Schmuck lag seit Tagen bereit, und jetzt wurden die Haare geschnitten, Augenbrauen und Wimpern sorgfältig ausgezupft und die Körperbemalung vorgenommen.

Bevor das Fest der tanzenden Masken stattfand, versammelten sich die Kinder zu einem besonderen Tanz. Jungen und Mädchen wurden von oben bis unten mit Harz bestrichen und mit Federn beklebt. Das war eine zeitraubende Arbeit, die länger dauerte als das ganze Fest. Den kultischen Sinn dieses Vogelkinderaufzuges hatten die Crao vergessen, aber der Brauch war geblieben.

Hrenki, Tucra und Ara hätten noch daran teilnehmen können. Sie fühlten sich jedoch der Kindheit entwachsen und fanden ihre Freude auch daran, die Kleinen zu bekleben und zu schmücken.

Mehrere junge Männer gesellten sich zu der Kinderschar. Ihre Aufgabe bestand darin, das Fest in altüberlieferter Weise durchzuführen. Jedes Kind mußte auf sie achtgeben und sich genau nach ihren Anweisungen richten.

Kurz nach Mittag versammelten sich sämtliche Dorfbewohner in der Platzmitte, wo die Kinder noch einmal den kritischen Blicken der Mütter und Väter

unterzogen wurden. Anschließend begaben sich die Teilnehmer zum Haus des Häuptlings. Dort stießen die Männer gellende Rufe aus, in die alle Kinder einstimmten. Im nächsten Augenblick rannten sie laut schreiend, lachend und in überschäumender Fröhlichkeit zur Platzmitte. Nun folgten mehrere Tänze. Sie waren alle sehr kurz und einfach in ihren Figuren. Die jungen Männer traten plötzlich beiseite — und das Fest war aus.

In der darauffolgenden Nacht wollten die Tänze der Erwachsenen kein Ende nehmen. Der Gesang ertönte ohne Unterlaß. Die Mädchen nahmen nur an bestimmten Tänzen teil. Alle Tänze drückten irgendeine Begebenheit aus, und es wäre widersinnig gewesen, die Frauen an Kriegstänzen teilnehmen zu lassen.

Ein immer wiederkehrender Tanz war: der Sieg über die Tapirapé.

Vor sehr langer Zeit hatten sich die Crao in der Nähe des Stammes der Tapirapé aufgehalten, die heute am mittleren Rio Araguaya leben. Damals befehdeten sich beide Stämme, wo immer sie sich begegneten. Die Tapirapé behaupten allerdings, daß sie die Crao geschlagen hätten, während die Crao wiederum ihren großen Sieg über sie besingen.

Dieser Tanz war für die Crao von großer Bedeutung, sie führten ihn oft auf und sangen so hingebungsvoll dabei, als hätte der Kampf erst gestern stattgefunden.

Als reiner Kriegstanz konnte diese Vorführung allerdings nicht angesehen werden. Diesem Tanz lag eine Erzählung zugrunde, eine Sage aus fast vergessenen Zeiten. Deshalb wußten die Frauen nicht genau, ob sie sich daran beteiligen durften oder nicht, doch konnten auch die Männer darüber keine Auskunft geben. So mischten sich doch ab und zu zwei oder drei junge Frauen unter die Männer, und sie zeigten sich als die Besiegten genauso demütig wie jene.

Die Szene verlangte nämlich nur einen Crao und viele Tapirapé. Der sieghafte Crao wurde immer von dem Vorsänger Acré dargestellt. Er trat mit einem Speer auf und schritt stolz, fast herrisch den geschlagenen Feinden entgegen. Die waffenlosen gefangenen Tapirapé hatten allen Grund, bescheiden um Schonung zu bitten. Sie sangen in tiefen, klagenden Tönen, machten einige Schritte nach vorn, neigten ihre Häupter und rieben ihre Hände. Dann gingen sie wieder zurück. Der stolze Crao stieß verächtlich nach ihnen, als verspüre er größte Lust, sie alle aufzuspießen.

Hrenki, Ara und Tucra tanzten mit. Ihre Stimmen fanden nicht die richtige Tonlage und schwebten unschlüssig über den Bässen der Männer. Hrenki gab schließlich den Versuch auf, diese Tiefen zu erreichen. Zufällig geriet sie neben Ganaz, der nicht so ernst bei der Sache war und lächelte.

Acré sang triumphierend wie ein Sieger. Da kletterte Aras schöne Altstimme etwas höher hinauf und riß die Freundinnen mit. Das war plötzlich keine bescheidene Klage mehr, sondern beinahe ein zweiter Triumph. Die Männer gerieten nun durcheinander, bis einige Zuschauer die Lage retteten, indem sie mit durchdringender Stimme die Tapirapé unterstützten. Durch Aras mutigen Entschluß erhielt der Gesang eine neue Form, die jedoch allen so gut gefiel, daß Acré den Tanz immer wieder von neuem begann.

»War das richtig?« fragte der Häuptling, als sie den Tanz beendet hatten und auseinandergingen.

»Warum nicht?« antwortete der Stammesälteste.

»Als die Tapirapé geschlagen waren, gerieten sicherlich auch einige Frauen in Gefangenschaft. Glaubst du, sie hätten nicht geklagt?«

»Du hast recht«, gab der Häuptling zu. »Acré sollte darauf achten, daß der Tanz so bleibt. Die Crale, seine Tochter, hat viel von ihm gelernt.«

Acré legte, während er zum Lagerfeuer schritt, seinen Arm um Aras Schulter und sagte lächelnd: »Das hast du gut gemacht. Aus deiner Stimme klang Trotz. Frauen wurden bei Kämpfen geraubt und nicht nach ihrer Meinung gefragt. Sie klagten nicht nur, sondern wehrten sich auch. Du kannst die Stimme noch etwas höher ziehen.«

Ara lachte, entzog sich seinem Arm und ging zu den Freundinnen, die sich bereits auf einem dicken Baumstamm niedergelassen hatten. Hrenki und Tucra lachten spitzbübisch über Aras gesanglichen Einfall. Überrascht hörten sie, daß die Stimmen von nun an so bleiben sollten.

»Da kannst du gleich deinen Vater ablösen und Vorsänger werden«, meinte Hrenki.

»Wenn das geschieht, wirst du Häuptling sein«, gab Ara schlagfertig zurück.

Die Mädchen lachten und rutschten von dem Klotz, denn ein junger Mann war an Acrés Stelle getreten, schwang die Rassel und rief zu einem neuen Tanz.

»Ach, ein Jagdtanz«, sagte Ara enttäuscht.

Ein Knabe, der soeben erst der Sportgruppe beigetreten war, stellte sich auf einen aufgerichteten Klotz und hielt einen Stab in der Hand, auf dem ein holzgeschnitzter Vogelkopf steckte. Um ihn herum tanzten Jäger, die sich an den Händen hielten und drohend sangen. Sie jagten dem Schein nach gemeinsam ein Tier.

Nachdem dieser Tanz zu Ende war, trat eine Pause ein. Die Tänzer wurden allmählich müde.

Acré brach das Schweigen und begann mit gesenkter Stimme geheimnisvoll vor sich hin zu murmeln, um die Aufmerksamkeit der Leute auf sich zu lenken. Als alle zuzuhören schienen, fing er zu singen an:

»Der Ameisenbär spazierte in die Welt hinaus.
Dort traf er den Ganaz.
Da sprach der Ganaz: ›Wo gehst du hin, Gevatter?‹
Der Ameisenbär erwiderte: ›Ich mache eine Reise.‹
Der Ganaz sagte: ›Hier kommst du erst vorbei,
wenn du mir den Arm gebrochen hast.‹
Der Ameisenbär kämpfte mit dem Ganaz
und brach ihm den Arm dabei.
Nun waren sie wie Freunde,
und der Ameisenbär konnte reisen.
Er spazierte weiter und sang dieses Lied dabei.«

»Hoho!« rief der Bursche, den sie Ganaz nannten, nachdem Acré das Lied gesungen hatte. Die anderen wußten schon, daß jetzt sein Einwand kam, denn als Ganaz konnte er sich eine Niederlage nicht gefallen lassen, und er stimmte ein Lied an, das den kleinen Ganaz zum Helden werden ließ. Wenn nämlich ein Gürteltier immer nur der Unterlegene wäre, hätte es sich nicht seit einer Ewigkeit am Leben erhalten können. Oh, es war so klug, daß es sogar dem Jaguar Sand in die Augen warf.

Die Fröhlichkeit dieser Nacht wurde plötzlich durch einen grellen Blitz unterbrochen, dem ein knatternder Donner folgte. Im Nu waren die Crao auf den Beinen, denn sie fürchteten die Gewitter. Babam schleuderte die Blitze zur Erde, und diesem Gott der Finsternis war nicht zu trauen. Er traf, was er treffen wollte. Deswegen war es besser, die Häuser aufzusuchen, um sich dort in einem Winkel zu verkriechen.

Nach allen Seiten liefen sie auseinander. Frauen riefen nach ihren Kindern. Hrenki schloß sich ihrem Vater an und sagte, es sei ein schönes Fest gewesen. Er strich ihr über das Haar, lächelte zufrieden und antwortete:

»Icré ist ein schönes Dorf. Es ist das Große Lied, das Tag und Nacht erklingt.«

Schon wieder zuckte ein Blitz aus dem pechschwarzen Himmel. Hrenki erfaßte die Hand des Vaters und zog ihn schneller vorwärts. Sie waren kaum im Haus angekommen, als wolkenbruchartiger Regen einsetzte, der augenblicklich das große Lagerfeuer löschte.

Jetzt war es still im Dorf. Der Regen rauschte auf die Dächer, verwandelte die Wege in kleine Bäche und klatschte so laut, daß er auch Acrés Gesang übertönt hätte. Danach folgte Stille, bis der Regen von neuem begann. Hrenki lag auf ihrem Jaguarfell und lauschte dem Geplätscher, bevor sie einschlief.

Die Sonne stand bereits am Himmel, als Acré laut singend das Dorf umschritt. Hrenki erwachte wie aus tiefer Betäubung. Sie fühlte sich noch nicht ausgeschlafen. Acré sang jedoch aufmunternd und weckte alle Leute.

»Kommt! Kommt alle hierher!
Es ist schon spät,
wir wollen Klotzrennen machen!«

Derselbe Ruf hatte bereits den Großvater und den Urahn von der Matte gelockt. So rief der Vorsänger seit undenklichen Zeiten zum schönsten, aber auch schwersten Sport der Crao.

Hrenki drehte sich auf die andere Seite und versuchte weiterzuschlafen. Es gelang ihr nicht, weil Acrés Stimme sie daran hinderte. Da kroch sie von ihrem Fell auf eine Matte, legte sich auf den Bauch und sah zur Tür hinaus. An einem kleinen Feuer saß Giljo, der an einem Maniokfladen kaute.

»Regnet es nicht mehr?« fragte sie ihn müde.

»Die Wege sind ganz trocken«, gab er zurück. »Zuerst laufen die Männer.«

Hrenki erhob sich und ging an dem Knaben vorbei zu Tucra, wo bereits Ara aus einer Kalebassenschale Suppe trank.

In diesen Tagen gab es in allen Häusern viel zu essen und zu trinken. In Wasser zerquetschte Palmfrüchte ergaben ein gut schmeckendes Getränk, das durch Zusatz von Bienenhonig noch schmackhafter wurde.

»Wollen wir rennen?« erkundigte sich Ara, deren schwarze Bemalung wie ein enganliegendes Kleidungsstück wirkte.

»Mit wem?« fragte Hrenki. »Wir drei sind doch zu wenig.«

»Es kommen bestimmt noch einige Frauen dazu.«

»Dann wirst du gewinnen.«

»Wieso ich?« wunderte sich Ara.

»Weil du kräftiger bist als wir«, meinte Hrenki. »Schneller bin ich, aber darauf kommt es beim Klotzrennen nicht an. Wir drei treten gegen die Frauen an. «

»Sie werden trotzdem siegen«, versicherte Tucra.

Hrenki ging hinter das Haus und goß aus einer Kalebasse Wasser über sich. Oh, das tat gut, und sie fühlte sich plötzlich ausgeruht. Zu essen brauchte sie nichts, und sie wollte lieber den Männern zusehen, die soeben das erste Rennen begannen.

Das Dorf war in zwei Platzhälften eingeteilt, deren Gruppen fast gleich stark waren. Auf einen Mann mehr oder weniger kam es beim Rennen nicht an.

Im Dorf lagen überall Klötze von unterschiedlichem Gewicht. Für Männer waren sie so schwer wie ein erwachsener Mann, für Frauen nur halb so schwer.

Heute hatten die Männer besonders schwere Klötze herausgesucht. Zwei kräftige Burschen, denen sich die anderen anschlossen, rannten mit ihnen los. Sobald der eine langsamer wurde, schob sich ein anderer seiner Gruppe unter den Klotz und lief damit weiter.

Während der ersten Runde ereignete sich nichts. Die Läufer blieben nebeneinander, als schonten sie ihre Kräfte. In der zweiten Runde machten sich die ersten Ermüdungserscheinungen bemerkbar. Mehrere Läufer blieben keuchend zurück. In der dritten Runde bewährten sich nur noch die Starken. Die anderen rannten zwar mit, wagten jedoch nicht, einen Klotz noch einmal zu tragen. Vor dem Ziel gaben die Läufer ihr Letztes her. Mit gekrümmten Beinen und verzerrtem Gesicht versuchte jeder einen Vorsprung zu gewinnen. Der Sieg wurde knapp und schwer von der einen Gruppe erkämpft.

Inzwischen waren die Kinder mit leichten Klötzen losgerannt. Zwei volle Runden wollten sie laufen, und die hielten sie tapfer durch.

Sehr ungleich war das Kräfteverhältnis der Frauen zueinander. Die drei Freundinnen traten gegen vier junge Mütter an. Acré, der auch in sportlichen Angelegenheiten Entscheidungen traf, zog eine Frau heraus, damit der Unterschied nicht zu groß war. Eine Runde sollte gelaufen werden. Die Frauen waren entschieden stärker als die Mädchen, jedoch nicht so schnell. Hrenki brachte den Klotz kaum fort, so daß Ara ihre ganze Kraft einsetzen mußte, damit die Gruppe bis zum Schluß durchhielt. Die Frauen gewannen mit gutem Vorsprung.

Der anschließende Stafettenlauf war in seinen Regeln sehr einfach. Die Läufer verteilten sich auf der Strecke, übernahmen den Stab und rannten los. Es kam sogar vor, daß einer, der anfangs überhaupt nicht mitlaufen wollte, plötzlich aus einem Haus stürzte und den Läufer ablöste.

Die Mädchen traten abermals gegen die Frauen an und gewannen überlegen. Hrenki bewies, daß sie von allen die Schnellste war. Wie ein Hirschkalb flog sie dahin. Giljo gab neidlos zu, daß sie auch die meisten Jungen schlagen würde.

An diesem Tag fanden keine weiteren Wettkämpfe statt. Am Nachmittag regnete es, und erst am nächsten Morgen begann der eigentliche Festtag.

Die Männer setzten nach altem Brauch den Toten Speisen aus. Der Pagé beschwor die Geister der Hingeschiedenen, damit sie das Fest nicht störten, denn so wie die Seelen der Verstorbenen allnächtlich als Glühwürmchen das Dorf umgaukelten, konnte auch ihr Geist zurückkehren, um den Lebenden Schrecken einzujagen.

Anschließend wurden einem Mädchen die Zähne spitz gefeilt. Das geschah vor dem Haus des Pagé, der diese Handlung vornahm. Viele Dorfbewohner umringten ihn, und der Stammesälteste hockte ihm gegenüber und sang mit tiefer Stimme ein altes, zeremonielles Lied.

Dem Mädchen wurde der Mund, hauptsächlich das Zahnfleisch, mit Tabaklauge eingerieben. Es mußte drei geschälte Samenkerne kauen und ausspucken, denn diese Purgiernüsse linderten den Schmerz, führten jedoch zum Tode, wenn sie gegessen wurden. Danach setzte der Medizinmann einen flachen, rauhen Stein als Feile an und spitzte geschickt die Zähne zu.

»Tut es weh?« fragte ein kleines Mädchen, das eines Tages selber an die Reihe kommen würde.

Die Gefragte schüttelte den Kopf und lächelte tapfer.

Am Nachmittag hielt das schöne Wetter an. Der Pagé hatte es vorausgesagt. Acré stand in der Platzmitte und rief die Leute herbei.

Sie kamen von allen Seiten, führten die Kinder an der Hand und hatten die ganz kleinen auf die linke Hüfte genommen. Viele waren frisch bemalt, aber einige Kinder trugen noch die Spuren ihres gestrigen Federkleides an sich.

Hrenki ging mit ihrem Vater bis zur Mitte des großen Platzes, wo sie sich auf einen Klotz setzte. Gespannt harrte sie der Dinge, die nun kommen sollten. Selbstverständlich kannte sie die Maskentänze, auch hatte sie den Männern bei der Anfertigung ihrer Masken zugesehen, doch war der Maskentanz immer wieder aufregend.

Endlich kamen die Tänzer aus dem Kulthaus heraus, der eine voran mit grotesken Sprüngen, der andere hinterher wie ein lahmer Vogel. Eine Maske glich der anderen, doch unterschieden sie sich durch dick aufgemalte Zeichen.

Daß unter diesen Masken Männer steckten und keine Geister, wußte jedes Kind. Es bestand also kein

Grund, sich vor ihnen zu fürchten. Sie sollten überirdische Wesen darstellen und die Buschgeister versöhnen. Und die Buschgeister, wenn es sie gab, hätten sich über die Bemühungen der Crao freuen können, denn es war eine große Leistung, unter einer solchen Maske zu stekken, die schwere Last zu tragen und, nach Atem ringend, obendrein noch zu tanzen.

Die kräftigsten Männer wurden für diesen Tanz ausgesucht. Unauffällig lösten sie sich zuweilen ab. Auch der Häuptling lud sich für längere Zeit eine Maske auf, weil er zu den Stärksten zählte.

Acré umtanzte singend und rasselnd mit hüpfenden Sprüngen die Masken, beachtete sie kaum und ließ sich nicht beirren, wenn sie wie gräßliche Dämonen auf ihn zukamen. Seine Stimme hallte weit in den Sertão hinein.

Als sich am späten Nachmittag mit Windeseile ein Gewitter zusammenballte, tanzten die Masken in das Kulthaus zurück, und das Fest war für diesen Tag beendet.

Am nächsten Morgen mußten einige Jäger nach Wild Ausschau halten. Die Nahrungsmittel wurden knapp. Fast unbeachtet nahm der Pagé bei drei Knaben die Durchbohrung der Ohrläppchen vor. Langsam ließ die Feststimmung nach, vor allen Häusern brannten wieder kleine Feuer, und das große in der Platzmitte sank in sich zusammen.

»Das war ein ganz großes Fest!« sagte Hrenki freudestrahlend, als sie mit ihrem Vater das Dorf verließ und zur nächsten Pflanzung ging.

»Ja, das war es«, gab er ernst zurück, denn er dachte an die vielen Toten des alten Dorfes.

Auch er hatte einen Napf mit Speisen hinausgetragen und unter einen Baum gestellt. Hrenki sagte kein Wort dazu. Die Toten sollten ruhen und durften nicht angerufen werden. Es war besser, ihre Namen nicht auszusprechen.

Insú holte den leeren Napf zurück. Wahrscheinlich hatten ihn die Hunde ausgeräumt.

»Und wann tanzen die Masken wieder?« fragte Hrenki, obwohl sie es längst wußte.

»Wenn die Regenzeit vorüber ist und die nächste Trockenzeit zu Ende geht«, erwiderte der Vater.

Ungebetene Nachbarn

Damit sie in Sicherheit leben konnten, mußten die Crao ihr Gebiet kennen. Deswegen gingen sie auf Streifzüge, die sie am Dorf der Weißen vorbei bis zum Rio Tocantins und in entgegengesetzter Richtung bis weit über den Rio Vermelho hinausführten.

Während der Regenzeit war es kaum möglich, ein so großes Gebiet zu durchstreifen. Dann verwandelten sich weite Strecken in Morast, und in den Bodensenken bildeten sich Seen.

Nach dem Maskenfest kam in der Regel noch einmal eine regenarme Zeit, in der neue Pflanzungen angelegt und die alten in Ordnung gebracht wurden. Auf der Suche nach größerem Wild streiften die Jäger weit umher.

Einen Tag nach dem Fest beschlossen die Stammesältesten, ein seit langem nicht mehr besuchtes Gebiet in Augenschein zu nehmen. Acré erklärte sich bereit, mit Hrenkis Vater dorthin zu gehen.

»Soll ich allein im Dorf zurückbleiben?« fragte Hrenki traurig.

»Wenn uns der große Regen überrascht, kann es ungemütlich werden«, meinte der Vater.

»Ich kann schwimmen«, gab sie zurück.

Während er noch lächelnd diesen Hinweis erwog, lief sie zu Ara und forderte sie auf, ihren Vater zu bitten, sie ebenfalls mitzunehmen.

Acré erklärte sich damit einverstanden und schlug ihnen vor, für genügend Maniokfladen zu sorgen und eine Decke mitzunehmen, denn die Nächte waren kühl.

Hrenki erhielt von ihren Verwandten die Hälfte einer alten Decke, in die sie einen Stoß Fladenbrot einwickelte. Dieses handliche Bündel war ihr ganzes Gepäck. Insú steckte zwei Feuersteine in sein Halsbeutelchen und versah sich mit genügend Pfeilen. Die anderen trugen nicht viel mehr.

Als der Häuptling fragte, wie lange sie ausbleiben würden, zeigte Acré seine rechte Hand. Demnach rechnete er mit fünf Tagen.

In der Nähe des Großen Liedes brauchte niemand auf Außergewöhnliches zu achten. Deswegen schritt der vorangehende Acré kräftig aus. In der einen Hand hielt er Bogen und Pfeile, in der anderen ein Buschmesser.

»Weißt du eigentlich, wohin wir gehen?« fragte Hrenki die Freundin.

»Ich glaube nicht, daß wir etwas Besonderes vorhaben«, erwiderte Ara. »Dieser Pfad führt nicht ins Dorf der Weißen, auch nicht in unser Nachbardorf und erst recht nicht zum Posten des SPI.«

»Warst du schon beim Posten?«

»Nein, denn der Weg ist ziemlich weit.«

»Oder im Dorf der Weißen?«

»Wir Mädchen sollen nicht dorthin gehen.«

»Warum nicht?« wunderte sich Hrenki.

»Diesen Menschen ist nicht zu trauen. Das behaupten jedenfalls unsere Leute.«

Acré legte beizeiten eine kurze Rast ein. Sie hätten es nicht eilig, meinte er, und wenn das Fladenbrot zu schwer wäre, könnten sie etwas davon essen. Die anderen behaupteten, es sei viel zu schwer, und aßen lachend einen Fladen auf.

An diesem ersten Tag geschah nichts von Bedeutung. Das schöne Wetter hielt an, und erst am Abend zog ein Gewitter auf, das jedoch keine Niederschläge brachte. Die vier lagen um ein Feuer herum und fielen in einen leichten Schlaf.

Der zweite Tag schien ebenfalls ruhig zu verlaufen. Am späten Nachmittag blieben die Männer jedoch lauschend stehen. Jetzt vernahmen auch die Mädchen fernes Gebell.

»Es können auch wildernde Hunde sein«, meinte Acré und änderte die Richtung.

Das Gebell verstärkte sich, auch waren jetzt sonderbar blökende Laute zu hören.

»Kühe«, erklärte Acré.

»Was ist das?« fragte Hrenki flüsternd.

»Toro«, antwortete Insú.

»Wollen wir ihn jagen?«

»Das ist eine ganze Herde, die von Hunden getrieben wird«, ergänzte Acré. »Dann sind auch Caboclos in der Nähe.«

Er warf Hrenkis Vater einen vielsagenden Blick zu und sah sich prüfend um.

»Caboclos sind Leute, die uns das Land wegnehmen«, versuchte Ara der Freundin zu erklären.

Acré hatte es plötzlich eilig und strebte einer kleinen Hügelkette zu. Dort krochen sie alle vier unter dichte Büsche. Jetzt war von ihnen nichts mehr zu sehen, während sie selbst den Sertão weithin überblicken konnten.

Das Gebell und das Blöken näherten sich immer mehr. Hrenki war gespannt, denn was jetzt kam, hatte sie bestimmt noch nicht gesehen. Sie spürte, wie ihr Herz schneller schlug.

In der Ferne tauchten viele Tiere auf, die Hrenki für Stiere hielt, weil sie noch keine Kühe gesehen hatte. In dieser Entfernung glichen sie alle dem einen Toro, den sie vor einiger Zeit für einen bösen Geist gehalten hatte. Jetzt erblickten sie eine große Herde, die von zwei Hunden zusammengehalten wurde. Ihr folgten zwei Reiter. Hrenki hatte auch noch nie ein Pferd gesehen. Sie regte sich, vergaß jegliche Vorsicht und steckte den Kopf aus dem Buschwerk. Acré zischte warnend.

Die Herde zog an den Hügeln vorbei, auf denen die Indianer lagen. Wahrscheinlich wären die beiden Reiter nicht so sorglos gewesen, wenn sie geahnt hätten, daß sie beobachtet wurden. Wer durch die Wildnis ritt, hatte allen Grund, die Augen offenzuhalten und jedem Menschen zu mißtrauen.

Insús Augen bildeten zwei schmale Schlitze. Er hegte in diesem Augenblick keine guten Absichten. Zwei Pfeile hätten genügt, alle Schwierigkeiten aus der Welt zu schaffen. Wer wollte den Crao nachweisen, daß sie um diese Zeit in dieser Gegend gewesen waren?

Acré spielte mit denselben Gedanken. Er ging sogar

noch weiter und erwog, daß sie durch entschlossenes Handeln Fleisch in Fülle gewinnen könnten.

»Nein, um die Herde geht es nicht«, widersprach Hrenkis Vater flüsternd, als der Trupp vorüberzog. »Wir müssen jedoch verhindern, daß sich diese Caboclos in unserem Gebiet ansiedeln. Sie haben kein Recht dazu.«

»Gedenkst du mit ihnen zu verhandeln?« fragte Acré.

»Wir werden sie verfolgen. Was dann geschieht, ergibt sich von selbst.«

In sicherem Abstand blieben von nun an die Crao in der breiten Spur der vielen Kühe. Sie konnten sich nicht denken, welches Ziel sich die Reiter gesteckt hatten, denn weit und breit gab es nicht die geringste Spur einer kleinen Fazenda. Möglicherweise durchzogen sie nur dieses Gebiet, um am Rio Vermelho zu bleiben, denn an diesem Fluß gab es Siedlungsmöglichkeiten.

»Werden wir sie angreifen?« fragte Hrenki leise, damit es die Männer nicht hörten.

»Ich glaube schon«, antwortete Ara. »Die Caboclos haben hier nichts zu suchen. Deswegen ist es besser, sie zu töten.«

»Vielleicht kommen noch mehr dazu«, wagte Hrenki einzuwenden.

»Dann ist es um so schlimmer für sie.«

Die Reiter hatten bestimmt ein festes Ziel im Auge, weil sie andernfalls beim Untergehen der Sonne ein Nachtlager bezogen hätten. Sie aber dachten offenbar gar nicht daran und feuerten vielmehr ihre Hunde und Kühe an.

In der einbrechenden Dunkelheit rückten die vier

Crao dem Trupp dichter auf. Jetzt hatten sie nur noch darauf zu achten, daß ihnen die Hunde nicht zu nahe kamen.

»Und wo werden wir heute nacht schlafen?« fragte Hrenki die Freundin.

»Wahrscheinlich im Regen«, erklärte Ara mit einem Blick zum Himmel, wo die Sterne hinter dichten Wolken verschwanden.

»Halt!« gebot plötzlich Insú.

Die Hunde bellten wie toll, doch die Herde lief nicht weiter. Ein Licht flammte auf. Mit rauher Stimme rief ein Mann die Hunde zur Ruhe.

»Diese Caboclos haben ihr Ziel erreicht«, meinte Acré. »Es ist besser, wenn wir verschwinden. Sobald uns die Hunde bemerken, gibt es eine Schießerei.«

Hinter einem Hügel fanden die vier einen geeigneten Lagerplatz. Vorsichtshalber mußten sie sich mit einem kleinen Feuer begnügen, und aus abgeschlagenen Zweigen errichteten sie ein schräges Dach, das den Regen abhalten sollte. Leise rieselte er vom Himmel herunter, als wolle er die Schlafenden nicht stören.

Insú und Acré waren am nächsten Morgen zeitig auf den Beinen. Sie weckten die Mädchen und entfernten sich, ohne noch einmal zu ihnen zurückzublicken.

Ara sprang auf und glättete ihr Haar. Sie fühlte sich ausgeschlafener als Hrenki.

Was die Indianer jetzt zu sehen bekamen, überraschte sie. Sie entdeckten zwei im indianischen Stil erbaute Hütten sowie einen Pferch, in dem die Herde untergebracht war, und unweit grasten drei Pferde.

»Seit wann stehen diese Häuser hier?« fragte erstaunt Acré.

»Wie es scheint, ist alles in größter Eile errichtet

worden«, erwiderte Hrenkis Vater. »Den Pferden nach zu urteilen, befinden sich drei Caboclos in dem Haus.«

»Sollten sie keine Frauen und Kinder mitgebracht haben?«

»Jedenfalls können wir jetzt nichts unternehmen. Die Ältesten müssen beschließen, was in diesem Falle zu tun ist.«

Plötzlich gewahrten die Crao einen Hund, der auf sie zukam. Ein Ausweichen war unmöglich. Im nächsten Augenblick mußte er anschlagen und die Caboclos alarmieren.

Acré zielte nicht lange. Sein Pfeil flog von der Sehne und traf mit tödlicher Sicherheit.

Ein Leben ohne Erbarmen

Floriano Quitando wunderte sich, daß der Hund so lange ausblieb. Nach drei Tagen fand er ihn. Der Pfeil steckte noch in der tiefen Wunde.

»Also Indianer!« stellte sein Sohn Dalmo fest.

Es erübrigte sich, ein Wort darüber zu verlieren. Die Warnung war deutlich genug.

Floriano nahm, angeblich um zu jagen, seine Doppelflinte von der Wand.

Dalmo saß mit seiner Schwester Déa unter einem Vordach des Hauses, wo er an einem Möbelstück bastelte, das gleichzeitig als Bank und Truhe dienen sollte, während Déa Baumwolle zu feinen Röllchen haspelte.

»Jetzt ist er schlechter Laune«, meinte er, indem er dem Vater nachblickte.

»Und du wunderst dich darüber?« Déa lachte bitter vor sich hin. »Du weißt genau, wie er angefangen hat. Ein Flagelado. Mit nichts kam er von der schrecklichen Caatinga herüber, dieser öden Gegend, in der nichts gedeihen kann.«

»Uns brachte er mit«, ergänzte Dalmo. »Das war schon etwas Rechtes. Ja, hätte die Mutter noch gelebt, wäre für ihn alles viel leichter gewesen.«

»Ich mußte für dich die Mutter sein, und dabei bin ich nur zwei Jahre älter als du. Aber es ging auch so, Dalmo; wir sind groß geworden, und vielleicht tüchtig obendrein.«

»Ist das ein Wunder bei seiner Strenge? Wäre ich nicht zur Welt gekommen, hättest du niemals lachen gelernt.«

»Du hast recht«, seufzte Déa, indem sie ihre Hände in den Schoß sinken ließ. »Er ist ein harter Mann. Manchmal fürchte ich mich vor ihm.«

»Trotzdem tut er alles für uns«, meinte Dalmo. »Glaubst du, er würde für sich einen Finger krumm machen? Gott bewahre, Déa, denn er braucht weniger als ein Hund. Für uns schuftet und spart er, damit wir es einmal besser haben als die Caboclos, die von der Hand in den Mund leben.«

»Ich kenne welche, Dalmo, die sehr arm, jedoch glücklich sind. Sie leben sorglos in den Tag hinein, liegen in ihren Hängematten, spielen, singen und tanzen zuweilen und arbeiten nur, wenn es sein muß. Ich glaube, ihr Leben ist sinnvoller als das unsrige.«

»Laß das nur nicht den Patron hören! Er ist gerade in der richtigen Stimmung, uns aus dem Haus zu jagen.«

»Dann holt er uns doch morgen wieder zurück. Was

will er ohne uns anfangen? Sieh dir meine Hände an! Sie haben Schwielen wie noch nie.«

»Ja, das soll uns mal einer nachmachen! Vierzehn Tage haben wir gebraucht, um hier eine Fazenda zu errichten. Dabei ist es nur der Anfang. Bald geht es an die Felder.«

»Und dann kommen die Indianer.«

»Du denkst an den erschossenen Hund. Der Pfeil war die erste Warnung. Wann kommt der zweite? Ich war dafür, dieses Gebiet erst einmal richtig anzusehen. Aber nein, der Patron wußte es besser. Hier wird gesiedelt und nicht woanders! Was bedeuten ihm einige Indianer? Paß auf, er wird mit ihnen fertig.«

»Ave Maria, Dalmo, auf seine Art und Weise.«

Déa seufzte, denn sie kannte ihren Vater nur zu gut, den Patron, der hart war wie Mahagoni und Eisenholz.

Mit Floriano Quitando war nicht zu spaßen, weil er in jeder Anspielung eine Beleidigung sah, für die es als Antwort eine Kugel gab. Zweimal war in seiner Nähe ein Mord geschehen, aber nachweisen konnte man ihm nichts. Nein, Floriano war ein Ehrenmann, und wer das bezweifelte, konnte sich getrost nach einer Grabstelle umsehen.

Vor langer Zeit, bevor seine Kinder geboren wurden, siedelte er sich im Nordosten Brasiliens an. Es war ihm nicht schlecht ergangen. Vergnügt hatte er gearbeitet wie ein Pferd. Das Mädchen, das er heiratete, kam aus einer guten Familie. Es besaß Geld, Vieh, Felder mit Zuckerrohr und Tabak, bis die Sêca kam, die verfluchte Trockenheit, in der alles verdorrte und das Vieh herdenweise umkam. Zwei Jahre hielt er durch, ohne große Not zu leiden. Im dritten Jahr der Dürre waren alle Nachbarn geflohen oder irgendwo tot liegengeblieben. Die Klapperschlangen hielten ihren Siegeszug durch die verdammte Caatinga.

Als Floriano Quitando sich endlich aufraffte, um dieses trostlose Land für immer zu verlassen, besaß er keinen Cruzeiro mehr, jedoch eine malariakranke Frau und zwei kleine Kinder. Sämtliche Kühe waren umgekommen, auf den Feldern wuchs nichts mehr.

Und Floriano fing ganz von vorn an, ohne Frau, die gestorben war, mit zwei Kindern, irgendwo im Sertão, wo es keine verheerende Trockenheit gab, auch weniger Schlangen und selten Malaria. Jahr für Jahr arbeitete er unverdrossen, und seine Kinder sahen ihn niemals fröhlich lachen.

Aber er schaffte es allein, allein und mit seinen Kindern. Sobald sein Anwesen einen Gewinn versprach, verkaufte er alles, zog weg und begann wieder von neuem. Was Floriano Quitando anbot, erwies sich als gut, jedoch teuer. Er nahm das Geld, wo er es auftreiben konnte. Hemmungslos zog er den Leuten den letzten Cruzeiro aus der Tasche.

Seine Kinder ahnten nicht, wie hoch seine Ersparnisse waren. Sie wollten es auch gar nicht wissen. Sie hatten sich daran gewöhnen müssen, ihn gewähren zu lassen. Daß sie genauso rastlos arbeiteten wie er, schien notwendig zu sein. Er tat immer so, als dürften sie keine Zeit verlieren.

In vierzehn Tagen zwei Hütten zu erbauen und einen Pferch für zweihundert Kühe anzulegen, machte ihnen niemand nach. Nebenbei hatten sie bereits ein Stück Land urbar gemacht und Mais gesteckt. Was am Tag nicht fertig wurde, mußte nachts vollendet werden. Zuletzt hatten sie die Herde geholt, darunter einen

Stier, der sich auf jeder Landwirtschaftsausstellung hätte sehen lassen können. Dies sollte nur der Anfang sein, denn Floriano versprach sich von diesem Gebiet noch viel mehr.

Ob er mit den Indianern rechnete? Sie hatten sich deutlich bei ihm angemeldet.

»Irgendwo in dieser Gegend leben die Crao«, sagte Dalmo, als sie unter dem Vordach saßen. »Man sagt ihnen nichts Schlechtes nach, so daß wir sie kaum zu fürchten haben. Andere Stämme sind gefährlicher. Es kommt jetzt darauf an, wer gegen uns ist.«

»Hinter den Indianern steht der SPI«, warf Déa ein.

»Ich habe es dem Vater gesagt. Er pfeift auf Indianer und SPI. Vielleicht hat er recht, und wir sollten uns auch nicht besonders um sie kümmern.«

Floriano Quitando dachte anders. Er entdeckte die indianischen Fährten und verfolgte sie, obwohl sich die Crao bemüht hatten, keine Spuren zu hinterlassen. Er fand sie trotzdem und wußte sogar, daß es sich bei den Betreffenden um zwei Männer und ebenso viele Mädchen handelte. Nur die Stammeszugehörigkeit vermochte er nicht zu erraten.

Eigentlich kamen nur die Crao in Frage. Floriano kannte sie nicht. Sie galten jedoch als friedlich, weil sie mit dem Indianerschutzdienst in Verbindung standen. Natürlich war auch ihnen nicht zu trauen, denn sie bildeten sich ein, daß die ganze Wildnis ihr Eigentum wäre.

Besaß Floriano Quitando nicht die gleichen Rechte? Er war im Hinterland von Pernambuco zur Welt gekommen, hatte von jeher den Sertão als seine Heimat betrachtet und hier um das nackte Dasein gerungen. Wenn er für seine Bedürfnisse die besten Gebiete suchte, machte er es nicht anders als die Indianer.

Trotzdem stellte er sich mit ihnen nicht auf eine Stufe. Er hielt sich für einen zivilisierten Menschen — besaß er doch Personalausweis, Waffenschein, Wahlberechtigung und allerlei Rechte und Pflichten, um die sich im Sertão freilich niemand kümmerte.

Solange ihm die Rothäute nicht über den Weg liefen, dachte er nicht über sie nach. Es lohnte nicht, einen Gedanken an sie zu verschwenden. Jetzt waren sie ihm jedoch in die Quere gekommen, und daß sie ihm den Hund erschossen hatten, verzieh er ihnen nicht. Er nahm die Herausforderung an und wollte sich den nötigen Respekt verschaffen. Floriano Quitando kannte kein Erbarmen, weil auch er nirgends Erbarmen gefunden hatte. Keiner hatte ihm geholfen, als er, dem Verderben nahe, aus der Caatinga flüchten mußte. Damals war er hart geworden.

Vielleicht tat er alles aus Liebe zu seinen Kindern. Er wußte es selbst nicht mehr. Jedenfalls wollte er niemals wieder hungern und als armer Teufel von vorn anfangen müssen. Wenn er starb, sollten seine Kinder eine kleine Fazenda besitzen oder in die Stadt gehen können, um dort ein besseres Leben zu führen. Das wollte er, und davon hielt ihn auch eine Horde Indianer nicht ab.

»Du hast es nicht nötig, einen Caboclo zu heiraten«, sagte manchmal Floriano zu seiner Tochter. »Unsere Vorfahren waren Portugiesen. In unserer Familie steckt nichts vom Blut der Neger und Indianer.«

Doch lohnte es, darauf stolz zu sein?

Déa ließ sich nicht auf dieses Thema ein. Sie hatte

Caboclos kennengelernt, die nett und fleißig waren, die gut aussahen und die sie ohne Bedenken als Freunde betrachtet oder gar geheiratet hätte. Sie war fünfundzwanzig Jahre alt, also reif genug, um über Caboclos und Indianer ihre eigene Meinung zu haben.

Wann kam sie jedoch dazu, an Freundschaft oder Ehe zu denken? War sie überhaupt ein Mädchen, nach dem sich die jungen Männer umdrehten? Sie versuchte es zu sein, aber meistens ließ ihr das Leben in der Wildnis keine Zeit dazu.

Sie ritt wie ein Mann und schoß wie ein Jäger, trug Sporen an den bloßen Füßen und einen Strohhut wie ein Vaqueiro. Da gab es wohl nicht viele Männer, die für sich eine solche Frau und für die Kinder eine solche Mutter wünschten.

»Du bist ein wunderbares Mädchen«, beteuerte Dalmo, der zwei Jahre jünger war als sie und nicht viele Mädchen kannte.

Er war immer gut zu ihr, weil sie zusammenhalten mußten, um das harte Leben leichter zu ertragen. Die Arbeit drohte sie manchmal zu erdrücken.

Einmal hatten sie einen Indianerburschen ins Haus genommen, der jede Arbeit verrichten sollte. Seine Eltern lebten ganz für sich und wußten kaum noch, daß sie zu dem Stamm der Chavante-Cherenti gehörten. Er war ein ordentlicher, anstelliger Junge gewesen, doch lief er davon, als er etwas Besseres fand.

Keiner hielt bei Floriano Quitando aus. Es sprach sich wohl herum, daß er den Schlaf abschaffen wollte, um länger arbeiten zu können, und wenn er eine Leistung bezahlen sollte, knauserte er mit jedem Cruzeiro. Deswegen lohnte es nicht, bei ihm anzufangen.

Darüber ärgerte sich Floriano, und er beteuerte, mit

einem Helfer nichts anfangen zu können. Déa glaubte selber schon daran.

Nun steckten sie in diesem entlegenen Winkel des Sertão, um abermals eine Fazenda aufzubauen. Wer sollte ihnen diese eines Tages abnehmen? Kein vernünftiger Mensch sucht freiwillig die Nähe der Indianer. Das wußte Floriano, weshalb er sich diesmal ausschließlich auf die Rinderzucht verlegen wollte. Etwas Feldbau wurde nur für den eigenen Bedarf betrieben.

Der Aufbau einer Viehfazenda brauchte jedoch Zeit. Aus zweihundert Rindern sollten mindestens zweitausend werden! Das bedeutete zehn Jahre harte Arbeit.

Déa seufzte, wenn sie daran dachte, denn hier gab es keine Nachbarn, keinen Gottesdienst, keinen Arzt und keine Hilfe. Hier herrschte die Wildnis ohne Erbarmen.

Was die Crao berieten

Die Neuigkeit von der ungebetenen Nachbarschaft der Siedler versetzte die Bewohner von Icré in große Bestürzung. Der Ältestenrat wurde sofort einberufen, um den Fall zu besprechen. Einige Männer waren dafür, diese Angelegenheit mit Hilfe mehrerer Pfeile und des Feuers aus der Welt zu schaffen.

»Das wäre gegen die Vereinbarung mit dem SPI«, widersprach der Häuptling. »Streitigkeiten sollten im Guten geregelt werden. Ich bin jedoch dafür, den Posten aus dem Spiel zu lassen, denn wir sind Manns genug, uns selbst zu helfen.«

»Man könnte die Siedler allmählich zwingen, ihr Anwesen zu verlassen«, bemerkte Acré.

»Sprich deutlicher.«

»Sie müssen eine Kuh nach der anderen verlieren.«

»Dann gäbe es bei uns immer Fleisch«, warf ein Mann belustigt ein.

»Ganz so auffällig braucht man es nicht zu machen; einige Kühe müssen liegenbleiben. Wir kennen Betäubungsmittel und Gifte.«

»Es ist Regenzeit«, fuhr ein älterer Mann fort. »Gewitter sind keine Seltenheit. Nachts müßte der Blitz einschlagen.«

»Also Brandpfeile! Danach bauen sie die Hütten wieder auf. Es ist alles nicht das Richtige«, meinte der Häuptling.

So berieten die Crao einen ganzen Nachmittag, ohne eine Lösung zu finden.

Giljo rief den Kinderrat zusammen. Selbstverständlich wurden Ara und Hrenki dazu eingeladen. Sie trafen sich unweit der Badestelle, wo sie nicht gesehen werden konnten. Ara benahm sich schlimmer als ein Häuptling, behandelte Giljo herablassend und hatte sich obendrein auf den unteren Ast eines Baumes gesetzt, so daß alle zu ihr aufsehen mußten. Zu ihrem Verdruß forderte Giljo nicht sie, sondern Hrenki auf, über ihre Erlebnisse der letzten Tage zu berichten.

Aber Hrenki machte sich ganz klein und sagte bescheiden: »Ara kann das viel besser.«

Dazu ließ sich die Freundin nicht zweimal auffordern. Während sich die anderen die Köpfe verrenkten, baumelte sie mit ihren langen Beinen und erzählte so ausführlich, daß sogar Hrenki Neues aus ihrer Schilderung erfuhr.

»Wir hatten kaum eine Möglichkeit, den Reitern ungesehen zu entkommen«, erklärte sie im Laufe ihrer Berichterstattung. »Die Reiter waren plötzlich da. Ihr glaubt nicht, wie schnell ihre Pferde sind. Hrenki kann es bestätigen. Natürlich hätten sie auf uns geschossen. Alle Caboclos schießen. Darauf wollten wir es nicht ankommen lassen. Wir wußten ja nicht, ob noch andere auftauchen würden. Wenn ihr so vielen Tieren begegnen solltet, dann lauft um euer Leben! Sie trampeln euch sonst zu Brei. Dabei brummen und brüllen sie fürchterlich. Ihr habt damals den einen Toro gesehen. Er war nichts gegen diese große Herde. Ich bekomme nicht gleich Angst, aber da habe ich gezittert. Hrenki auch. Die Tiere sind ganz nahe an uns vorbeigekommen. Ich spürte ihren Atem; er war wie stinkender Rauch. Die Reiter folgten der Herde. Der eine sah aus wie ein böser Geist. Seine Augen schillerten grün, wie die eines Jaguars. Beide trugen ... Was trugen sie, Hrenki?«

»Gewehre«, gab die Freundin leise zurück.

»Mit ihnen schießen sie durch drei Menschen«, fuhr Ara fort.

»Auch nachts?« fragte Giljo.

»Das weiß ich nicht, außerdem war es noch nicht dunkel. Die vielen Tiere trampelten alles nieder und hinterließen eine breite Spur. Sie haben Schlangen und Gürteltiere zertreten. Kein Jaguar hätte sich an sie herangewagt. Wo sie gegangen waren, lief uns nichts mehr in den Weg. Wir mußten sehr schnell sein, damit wir sie nicht aus den Augen verloren. So folgten wir ihnen, bis die Nacht hereinbrach.

Ich weiß selber nicht, wie alles kam. Alles stand plötzlich, und wir rannten beinahe an die Schwänze der

hinteren Tiere. Im Nu verschwanden wir ins nächste Gebüsch. Jeder von uns suchte sich ein passendes Versteck. Da nichts weiter geschah und wir nicht viel sahen, lagerten wir hinter einem Berg. Das Feuer hielten wir klein. Es regnete, und als ich in der Nacht erwachte, war es ausgegangen. Ich vernahm flüsternde Stimmen, denn die Geister wunderten sich, uns an diesem ungewohnten Platz zu finden. Ein Seelchen setzte sich auf meine Hand. Ich war ganz starr vor Schreck und wagte nicht zu schreien. Dann flog es weg und gaukelte noch lange umher.

Diese Nacht erschien mir besonders lang. Wir standen früh auf, um die Caboclos zu belauschen. Die Sonne war noch nicht aufgegangen. Da sahen wir die Häuser vor uns stehen. Alle Tiere lagen nahebei; auch die von den Reitern. Die Caboclos selbst ließen sich vorerst nicht blicken. Vielleicht beobachteten sie uns und gedachten zu schießen. Ich sah, daß ein Hund auf uns zukam. Wenn er uns entdeckte, hätte er uns verraten. Mein Vater war schneller, und sein Pfeil flog ihm mitten ins Leben. Da war es aus mit ihm. Ich wollte den Pfeil schnell holen, aber die Männer rieten davon ab. Der Pfeil sollte für die Caboclos eine Warnung sein.

Danach sind wir noch eine Weile in unserem Versteck liegengeblieben. Die Caboclos kamen aus einem der Häuser. Zuerst der Finstere, der wie ein Geist aussah, nach ihm ein jüngerer Mann. Schließlich gesellte sich eine junge Frau zu ihnen. Alle drei gingen zu den Tieren. Die Frau trug ein Gefäß in der Hand und machte sich an den Kühen zu schaffen. Sonst sahen wir niemand. Plötzlich näherte sich uns ein zweiter Hund. Unsere Väter spannten bereits ihre Bogen. Der Hund merkte nichts, kehrte um und lief zu den Caboclos zurück.

Als wir sahen, daß nichts weiter geschah, gingen wir davon, ohne uns noch einmal umzuschauen.«

Mit diesem Bericht hatte Ara eine große Wirkung erzielt. Die Kinder blickten sie wie verzaubert an. So viel Neues hatten sie nicht erwartet. Sogar Giljo schwieg, als müsse die Erzählung weitergehen.

»Ja, so war es«, sagte Hrenki, und schickte sich an, zu Ara auf den Baum zu steigen. Heimlich dachte sie darüber nach, ob tatsächlich alles so verlaufen war. Einiges stimmte nicht ganz, doch hätte es so ausgehen können. Das ganze Erlebnis hörte sich durch Aras Mund gefährlicher an, als es in Wirklichkeit gewesen war. Darin lag jedoch die große Kunst des Erzählens, und alle Indianer legten großen Wert auf eine spannende Wiedergabe ihrer Erlebnisse. Wenn die Freundin dies alles noch einmal berichtete, später vielleicht ein drittes und viertes Mal, dann würden es die Kinder bestimmt in späteren Jahren ihren Kindern und Enkeln weitererzählen können.

Giljo lobte Ara sowie Hrenki und schlug anschließend vor, daß sie darüber reden wollten, sobald die Stammesältesten ihre Beschlüsse gefaßt hätten. Diese Geschichte war ja nicht zu Ende, sondern fing erst an. Jetzt wurde sie spannend und würde Folgen haben für das ganze Dorf.

»Ich habe lange darüber nachgedacht«, sprach der Häuptling, als der Ältestenrat wieder zusammengekommen war. »Wir müssen beweisen, daß sich diese Caboclos mitten in unserem Jagdgebiet aufhalten. Dazu ist es nötig, daß wir uns trotz der Regenzeit häufig in ihrer Nähe sehen lassen. Ich will mit einem von euch zu ihnen gehen und mit ihnen reden. Mehrere Männer werden sich verstecken. Sobald sie die Hand gegen uns erheben, wollen wir sie vernichten. Dies ist mein Plan.«

»Er ist gut«, pflichtete ihm der Älteste bei. »Alle haben darüber nachgedacht, und jeder hat vielleicht etwas zu sagen. Es wäre zu überlegen, ob man diese Fremdlinge mit Abgaben belegen könnte. Wir brauchen Fleisch, das sie im Überfluß haben.«

»Sie werden zum Schein darauf eingehen und uns hinterher betrügen«, entgegnete ein Jäger, der Großer Hirsch genannt wurde. Er kannte sich in allen Angelegenheiten gut aus, weil er viel herumgekommen war. Dabei hatte er ein wenig Portugiesisch gelernt, so daß er sich auch mit dem Postenführer des Indianerschutzdienstes unterhalten konnte.

»Diese Siedler haben viel Unheil angerichtet«, fuhr er fort. »Im Anfang tun sie ganz bescheiden und begnügen sich mit einem kleinen Stück Land, zuletzt besitzen sie alles. Es hat Fälle gegeben, wo sie ganze Indianerdörfer ausgerottet haben. Traut den Chavante, den Tapirapé, den Urubú und allen anderen Stämmen, nur keinem Siedler. Das ist meine Rede.«

»Viele sind nach geraumer Zeit wieder weggegangen«, warf ein jüngerer Crao ein.

»Geht nach Sonnenaufgang«, ergriff der Große Hirsch noch einmal das Wort. »Dort seht ihr Felder, wohin das Auge reicht. Tabak, Mais, Maniok, Zuckerrohr und vieles mehr, Viehherden, die keiner überblikken kann — nur niemand von uns, nur keine Indianer, wie uns die Weißen nennen. Dabei war dies alles unser Land! Überall gab es Stämme. Auch unsere Vorfahren hielten sich dort auf. Sie wurden vertrieben, erschlagen, ganz einfach ausgelöscht. Das sollte uns zu denken geben.«

Keiner der Männer wollte darauf etwas erwidern. Der Große Hirsch mußte es wissen. Sie waren nicht so weit herumgekommen wie er, so daß sie auch weniger wußten. Nun starrten sie in die Flammen des Feuers in der Platzmitte und warteten, daß jemand das Wort ergriff. Daß in der Ferne ein Gewitter grollte, störte sie heute nicht. Selbst als einige dicke Tropfen fielen, bewegten sie sich kaum.

»Was du sagst, wird seine Richtigkeit haben«, meinte der Häuptling, um das Gespräch nicht ganz einschlafen zu lassen. »Gäbe es keinen SPI, könnten wir kurz entschlossen handeln, so aber habe ich versprechen müssen, niemals von uns aus Gewalt anzuwenden.«

»Dann soll der Posten für Ordnung sorgen«, rief einer aus der Runde.

»Es ist gesagt worden, daß wir keine Kinder sind. Wir werden diesen Fremden eine Frist bewilligen, damit sie in Ruhe abwandern können.«

»Dann werden sie einwenden, daß es während des großen Regens nicht geht«, meinte Acré.

»Vielleicht haben sie sogar recht«, pflichtete ihm der Häuptling bei. »Deswegen stimmen wir dem zu und schädigen sie während dieser Zeit so sehr, daß sie letzten Endes gegen einen Gebietswechsel nichts einzuwenden haben.«

»So soll es sein«, beschloß der Stammesälteste.

Als Hrenki mit ihrem Vater und Japalé nach Icré kam, fand sie in dem Stammesältesten einen guten

Freund. Altersmäßig paßten sie zusammen wie Großvater und Enkelkind, und so gestaltete sich auch ihr Verhältnis zueinander.

Er war für alle Crao der »Alte«. Diese Bezeichnung klang so ehrenhaft wie der Titel eines großen Staatsmannes der Weißen. Nur Hrenki fand keine Anrede für ihn. Was ihr Mund verschwieg, drückten ihre Augen um so deutlicher aus. Der Alte sah es, verstand ihr Schweigen und hatte sie gern.

Hrenki wohnte mit ihrem Vater immer noch im Haus ihrer Verwandten, und gleich nebenan lebte der Stammesälteste ganz allein in einer Hütte. Seine Frau war gestorben, während die Kinder, die längst verheiratet waren, eigene Häuser bewohnten. Er hätte zu ihnen ziehen können, doch wollte er in seiner Behausung bleiben. Eine Schwiegertochter bereitete ihm das Essen, während er alles andere selbst verrichtete.

Oft sah Hrenki zu seiner Tür hinein. Im ganzen Dorf war er dafür bekannt, daß er trotz seines hohen Alters die schönsten Kämme anfertigen konnte. Er verwendete dafür ganz alte Muster. Die Kammzähne gingen in einen baumwollumflochtenen Griff über. Nachdem Hrenki drei Kämme von ihm bekommen hatte, mußte er sich etwas anderes einfallen lassen, um ihr eine Freude zu bereiten. Schließlich fing er an zu erzählen, und das war genau das, was ihr gefiel. Was er aus seiner Erinnerung hervorkramte, kannte sie noch nicht. Die anderen Dorfbewohner hörten ihm kaum noch zu, so daß er schweigsam geworden war in den letzten Jahren.

Plötzlich wurde es anders. Hrenki kam zu ihm, um etwas zu erfahren. Er durfte wieder erzählen, sich um Jahrzehnte zurückversetzen und das auffrischen, was fast vergessen war.

»Was hast du schon von seinen Erzählungen!« stöhnte Ara verzweifelt. »Sie sind immer wieder dieselben, und etwas Neues kennt er nicht. Komm lieber mit mir zum Fluß!«

»Für mich sind sie neu«, erklärte Hrenki trotzig.

»Hat denn bei euch im Dorf niemand Geschichten erzählt?« fragte die Freundin verwundert.

»Es waren andere, manchmal auch ähnliche. Ich glaube, daß er sie mir gern erzählt.«

Der Stammesälteste sprang von einer Geschichte zur anderen. Manchmal begann er mit Märchen oder mit alten Begebenheiten aus dem Leben der Crao und anderer Indianerstämme. Vielfach mischte er die christliche Religion mit heidnischen Vorstellungen. Was die Jesuitenpater vor hundert Jahren gepredigt hatten, das konnte er nicht wissen. Ihre Reden waren jedoch als Bruchstücke erhalten geblieben, so daß Gott zu Buteblö und Christus zu einem Menschen mit Vogelschwingen wurde.

Wenn der Alte diese Geschichten sorgfältig voneinander getrennt vortrug, waren sie leicht zu verstehen, doch geschah es manchmal, daß er nach langem Erzählen alles durcheinanderbrachte. Dann war Hrenki sprachlos vor so viel närrischem Zeug in der Welt.

Wirklich zum Gruseln waren seine Berichte von den Verfolgungen der Indianer im Gebiet des großen Stromes, den sie Amazonas nannten.

»Dort war immer etwas los«, erzählte er eines Tages, als sie wieder einmal vor seinem Haus an einem kleinen Feuer saßen.

»Ich weiß nicht, was sie aus der Milch eines Baumes machen. Kautschuk nennen sie das Zeug. Darum ging es. Die Weißen kamen in Scharen, überfielen unsere

Dörfer und töteten Frauen und Kinder; die Männer schleppten sie gefesselt fort. Sie wurden gezwungen, die weiße Milch von den Bäumen zu holen. Die Folge war ein großes Morden. Viele Stämme wurden vernichtet. Frauen und Kinder kämpften wie Männer. Die Weißen erwiesen sich jedoch als stärker, weil sie mit Blitz und Donner über die Dörfer herfielen. Da gab es kaum ein Entrinnen.

Wie du weißt, verließ Aukjére die Crao und wurde Stammvater der Weißen. Er hat ihnen nur Schlechtigkeiten beigebracht. Es war nicht recht, daß die Crao den kleinen Aukjére so schlecht behandelten, nur weil ihm die Fische zuviel Wissen eingeflüstert hatten, aber daß seine Kinder zurückkamen und noch schlimmeres Unheil anrichteten, war zuviel. Zwischen uns und diesen bebeinten Schlangen sollte es keinen Frieden geben. Nur weil sie unbesiegbar sind, haben wir den Kampf aufgeben müssen.

Sieh dir den Himmel an, Crale: Er ist voller Sterne. Stell dir vor, jeder wäre ein weißer Mensch. Du bekämst Angst vor ihrer großen Zahl, und in Wirklichkeit gibt es noch viel mehr, nur siehst du sie nicht. Wenn unser Pfeil einen weißen Mann trifft, treten zwei andere an seine Stelle. Es ist ganz aussichtslos, sie alle zu besiegen.

Vor langer Zeit haben sich mehrere Indianerstämme vereinigt, um die Fremden zu vertreiben. Es gab einen Kampf, der viele Tage anhielt. Danach waren die Indianer fast alle erschlagen. Die Feinde besaßen ein Rohr, das den Blitz ausspie. Sobald es donnerte, fielen etliche der Unsrigen tot um. Daraufhin haben sich unsere Leute tief in den großen Wald hinein zurückgezogen. Dort kämpfen sie bis auf den heutigen Tag gegen Weiße, die den Strom befahren. Das Recht ist auf unserer Seite, Crale, aber nicht die Macht. Die Macht hat mit Recht nichts zu tun.

Wir Crao sollen nunmehr mit allen Menschen in Frieden leben. Das ist kein gutes Zeichen, denn es bedeutet Schwäche. Ich bin alt geworden, Crale, habe jedoch nie gesehen, daß eine Wildkatze einen Jaguar angeht. Die Katze ist gewiß mutig und gefährlich, jedoch viel zu klein, um mit einem solch großen Tier einen Streit anzufangen.

Jetzt muß ich aufhören, denn Acré scheint die Leute herbeizurufen. Mir war es, als kämen zwei Männer von der Jagd zurück. Vielleicht gibt es Neuigkeiten, die wir erfahren müssen.«

Die Siedler vom Rio Vermelho

»Schlechte Neuigkeiten gibt es zu verkünden«, sprach der Häuptling, als alle Dorfbewohner in der Platzmitte versammelt waren. »Zwei unserer Leute sind vom Roten Fluß, den die Weißen ›Vermelho‹ nennen, zurückgekommen. Was sie dort erlebten, sollen sie selbst berichten.«

Ein jüngerer Crao, der Tukano genannt wurde, ergriff das Wort. Sein Gesicht war rot gefärbt mit Urucú, während er am Körper die verwischten Zeichen der Schlange trug. Seine Ohrscheiben waren groß und sorgfältig bemalt.

»Wir, mein Vater und ich, sahen uns um, wie es vereinbart war«, begann er mit ruhiger Stimme. »Bis zum Roten Fluß fiel uns nichts auf. Er war nach den letzten

Regenfällen beträchtlich gestiegen. Dort lagerten wir an einer erhöhten Stelle. Kaum waren wir eingeschlafen, erwachten wir durch einen Ruf. Er kam vom Fluß herauf. Dort erblickten wir einen Einbaum, in dem zwei Männer saßen. Der eine hielt ein Licht in der Hand. Sie jagten Krokodile.

Weil sie unser Feuer bemerkt hatten, konnten wir uns nicht mehr verbergen. Deswegen gingen wir zu ihnen bis ans Wasser. Sie mußten damit rechnen, daß wir nicht allein waren, und um sie in diesem Glauben zu bestärken, trugen wir keine Waffen. Was sie fragten, verstanden wir nicht, aber auch sie verstanden kein Wort aus unserem Munde. Obwohl sie lachten, glaubten wir nicht an ihre Freundlichkeit. Wir begaben uns ans Feuer zurück und ließen es auflodern. Sie sollten glauben, daß wir uns wieder an ihm niedergelassen hätten. In Wirklichkeit behielten wir sie im Auge. Wenn sie Krokodile jagten, mußten sie doch in der Nähe wohnen. Das wollten wir in Erfahrung bringen.

Nachdem zwei kleinere Krokodile in ihrem Kanu lagen, stakten sie stromauf. Wir verfolgten sie und kamen an jene Bucht, die wir die tote nennen. Gleich dahinter ist ein fließendes Gewässer, das wir nie benannt haben. Dort erkannten wir trotz der Dunkelheit mehrere halbfertige Häuser. Wir vernahmen viele Stimmen, darunter auch Kindergeschrei.

Es hatte keinen Zweck, in dieser Nacht noch etwas zu unternehmen. Wir zogen uns zurück, lagerten an einem Feuer und gingen am nächsten Morgen ganz auffällig auf die Hütten zu. Wie üblich, meldeten wir uns durch Rufe an. Mehrere Hunde stürzten uns entgegen. Bissig waren sie nicht, nur laut und sehr mager.

An diesem Platz befanden sich so viele jüngere und

ältere Männer, wie Finger an beiden Händen sind. Zwei kamen uns entgegen. Sie begrüßten uns freundlich und sagten, daß sie es wären, die wir in der Nacht getroffen hätten. Wir hatten sie jedoch längst erkannt. Dann kamen auch noch andere Männer herbei. Die Frauen und Kinder blieben in den Häusern.

Ein Mann schien ihr Häuptling zu sein. Er lud uns ein, sein Haus zu betreten. Wir setzten uns, während die Frau uns ein Getränk gab, das sie Kaffee nannten. Es schmeckte nicht, und wir ließen es stehen. Die Männer lachten darüber. Danach boten sie uns Tabak an, in dünne Maisblätter gerollt und fingerdick. Nach einigen Zügen traten wir ihn aus.

Eine Verständigung war nicht gut möglich. Durch Zeichen gaben sie zu verstehen, daß sie noch nicht lange hier wohnten, aber das sahen wir ja selbst. Mein Vater schaute nicht gerade freundlich aus. Die Männer bemerkten es, schlugen ihm auf die Schulter, lachten und wollten ihn aufheitern. Schließlich schenkten sie ihm ein Messer. Ich glaube, es taugt nicht viel. Trotzdem gaben wir ihnen zwei Pfeile dafür. Es sah so aus, als wüßten sie mit diesen nichts anzufangen.

Nachdem wir alles gesehen hatten, brachen wir auf. Zwei Männer begleiteten uns ein Stück, so daß wir, um sie irrezuführen, eine falsche Richtung einschlugen. Dabei kreuzten wir die Spuren einer Anzahl Rinder.

Das ist es, was wir zu sagen haben.«

Tukanos Erzählung folgte tiefes Schweigen. Die Crao waren überrascht. Kaum hatte sich die Aufregung nach der ersten Botschaft einigermaßen gelegt, brach die zweite über sie herein. War der Sertão plötzlich zu klein geworden?

Der Häuptling schlug sich ratlos auf die Knie und

sagte schließlich: »Jetzt weiß ich gar nichts mehr. Es hat keinen Zweck, heute darüber zu beraten. Jeder wird sich in dieser Angelegenheit seine eigenen Gedanken machen. Wir wollen tanzen, als sei nichts geschehen. Einem von uns wird schon etwas Gescheites einfallen.«

Während die Leute den Platz verließen, sahen sie bedrückt aus.

»Was soll uns einfallen?« fragte Ara, die mit Hrenki und Tucra zum Badeplatz ging.

»Etwas Gescheites, hat er gesagt«, erwiderte Hrenki. Tucra lachte wie über einen gelungenen Scherz.

»Dann laßt uns beraten«, schlug Ara vor.

Am Bach angekommen, setzte sie sich auf einen Baumstamm, baumelte mit den Beinen und sprach gönnerhaft: »So, nun fangt an.« Hrenki und Tucra lachten und plumpsten vergnügt ins Wasser hinein.

Nun war die Regenzeit in vollem Gange und brachte für die Siedler am Rio Vermelho arbeitsreiche Tage. Die Männer hatten bereits während der Trockenzeit an verschiedenen Stellen Bäume gefällt, durch Brandrodung den Boden vorbereitet und die Voraussetzung für eine Besiedlung des Landes geschaffen. Nachdem sie mit ihren Familien den Fluß heraufgekommen waren, erbauten sie eine Anzahl Palmstrohdächer, damit sie vor dem bald einsetzenden Regen Schutz fänden. Nach und nach gedachten sie, die Dächer mit Seitenwänden zu umbauen und eine Siedlung zu errichten, der sie bereits jetzt den Namen São José gegeben hatten. Der heilige Josef sollte der Schutzpatron ihrer kleinen Gemeinde werden.

Männer, Frauen und Kinder arbeiteten auf den Feldern, steckten Maiskörner und pflanzten Maniok, Zuk-

kerrohr und Tabak. In unmittelbarer Nähe der Häuser wurde Gemüse angebaut.

Drei Familien gründeten São José, doch war mit einem stärkeren Zuzug zu rechnen. Die Siedlung konnte sich zu einem Dorf, wenn nicht gar zu einer Stadt entwickeln.

Aber noch fehlte eine gute Verbindung mit der Außenwelt. Der Rio Vermelho, ein kleiner, mit Stromschnellen durchsetzter Fluß, ließ sich nur zeitweilig mit Einbäumen oder Flößen befahren. Er mündete in den Rio Manelaus pequeno, den Kleinen Manelaus. Selbst dieser Fluß stellte keine ideale Verbindung zum Rio Tocantins dar, weil auch er in der Trockenzeit zu wenig Wasser führte. Wer trotzdem nach einwöchiger Reise den Tocantins erreichte, mußte noch tagelang weiterfahren, bis er endlich die Stadt Carolina vor sich liegen sah.

Wer am Rio Vermelho erkrankte, brauchte auch keine ärztliche Hilfe zu erhoffen. Ein guter Läufer, der die Wildnis durchquerte, konnte Carolina in vier Tagen erreichen. Dabei galt es, täglich sechzig Kilometer zurückzulegen. Ein Caboclo schaffte das, ein Arzt dagegen nie.

»In zehn Jahren ist die Straße nach Carolina fertig«, tröstete Octavio Tito, der die kleine Gruppe anführte, »und in hundert Jahren ist São José eine Stadt, in der für uns ein Denkmal stehen wird.«

Octavio Tito hatte zeitlebens Pläne, jedoch wenig Erfolge gehabt. An die Zeit seiner Edelsteinsuche wünschte er nicht erinnert zu werden. Damals war einem anderen Caboclo ein Messer zwischen die Rippen gefahren. Die Sache war kaum der Rede wert, doch suchte Octavio daraufhin einen anderen Wohnplatz. Am Rio Vermelho glaubte er ihn gefunden zu haben.

Die Siedler besaßen nicht viel, ein bißchen Hausrat, ein Dutzend Kühe, eine Schar Kinder und wenig Geld. Das genügte für den Anfang. Wenn Octavio sich die Mühe gemacht hätte, seine Leute zu zählen, wäre er auf sechsundzwanzig gekommen. Darunter befanden sich allerdings zwei Säuglinge und zwei ziemlich alte Frauen. Alle anderen waren arbeitsfähig, denn auch die Kinder konnten, statt zu spielen, leichte Arbeit verrichten. Das stärkte ihre Muskeln und schärfte ihre Sinne.

Daran, daß ihre Pläne von Indianern durchkreuzt werden konnten, hatte keiner von ihnen ernsthaft gedacht. Wozu auch? Die Siedlung mit zehn wehrhaften Männern, die mit Schußwaffen bestens ausgerüstet waren, würden sie nicht anzugreifen wagen. Auch die verwegensten Indianer nicht.

Selbst als unerwartet die beiden Crao auftauchten, ließen sich die Siedler nicht aus der Ruhe bringen. Octavio schenkte ihnen ein altes Buschmesser. Damit wäre für ihn der Fall erledigt gewesen, wenn an demselben Abend nicht eine Kuh gefehlt hätte. Nichts lag näher, als den beiden Rothäuten die Schuld zuzuschieben.

»Diese Schurken! Diese Gauner!« wetterte Octavio Tito. »So belohnen sie unsere Gastfreundschaft! Wenn die Schufte noch einmal in unsere Nähe kommen, geben wir Feuer. Kein Pardon, Leute! Für jedes tote Rind fällt ein Idianer!«

Drei Tage später fiel ein verhängnisvoller Schuß. Er traf einen jungen Crao.

Bald danach fand ein Siedler die fehlende Kuh. Sie war in einem Morast steckengeblieben und hatte sich nicht mehr befreien können.

Die Kampfansage

Nachdem die Totenklage um den jungen Mann verklungen war, trafen sich die Crao zu einer langen Beratung. Die meisten waren dafür, die Siedlung am Rio Vermelho auszulöschen. Niemand sollte dabei verschont werden.

Besonnene Männer rieten von einem solchen Gemetzel ab. Sie meinten, daß sich die Crao immer von einer friedlichen Seite gezeigt hätten und diesen guten Ruf behalten müßten. Der Stammesälteste empfahl, die Menschen zu schonen, die Siedlung jedoch zu vernichten. Damit waren der Häuptling und viele andere einverstanden.

Hrenki wollte gern mitgehen, doch ließ sich ihr Vater diesmal nicht erweichen. Das Wetter sei zu schlecht, meinte er, auch seien Mädchen für Kriegszüge nicht geeignet.

Das stimmte allerdings nicht, denn oft hatten sich Frauen an kriegerischen Auseinandersetzungen beteiligt, Nahrungsmittel getragen, abgeschossene Pfeile eingesammelt und Verwundete gepflegt. In Abwesenheit ihrer Männer hatten Indianerinnen mitunter sogar ihre Dörfer verteidigt.

Für den Überfall auf die Siedlung am Rio Vermelho wurden alle Männer gebraucht. Im Dorf blieben nur die Frauen, Kinder und drei Greise zurück, als sie losgingen.

Bald danach flogen am Rio Vermelho Brandpfeile in das raschelnde Stroh der Hütten.

Die Crao waren lautlos bis zu der Siedlung vorgedrungen und hatten sich im Gebüsch versteckt. Das Wetter war ihnen günstig, denn der Regen blieb aus. Die Nacht war hell genug, um Einzelheiten erkennen zu können, jedoch viel zu dunkel für einen Kampf.

Das den Brandpfeilen folgende Chaos in São José war fürchterlich. Augenblicklich standen die Dächer in Flammen. Kinder kreischten, Frauen schrien gellend um Hilfe, und die Männer wußten kaum, was sie zuerst retten sollten. Octavio Tito rief zu den Waffen. Er rechnete mit einem Überfall der Indianer und spähte nach den Gegnern aus, während um ihn herum die brennenden Dächer zusammenstürzten.

Aber kein Feind ließ sich sehen. Fast sah es aus, als hätte ein Blitz eingeschlagen und das Feuer entstehen lassen.

Octavio traute dem Frieden nicht. Wären nicht sämtliche Dächer gleichzeitig in Flammen aufgegangen, hätte er an eine Unvorsichtigkeit geglaubt, aber in diesem Falle gab er sich keiner Täuschung hin. Er ahnte, daß die Siedlung von Indianern umringt war, doch vermochte er nicht, sie zu erkennen. In seiner Wut gab er den Befehl, blindlings ins Gelände zu schießen.

Die Crao waren längst verschwunden, weil sie von vornherein mit einigen Kugeln gerechnet hatten. Nachdem sie sahen, daß die Siedlung nicht mehr zu retten war, traten sie den Rückzug an. Sie hatten den Beschluß der Ältesten durchgeführt, die Menschen geschont und São José zerstört. —

Octavio wütete, suchte zwischen den Trümmern und verfluchte die Indianer. Niemand war verletzt, aber die Arbeit mehrerer Wochen war vergebens gewesen. Wenn der Regen wieder einsetzte, besaßen sie kein Dach über dem Kopf. Und das würde nicht mehr lange dauern, denn die Wolken standen bereits drohend am Himmel.

Weil sich keine Indianer mehr sehen ließen, fingen die Männer, Frauen und Kinder an, das verkohlte Gebälk wegzuschleppen. Kaum war der letzte Funke erloschen, begannen sie mit dem Wiederaufbau ihrer Siedlung. Im Schein von großen Feuern arbeiteten die Leute die ganze Nacht hindurch. Im Wald erklangen Axtschläge. Es gab viel Geschrei und unsinniges Schelten. Jeder glaubte, daß der andere ihm im Wege sei.

Unbeirrt verfolgte Octavio Tito sein Ziel. Er hatte fast nichts verloren, weil er nichts besaß. Das Dach ließ sich erneuern, und ein Lager für die Kinder war schnell wieder erbaut.

»Hast du dir überlegt, daß die Indianer wiederkommen können?« fragte einer seiner Männer, während sie das Frühstück einnahmen.

»Sobald die Dächer in Ordnung sind, werden sämtliche Bäume und Sträucher im weiten Umkreis gefällt und weggeschafft«, erwiderte er. »Wir müssen das Gelände übersehen können, damit sich kein Mensch anschleichen kann. Mit Brandpfeilen ist dann nichts mehr zu machen. Außerdem brauchen wir scharfe Hunde. Sie lassen sich leicht auf Indianer abrichten. Sobald hier alles läuft, sorge ich für neuen Zuzug. Dann möchte ich den Indianer sehen, der sich noch in unsere Nähe wagt.«

»Wenn wir wüßten, wo sie leben und wie stark sie sind. Dies festzustellen, ist von großer Wichtigkeit«, meinte ein jüngerer Mann.

»Dann zieh los, Nuno, und laß dich nicht erwischen«, antwortete Octavio. »Hier bist du in Sicherheit, aber sobald du den Sertão betreten hast, stehst du plötzlich allein in der Welt.«

»Ich gehe«, erwiderte der mit Nuno Angesprochene leichthin.

»Nimm einen Hund mit.«

»Er ist hier besser aufgehoben. In spätestens einer Woche kehre ich zurück.«

So zog Nuno zuversichtlich in die Wildnis, um die Indianer zu suchen.

Die Regenzeit rief überall große Veränderungen hervor. Schmetterlinge und Käfer wechselten ihre Gebiete, sonst kaum sichtbare Kugelkakteen blühten über Nacht und überzogen weite Flächen mit weißem Flor. In leuchtenden Farben schmückten vielerlei Blüten den Sertão. Alle Bäume, Sträucher und Gräser zeigten frisches Grün. Die Welt der Indianer erwachte zu neuem Leben.

Viele Schlangen verließen die Niederungen, Korallenschlangen und andere suchten höher gelegene Stellen auf, während mit der Anakonda überall zu rechnen war. Selbst Kaimane zogen von einem Fluß zum andern, hielten sich vorübergehend in Tümpeln auf oder lagen faul im hohen Gras.

Den Jaguaren war nie zu trauen, und die Ameisenbären schienen nur darauf zu warten, einen Menschen überfallen zu können. Ihre Umarmung hatte so mancher Jäger mit dem Leben bezahlen müssen.

Wenn die Crao das Große Lied verließen, achteten sie mehr denn je auf ihre Umgebung. Jetzt mußten sie überall mit Gefahren rechnen. Zu der alljährlich auftretenden Veränderung in der Natur gesellte sich jetzt die durch die Siedler hervorgerufene Unruhe. So mancher

Jäger wurde mißtrauisch, wenn er einen verkrüppelten Baum entdeckte oder einen absonderlichen Laut vernahm. Dem sonst so friedlichen Sertão war nicht mehr zu trauen.

Das spürte der Häuptling an diesem Tag ganz besonders. Er kam mit seiner Schar vom Roten Fluß herüber, wo sie São José hatten in Flammen aufgehen lassen. Jetzt wollten sie Floriano Quitando einen Besuch abstatten.

Die Crao befanden sich in einer sieghaften Stimmung. Nachdem sie die eine Siedlung zerstört hatten, glaubten sie, ihr Gebiet wieder allein zu beherrschen. Sie zogen in langer Reihe dahin, die vorderen gespannt, vorsichtig und auseinandergezogen, während sich die übrigen recht sorglos benahmen.

Der Häuptling war auf der Hut. Wenn drei mit Gewehren ausgerüstete Personen in einem sicheren Versteck lagen, konnten sie es getrost mit einer zehnfachen Mehrheit von schlechtbewaffneten Indianern aufnehmen. Das wußte er ganz genau.

Wer sollte jedoch Floriano Quitando von dem Überfall am Rio Vermelho berichtet haben? Stand er überhaupt mit jenen Siedlern in engerer Verbindung? Schließlich hatte er mit dem Aufbau seines Anwesens so zu tun, daß er sich nicht auch noch um andere Leute kümmern konnte.

Trotz seiner Vorsicht war auch der Häuptling in guter Stimmung. Er beabsichtigte nicht, wie er vorm Ältestenrat selbst vorgeschlagen hatte, allein oder mit noch einem Mann vor den Siedler hinzutreten. Er wollte vielmehr mit seiner Kriegerschar auftauchen, sich aber mit den Rufen friedlicher Begegnung den Häusern nähern.

Natürlich würden die Siedler bei einem solchen Aufgebot argwöhnisch zu den Waffen greifen. Nach indianischem Brauch besaßen sie jedoch nicht das Recht zu schießen, wenn sich die Ankömmlinge rechtzeitig durch Rufe bemerkbar machten und ihre friedlichen Absichten äußerten. Wer sich daraufhin noch feindselig zeigte, hatte sein Leben verwirkt. –

Déa kannte das Gesetz der Wildnis, erblickte die Indianer rechtzeitig und hütete sich, ein Gewehr in die Hand zu nehmen. Sie war ganz allein im Haus, denn ihr Vater war mit Dalmo zur Herde geritten. Daß sie furchtbare Angst überwinden mußte, war ihr kaum anzumerken. Äußerlich gefaßt trat sie zwei Männern gegenüber, die sich von der Schar abgesondert hatten, um waffenlos die Siedlung zu betreten.

Der eine sprach portugiesisch und fragte, indem er drei Schritte vor ihr stehenblieb: »Wie heißt du?«

Déa nannte ihren Namen und stellte die gleiche Frage.

»Ich bin der Große Hirsch«, antwortete der Crao, und auf den anderen zeigend, fuhr er fort: »Dies ist der Capitão unseres Stammes. Wir sind gute Menschen.«

Der Mann sprach bedächtig, schien sich jedes Wort zu überlegen und flocht indianische Brocken ein, wenn sein portugiesischer Wortschatz versagte. Trotzdem verstand ihn das Mädchen gut.

»Bist du allein?« erkundigte sich der Große Hirsch.

»Die Männer sind weggeritten und werden bald wieder hier sein«, erwiderte Déa, indem sie die beiden Indianer mit einer Handbewegung einlud, unterm Vorbau auf der Bank Platz zu nehmen. Sie ging in die Hütte, füllte zwei Tassen mit Milch und gab sie ihnen. Die beiden tranken mit sichtbarem Behagen.

»Befindet ihr euch auf der Durchreise?« fragte sie, stellte die leeren Tassen auf eine Kiste und nahm den Männern gegenüber auf einem Schemel Platz. Sie verlor plötzlich ihre Furcht und mußte lächeln.

»Ja, auf der Durchreise«, antwortete der Große Hirsch mit verhaltenem Spott.

»Was redet ihr?« mischte sich der Häuptling in die Unterhaltung, da er kein Wort verstand. Nachdem er die Übersetzung vernommen hatte, zog er ein freundliches Gesicht.

Ihm lag es fern, mit diesem Mädchen einen Streit anzufangen. Er ertappte sich sogar bei dem Gedanken, sich ihr zuliebe mit der Ansiedlung einverstanden zu erklären, denn sie schien ihnen nicht feindlich gesinnt zu sein.

Der Große Hirsch war anderer Meinung, und nachdem er mit dem Häuptling eine kurze Unterhaltung geführt hatte, sprach er zu Déa:

»Dieses Land, Mädchen, gehört den Crao. Das war schon immer so. Wir lieben nicht den Kampf, doch sieh dir diese Männer an: Sie sind tapfere Krieger. Zieh weg, Mädchen! Rede mit deinem Vater. Vielleicht hört er auf dich.«

»Ich werde tun, was ihr von mir verlangt«, antwortete sie gefaßt. »Bestimmen kann ich nicht. Werdet ihr Gewalt anwenden, wenn mein Vater nicht wegzieht?«

»Der Tod wäre euch sicher.«

Sie schwieg und biß sich auf die Lippen.

Nachdem der Große Hirsch mit dem Häuptling einige Worte gewechselt hatte, fuhr er freundlich fort:

»Der Capitão verlangt, daß du mit deinem Vater sprichst. Dann wird dir nichts geschehen. Wenn es zum

Kampf kommen sollte, wird dich kein Pfeil treffen. Die Crao kämpfen nicht gegen Frauen und Kinder.«

»Habt ihr Söhne und Töchter?« erkundigte sich Déa.

»Ja, beide«, gab der Crao zu.

»Würden sie euch im Stich lassen?«

»Du kennst unseren Rat«, meinte der Große Hirsch gleichgültig.

Déa erhob sich, füllte noch einmal die Tassen mit Milch, gab sie ihnen und sagte beschwörend:

»Bitte geht, bevor die Männer zurückkehren. Mein Vater ist sehr hart. Er wird schießen, bevor er ein Wort mit euch gesprochen hat. Ich verspreche euch, alles zu versuchen, um ihn umzustimmen. Mein Bruder Dalmo wird dabei auf meiner Seite stehen. Gebt uns Zeit, denn es wird nicht leicht sein, seine Meinung zu ändern.«

Die beiden Crao berieten kurz, und der Große Hirsch sprach abschließend:

»Wir gehen, Mädchen, aber wenn der Mond voll ist, kommen wir wieder. Am Rio Vermelho sind in der letzten Nacht viele Häuser abgebrannt. Sag es deinem Vater.«

Sie nickte und war blaß bis unters Haar.

Neue Ereignisse im Dorf

Während sich diese Begebenheit in Florianos Anwesen zutrug, wurden die in Icré zurückgebliebenen Menschen in große Aufregung versetzt. Ara, Hrenki und Tucra, die wachsam im Gelände umherschweiften, hatten einen einzelnen jungen Mann entdeckt, der so da-

hergelaufen kam, als wäre es die natürlichste Sache der Welt, ein Indianerdorf zu besuchen.

Hrenki erreichte zuerst die Häuser und überbrachte dem Stammesältesten die Nachricht.

»Ein einzelner Weißer ist nicht gefährlich«, beruhigte er sie, ohne sich zu erheben. Er saß vor seiner Hütte auf einem Klotz und wärmte sich in der Sonne, weil der letzte Regen die Luft spürbar abgekühlt hatte. »Führe ihn zu mir und sage den älteren Jungen, daß sie mit Pfeil und Bogen herkommen sollen. Ara und Tucra werden weiterhin Ausschau halten. Es könnte sein, daß andere in der Nähe sind.«

Hrenki gab den Freundinnen Bescheid und stellte sich an den Dorfeingang, um den Fremden zu erwarten.

Er näherte sich, ohne seine Ankunft durch Rufe zu verkünden. Sorglos trug er seine Flinte geschultert, während an seiner Seite ein langes Buschmesser baumelte.

Fröhlich lachend grüßte er Hrenki. Sie sah ihn kaum an, sprach kein Wort, machte eine kaum wahrnehmbare Handbewegung und schritt plötzlich vor ihm her, so daß ihm nichts weiter übrig blieb, als ihr zu folgen. So kam er zu dem Stammesältesten.

»Guten Tag«, grüßte er ohne Scheu.

Der Alte verstand kein Wort. Mehrere Jungen kamen mit ihren Waffen dazu und rollten auf des Alten Geheiß einen Klotz heran, damit sich der Fremde setzen konnte.

Nun entspann sich ein Gespräch, das keinem etwas nützte. Sie redeten aneinander vorbei, als wären sie Hund und Katze oder Ameisenbär und Stachelschwein. Hrenki wunderte sich über so viel Unverstand des weißen Mannes. Sie setzte sich neben den Alten, um den Fremdling besser sehen zu können. Der Stammesälteste gab es schließlich auf, mit dem seltsamen Gast ein Gespräch zu führen. Durch Handzeichen machte er ihm verständlich, daß er bleiben dürfe. Daraufhin nahmen die Jungen ihn in ihre Mitte und zeigten ihm in einem Haus seine Schlafstelle. Sie verstanden sich besser mit ihm. Ohne Scheu erkundigten sie sich nach seinem Woher und Wohin, ob er bei ihnen bleiben wollte und ob er gewillt wäre, mit seinem Gewehr einen Vogel aus der Luft zu holen.

»Nuno«, sprach der junge Mann, indem er mit einem Finger auf seine Brust tippte.

Von diesem Augenblick an riefen sämtliche Kinder seinen Namen. Sie ließen ihn nicht mehr allein, auch gaben sie ihm so reichlich zu essen, daß er davon einen dicken Magen bekam. Später schlief er ein und schien nicht zu merken, daß er von einem Dutzend Knaben überwacht wurde.

In seiner Sorglosigkeit verschlief er sogar die Ankunft der heimkehrenden Krieger. Als er am Morgen erwachte, saß ihm ein Indianer gegenüber, der einen wenig vertrauenerweckenden Eindruck auf ihn machte. Die frische Bemalung des Kriegers roch stark süßlich nach Urucú. Große Ohrscheiben reichten bis auf seine Schultern herab, und auf seinem blauschwarzen Haar trug er einen bemalten Baststreifen mit zwei gelbblauen Federn. Zwei schwarze senkrechte Striche führten über seine beiden Augen hinweg.

»Guten Morgen«, grüßte Nuno verlegen. »Vielleicht sprechen Sie Portugiesisch?«

»Ja, ein wenig«, gab der Crao zurück.

Nuno nahm sich vor, diesen Mann nicht anzulügen.

Auf seinem langen Weg vom Rio Vermelho herüber hatte er sich genau überlegt, was er den Indianern erzählen wollte. Wilde, dachte er, lassen sich leicht betrügen. Vor dem Großen Hirsch, der ihm jetzt gegenübersaß, wurde er unsicher. Dieser schrecklich bemalte Mensch schien ihn mit seinem Blick zu durchbohren. Wenn er ihn beschwindelte, machte er sich ihn zum Feinde. Was dann geschah, brauchte ihm niemand erst zu verraten.

»Ich weiß selber nicht, warum ich hierher gekommen bin«, fing er an zu berichten. »Unsere Häuser am Rio Vermelho brannten ab. Das brauche ich Ihnen wohl nicht zu erzählen. Am nächsten Morgen bin ich losgewandert, um dieses Dorf zu suchen.«

»Weshalb?« wollte der Crao wissen.

»Das weiß ich nicht«, antwortete Nuno verlegen. »Mein Bruder hat mir geraten, mit ihm zum Rio Vermelho zu gehen. Ich hatte keine Lust dazu. Als ich hörte, daß Sie das Feuer angelegt haben sollten, wollte ich Sie besuchen. Ich bin noch nie in einem Indianerdorf gewesen.«

»Hattest du keine Angst?«

»Nein, denn Sie haben uns nicht beschossen. Dabei hätten Sie uns alle töten können; wir schliefen ganz fest.«

»Wozu?« fragte der Große Hirsch verwundert. »Wer uns nicht schädigt, braucht uns nicht zu fürchten. Was gedenkst du zu tun? Willst du bei uns bleiben oder wieder zurückgehen?«

»Natürlich würde ich wieder zurückgehen wollen.«

Der Große Hirsch erhob sich und verließ das Haus. Nuno reckte sich, denn er war vom Liegen auf der harten Matte steif geworden. Als er durch die Türöffnung trat, fiel sein Blick auf Frauen, Kinder und einige Männer. Jeder ging seiner Arbeit nach und beschäftigte sich mit irgend etwas. Keiner beachtete ihn sonderlich, aber jeder Vorbeigehende sah ihn freundlich an. Mehrere Jungen kamen zu ihm und führten ihn zum Badeplatz, wo er sich mit ihnen im Wasser tummelte, bis sich der Hunger bei ihm meldete.

Wie er festgestellt hatte, war er Gast des Stammesältesten, und Hrenki brachte ihm das Essen.

»Was wird mit ihm geschehen?« erkundigten sich die Freundinnen bei ihr.

»Ich weiß es genau«, erwiderte sie geheimnisvoll flüsternd.

»So sprich doch!«

»Wir füttern ihn dick — und schlachten ihn!«

Die Freundinnen kreischten laut auf.

»Wenn du nicht Hrenki wärst, könnte man dich für eine Weiße halten«, versetzte Ara. »Der Alte erzählte, daß die Weißen uns für Menschenfresser halten. Und nun fängst auch du noch damit an.«

»Etwas Besseres weiß ich nicht«, gab Hrenki zurück.

»Hast du wenigstens angefangen, seine Sprache zu erlernen?«

»Vielleicht ist ein Hund leichter zu verstehen«, bemerkte Tucra.

»Nein«, widersprach Hrenki, »wenn er ›fome‹ sagt, meint er Hunger, und ›dormir‹ bedeutet schlafen. Kommt, wir wollen zu ihm gehen und ihn ein wenig ausfragen.«

Nuno fand Gefallen an der Kinderschar und sah noch viel lieber die drei Mädchen um sich. Von ihnen lernte er indianische Wörter, während sie seine nachsprachen.

Langsam wurde ihm klar, daß er sich in dieser neuen Umgebung wohl fühlte. Die Crao hätten ihn als Feind betrachten müssen, aber sie behandelten ihn als Gast. Kein Vorwurf traf ihn, kein böser Blick verfolgte ihn. Warum jagten sie ihn nicht zum Teufel?

Nachdenklich schritt er in den Sertão hinein. Sie ließen ihn gehen, ohne nach seinem Ziel zu fragen. Niemand belästigte ihn oder stellte weitere Fragen.

Nuno hatte nie über Indianer nachgedacht, denn er stammte aus Carolina, wo es keine solchen Probleme gab wie hier draußen im Sertão. In den Straßen der Stadt tauchten ab und zu halbzivilisierte Indios auf, die nicht den besten Eindruck erweckten. Mitleidig lächelnd oder belustigt blickten die Stadtmenschen auf sie herab.

Vor längerer Zeit war Nuno einem Manne begegnet, der dem SPI angehörte und der begeistert von seiner Tätigkeit irgendwo im Urwald gesprochen hatte. Nuno war diese Unterhaltung entfallen, aber jetzt kam sie ihm wieder in den Sinn. Was bezweckte dieser Indianerschutzdienst? Wenn alle Indianer so waren wie die Crao, konnte man sie bestimmt nicht als schlechte Menschen bezeichnen. Wahrscheinlich wurden sie verkannt und zu Unrecht von den Weißen übersehen oder gar verachtet.

Nuno begann über vieles nachzudenken. Zum Siedler war er nicht geboren, gelernt hatte er nichts. Vielleicht kam er bei einem Posten des Indianerschutzdienstes als Helfer unter? Wenn er gar noch eine indianische Sprache erlernte, würde man ihn wahrscheinlich anstellen.

Die Sorgen der Siedler vom Rio Vermelho bedrückten ihn nicht. Er hatte sich ihnen angeschlossen, weil er nichts Besseres fand und weil ihn sein Bruder darum gebeten hatte. Deswegen beeilte er sich nicht mit seiner Rückkehr. Sie hatten dort anderes zu tun, als sich um ihn Gedanken zu machen oder gar nach ihm zu suchen.

Nuno blieb bei den Crao und saß oft bei den Männern, Mädchen und Kindern, damit er ihre Sprache erlernte. Aber auch die Jungen und Mädchen versuchten, sich möglichst viel von seinem Portugiesisch anzueignen.

Bereits nach kurzer Zeit lebte Nuno fast wie ein Indianer. Er begleitete die Männer auf ihren Jagdstreifen, hackte auf den Feldern, erlernte die Herstellung von Pfeilen und versuchte damit umzugehen.

Die Alten lächelten über seinen Eifer, zeigten ihm, wie dieses und jenes gemacht wurde, und ließen ihn gewähren. Bei Stafettenlauf und Klotzrennen lag er zwar immer hintenan, doch konnte ihn das nicht verdrießen. Verbissen kämpfte er mit den jungen Männern, denn er wollte nicht schlechter sein als sie.

Obwohl die Regenzeit in vollem Gange war, rüsteten die Crao abermals zu einem Fest. Die Kinder fingen damit an. Sie entfernten sich vom Dorf, versammelten sich im Walde und malten sich gegenseitig die Gesichter weiß. Dann drehten sie ihre Haare zu festen Zöpfen, damit sie wie Teufelshörner von den Köpfen abstanden.

Als sie mit wildem Geschrei ins Dorf stürmten, glichen sie wildgewordenen Geistern. Die Erwachsenen lachten über ihren Aufzug, der sich jedes Jahr wiederholte, aber seine kultische Bedeutung hatten sie vergessen.

Deswegen wußten die Kinder auch nicht, was sie in

ihrer Maskerade anfangen sollten. Selbst der Stammesälteste konnte es ihnen nicht sagen. So schlenderten sie nur umher, lachten über das Aussehen des anderen und vergaßen, sich wieder abzuwaschen. Die weiße Pflanzenfarbe haftete noch lange auf ihren Gesichtern.

Nachdem der Kinderspaß vorüber war, begannen die Erwachsenen ihr Fest mit Klotzrennen, dem anschließend mehrere Tänze folgten. Ein Gewitterregen unterbrach für kurze Zeit die festliche Stimmung, aber Acré schwang bald danach wieder seine Rassel.

Plötzlich erklang aus einem Haus die Klage einer Frau. Sie drang nicht bis zu den Tanzenden in der Platzmitte, wurde jedoch von Hrenki gehört, die sofort Ara und Tucra verständigte.

Vorsichtig schlichen sie hinter das Haus der Klagenden. Die Worte, die sie weinend hervorbrachte, waren kaum zu verstehen. Die Mädchen lauschten lange Zeit. Ara winkte sie schließlich zu sich und entfernte sich mit ihnen, bis sie sich halblaut unterhalten konnten.

»Ich weiß, worüber sie klagt«, sagte sie. »Eigentlich müßte Liane weinen. Du weißt nicht, Hrenki, was vor deiner Ankunft geschehen ist. Ich will es dir sagen. Liane, die Tochter der klagenden Frau, wollte Ganaz zum Manne haben. Ja, Ganaz, der dir schöne Blicke zuwirft! Er mochte sie jedoch nicht, obwohl er dich damals noch nicht kannte. Ihre Eltern waren ebenfalls dagegen, so daß sie schließlich zu Tukano gezogen ist, obwohl sie ihn nicht liebte. Tukano gedachte jedoch, mich zur Frau zu nehmen, was ich erst später erfahren habe. Er fügte sich und hatte es nicht leicht bei Liane, denn sie stritt mit ihm und tat so, als müßte er froh sein, daß sie zu ihm gekommen war. Um ihr aus dem Weg zu gehen, wurde er einer der eifrigsten Jäger im

Dorf. Wie ich soeben der Klage entnommen habe, ist er plötzlich davongegangen.«

»Und er kommt nicht wieder?« rief Hrenki erschrocken.

»Bestimmt nicht. Liane braucht sich nicht zu wundern.«

»Sie wird kaum klagen«, warf Tucra ein.

»Und was wird aus Tukano?« fragte Hrenki.

»Auch das kann ich dir verraten. Kommt er im Laufe der nächsten drei Tage nicht zurück, wird er stammesverstoßen. Das hat er sich selbst eingebrockt.«

Die drei Freundinnen sahen bekümmert drein. Daß Lianes Mutter klagte, erschütterte sie keineswegs, denn deren Trauer war nicht von Dauer. Schlimmer stand es um Tukanos Mutter. Er war ihr einziger Sohn. Sie hätte ihm nicht zu dieser Ehe raten dürfen, doch hatte sie bestimmt sein Bestes gewollt. Wenn sie sein Weggehen erfuhr, würde sie viele Tage und Nächte weinen.

»Wir sollten versuchen, Tukano zurückzuholen«, schlug Tucra vor.

»Glaubst du, daß er sich nach uns Mädchen richten wird?« erwiderte Ara. »Da kennst du ihn schlecht. Er würde nicht einmal auf seinen Vater hören.«

»Wohin wird er gehen?« fragte Hrenki.

»Das kann man nicht wissen. Vielleicht kommt er in einem anderen Dorf unter.«

»Er trägt keine Schuld.«

»Trotzdem darf ein Mann die Frau nicht verlassen. Das weiß er genausogut wie wir alle.«

»Ich wüßte, wohin er sich wenden könnte«, sagte Hrenki plötzlich. »Die Javahé würden ihn bestimmt aufnehmen. Bei ihnen ist auch die Frau aus unserem Nachbardorf.«

»Dann sage es ihm — wenn du kannst«, meinte Ara.

Die Mädchen berieten noch lange, ohne einen Entschluß zu fassen. Sie gaben es schließlich auf, doch war ihnen die Feststimmung vergangen.

Und nicht viel anders erging es allen Leuten, als sie diese Geschichte erfuhren. Acrés Stimme klang auf einmal müde, und die Tänze wurden abgebrochen.

Bald danach erlosch das große Feuer in der Platzmitte. Hätte nicht eine Mutter um ihren Sohn geklagt, wäre es wohl ganz still im Dorf gewesen. —

Am nächsten Morgen beschloß Nuno, den Crao Lebewohl zu sagen. »Nicht für immer«, versprach er, als er von den Stammesältesten Abschied nahm. Der Große Hirsch übersetzte das, was er auf indianisch nicht sagen konnte. »Wohin ich gehen werde, weiß ich noch nicht. Am Roten Fluß bleibe ich keinesfalls. Ihr müßt verstehen, daß ich meinen Bruder und die anderen Siedler nicht beeinflussen kann. Sie glauben mir ja doch nicht. Deswegen gehe ich, und wenn es euch recht ist, werde ich euch später wieder einmal besuchen.«

»Wenn es so ist, wie du sagst, werden wir dich immer als Bruder betrachten«, ließ ihm der Häuptling sagen. »Du kannst jederzeit kommen und bleiben, solange du willst.«

Nuno reichte jedem die Hand. Die drei Mädchen, sämtliche Kinder und alle Hunde schlossen sich ihm an, und eine große Schar verließ lärmend und kläffend das Dorf, so als zögen sie alle zum Roten Fluß.

Das sollten Octavio Tito und die anderen sehen, dachte Nuno, während er, von dem munteren Völkchen umringt, in südlicher Richtung zum Rio Vermelho ging.

Dann kam der Augenblick, wo sie sich trennen mußten. Er drückte die Kleinen an sich und gab den größeren Mädchen die Hand.

Ara sprach rasch zu ihm: »Verweile nicht am Roten Fluß! Geh sofort weg, denn wir möchten nicht um dich klagen.«

Er sah sie überrascht an, aber bevor er eine Antwort fand, war sie davongegangen.

Nach einer Weile zog ein schweres Gewitter auf. Der Donner rollte unaufhörlich, ohne daß es regnete. In einem nahen Waldstreifen brannte ein Baum lichterloh.

Über dem Sertão lag eine eigenartige Stimmung. Sie drückte auf das Gemüt und rief beklemmende Gefühle wach. Nuno dachte an brennende Hütten, an fliegende Pfeile und Andeutungen, die nichts Gutes verhießen. Die ganze Wildnis sah gefährlich aus. Menschen und Tiere glichen dem Gewitter, das lange grollt, bevor es ausbricht.

Nuno erschrak vor einem Jaguar, der nicht weit entfernt heiser bellte. Sonst wäre er wohl auf das Tier losgegangen, aber heute verspürte er keine Lust zum Jagen.

Der Kampf bei Floriano Quitando

Von alters her brachte der große Regen für die Indianer eine friedliche Zeit. Die Jäger schweiften nicht mehr so weit umher, vom Stamm losgelöste Trupps kehrten in ihr Dorf zurück oder siedelten sich dort an, wo sie in Ruhe die Trockenheit abwarten konnten.

Im Gebiet des Rio Tocantins verlief die Regenzeit anders als in dem endlosen Urwald des Amazonas. Hier setzte der Regen etwas früher ein. Der Wasserspiegel des Tocantins stieg etwa um zehn Meter, an seinem Unterlauf noch um viel mehr. Aus unbedeutenden Bächen entstanden reißende Flüsse.

Es gab Jahre mit weniger Regen und andere mit ungeheuren Überschwemmungen. Mitunter ließen die Niederschläge nach drei oder vier Monaten nach, hörten ganz auf oder setzten noch einmal mit solcher Wucht ein, als käme erst jetzt ihre große Zeit. Am oberen Amazonas verliefen die beiden Jahreszeiten mit der Regelmäßigkeit eines Uhrwerks. Dort hatte sich das riesenhafte Urwaldgebiet seit grauer Vorzeit unverändert erhalten.

An den Flüssen Tocantins und Araguaya gab es keinen so dichten, weitgedehnten Urwald. Hier hatte der Mensch eingegriffen, die Edelhölzer geschlagen, den Sertão abgebrannt und stellenweise Pflanzungen angelegt. Noch weiter im Osten gab es überhaupt keine Wälder mehr. Dort betrieben die Siedler Viehzucht, oder sie legten große Plantagen an. Der Boden trocknete aus, und eine katastrophale Dürre bedrohte das Land.

Die Crao wußten nie, was ihnen die Regenzeit bescheren würde, doch fragten sie auch nicht danach. Die Natur gab ihnen zu jeder Jahreszeit so viel, daß sie sich nicht zu sorgen brauchten. Sie lebten nur für die Gegenwart und kümmerten sich kaum um den morgigen Tag. Selbst ihre Festlichkeiten waren an keinen bestimmten Tag gebunden.

Déa Quitando konnte das nicht wissen, so daß sie am Tage des Vollmondes in banger Sorge die Indianer erwartete. Der Große Hirsch hatte ihr gesagt, daß sie dann wiederkämen, doch meinte er damit nicht diesen Tag, sondern einen späteren Zeitpunkt.

Außerdem ließ sich der Vollmond überhaupt nicht sehen. Statt dessen regnete es mehrere Tage ohne Unterlaß. Selbst der sandige Boden des Sertão vermochte die vom Himmel strömenden Wassermassen nicht aufzunehmen. Die Wildnis verwandelte sich allmählich in Schlick, Rinnsale, Bäche und Seen.

Die Crao dachten nicht daran, bei diesem Wetter Floriano Quitando einen Besuch abzustatten. Sie dachten überhaupt nicht mehr an ihn, bis eines Tages zwei Jäger mit einer Kuh nach Hause kamen.

Der Häuptling blickte finster drein und fragte, was sie mit der Kuh machen wollten.

»Essen«, gaben die beiden Jäger zur Antwort.

Sie hatten kein Wild aufgetrieben und waren froh, als ihnen diese unerwartete Beute über den Weg lief. Außer dem Häuptling äußerte kein anderer seine Bedenken, denn was im Sertão frei herumlief, konnte gejagt und gegessen werden. Darüber gab es kein Wort zu verlieren.

»Das gibt neue Scherereien«, erklärte der Häuptling. »Ich bin auch dafür, den Siedlern das Vieh wegzutreiben und ihre Häuser abzubrennen, doch ahne ich die Folgen.«

»Sollen wir die Kuh laufenlassen?« sprach einer der Jäger verwundert.

»Nein, wir brauchen Fleisch«, antwortete der Häuptling.

Dieser Entschluß sollte schlimme Auswirkungen haben. Für die Crao brachen einige sorglose Tage an, während Floriano Quitando fünf Kühe suchte, von denen er vier fand, während die fünfte nicht aufzuspüren war. Er ritt kreuz und quer durchs Gelände, durchstreifte jeden Busch, und sein Verdacht fiel schließlich auf die Crao.

Quitando war nicht der Mann, über eine Sache lange nachzudenken. Ungeachtet des Regens saß er Tag für Tag im Sattel, suchte jedoch keine Kühe, sondern Indianer. Er wußte genau, daß sie eines Tages wieder auf Jagd gehen würden. Daß sie sich lange Zeit nicht sehen ließen, war der Beweis ihrer Schuld.

Nach weitem Ritt setzte er sich manchmal in ihre Hütte, die sie kürzlich erbaut hatten. Dort brütete er über dem Plan, das ganze Dorf zu vernichten und sämtliche Indianer auszurotten. Die großen Plantagen der östlichen Gebiete wären niemals entstanden, wenn die Siedler nicht rücksichtslos vorgegangen wären. Die entsetzlichen Indianerkriege waren in den Augen Quitandos ruhmbedeckte Meilensteine in der brasilianischen Geschichte. Jetzt war er an der Reihe, durch eine Heldentat Neuland zu gewinnen.

Seine Tapferkeit erwies sich vorerst darin, daß er aus sicherem Versteck heraus einen einzelnen Crao abschoß, der sich ahnungslos der Hütte näherte. Der Indianer war auf der Stelle tot.

Floriano Quitando ließ ihn liegen, bestieg sein Pferd und ritt heim. Dort verlor er kein Wort darüber. Was er tat, ging niemanden etwas an.

Déa fiel auf, daß er, unterm Vorbau sitzend, einen Lauf seines Gewehres durchzog. Das tat er nie, wenn er nicht geschossen hatte. Seine Kugel verfehlte selten das Ziel, und da er ohne Wild gekommen war, ahnte sie Schlimmes.

Einen Tag später fanden die Crao den Toten. Sie wußten sofort, wer hinter dieser ruchlosen Tat steckte. Eine lange Beratung war nicht nötig. Sie begruben den jungen Mann und überließen das Klagen den Frauen.

Der Regen machte den aufbrechenden Kriegern nicht viel aus. Sie schritten in langgezogener Reihe durch den nassen Sertão, hatten ihre Waffen geschultert und hielten die Köpfe gesenkt. Ihre Bemalung deutete auf Kampf.

Noch einmal hatte der Häuptling die vom Ältestenrat gefaßten Beschlüsse bekanntgegeben. Die Häuser seien zu vernichten, die Männer zu töten, das Vieh wegzutreiben, die Frau jedoch zu schonen.

Obwohl nach indianischem Brauch der Sonnenaufgang als die günstigste Zeit für einen Überfall gilt, wollten die Crao an Ort und Stelle alles Weitere beschließen. Sie vermuteten den Fuchs in seinem Bau, brauchten unterwegs nicht vorsichtig zu sein und bemerkten auch nicht ihre eigenen Kinder, die ihnen in einer sicheren Entfernung folgten.

Die Jungen gaben daheim an, den Vätern Pfeile nachtragen zu müssen, während die Mädchen sich mit Maniokfladen beluden, damit auch sie den Kriegern folgen konnten. Der Stammesälteste gab es lächelnd zu, dachte er doch an seine eigene Kindheit zurück.

Die Mütter erteilten noch gute Ratschläge. Alle sollten zusammenbleiben, keiner sollte die vorausziehenden Männer aus dem Blickfeld verlieren, doch sollte auch keiner zu nahe aufrücken oder gar in die Schußrichtung laufen.

Die Kinder versprachen alles, als dächten sie nicht daran, sich in Gefahr zu begeben. Mutig zogen sie los, um die Krieger einzuholen.

»Was geschieht mit dem Mädchen?« fragte Hrenki, während sie in langer Reihe durch den Sertão liefen.

»Wir nehmen sie mit«, entschied Ara. »Bei uns ist sie am besten aufgehoben.«

»Und wenn sie nicht mitgeht?« wagte Hrenki einzuwenden.

»Dann wird sie dazu gezwungen.«

»Vielleicht wird sie schießen.«

»Wir wollen sie trotzdem nicht töten. Frauen und Kinder wurden nie umgebracht. Sie haben den Siegern zu folgen und sich einzugewöhnen. Wir wissen es kaum noch, weil wir den Krieg nicht mögen. Der Alte hat uns von früheren Kämpfen erzählt. Er will wissen, daß meine Großmutter eine geraubte Cherenti war.«

»Wie groß ist wohl das fremde Mädchen?« wollte Hrenki wissen. »Wir haben es damals aus weiter Entfernung gesehen. Ob es älter ist als wir?«

»Wohl kaum«, erwiderte Ara, und aufgeregt fuhr sie fort: »Hoffentlich läßt sich die Fremde nicht sehen. Ein Pfeil könnte sie treffen. Ich glaube jedoch nicht, daß sie auf uns schießen wird.«

Déa schoß nicht schlechter als ein Mann. Sie hielt eine kurzläufige Winchester in den Händen und

feuerte nach allen Richtungen. Zu dritt waren sie mit ihren mehrschüssigen Gewehren in der Lage, sich und ihr Anwesen erfolgreich zu verteidigen.

Ein Hund hatte die heranrückenden Indianer verraten. Dalmo merkte zuerst, daß sie sich im Schutze der einbrechenden Nacht verbergen wollten. Bevor sie Deckung fanden, setzte von den Hütten herüber ein gutgezieltes Gewehrfeuer ein. Da flohen die Crao nach allen Richtungen, bis sie glaubten, in sicherer Entfernung die Siedlung umzingeln zu können.

Auch die Kinder stoben auseinander und suchten Schutz hinter jeder Bodenwelle. Die Männer schimpften auf sie, konnten sie jetzt jedoch nicht mehr nach Hause schicken.

Die Weißen beherrschten trotz der Dunkelheit weithin das Land. Wo sich ein Crao aufrichtete, schlug sofort eine Kugel ein; wie durch ein Wunder war bisher noch keiner getroffen worden. Stand Babam, der große Geist der Nacht, auf seiten der Siedler? Zeigte er ihnen für ihre Waffen das Ziel?

Dalmo war es, der jeden unvorsichtigen Gegner sah und das Nachtglas nicht von den Augen nahm. Ungedeckt saß er im Reitsitz auf dem Dach des Wohnhauses, jagte einzelne Schüsse in die Nacht hinaus oder gab nach unten die Richtung an, in der es nicht geheuer war.

Vorm Haus stand Déa, an der Rückseite Floriano Quitando. Nichts änderte sich in dieser Nacht. Die Crao merkten jedoch, daß die Kugeln viel weiter reichten, als sie vermutet hatten. Wenn die Dunkelheit wich, mußte eine Katastrophe über sie hereinbrechen.

»Zurück!« befahl der Häuptling, und jeder mußte sehen, wie er aus dem Bereich der Geschosse kam.

Giljo hatte längst den Befehl zum Rückzug gegeben. Sämtliche Kinder krochen, eng an den Boden geschmiegt, davon. Sie nutzten jeden Strauch als Dekkung, jede Bodensenke für einen schnelleren Lauf. Letzten Endes flohen sie nicht nur vor den pfeifenden Kugeln, sondern obendrein vor ihren Vätern, die in diesem Augenblick wahrscheinlich schlechter Laune waren.

Mit den Kriegern war jetzt nicht zu spaßen. Ara, Hrenki und Tucra rannten schneller als Giljo mit seiner Schar, doch hüteten sie sich, ins Dorf zu laufen und die Niederlage zu verkünden. Abgehetzt kamen sie zum Badeplatz, wo glücklicherweise niemand war. Dort planschten sie im Wasser, als wären sie nie auf den Gedanken gekommen, den Männern auf ihrem Kriegspfad zu folgen.

Aber auch die heimkehrenden Männer sahen aus, als wünschten sie keine Gespräche zu führen. Nur der Häuptling kehrte beim Stammesältesten ein, und was sie besprachen, blieb geheim.

Die Verschworenen vom Roten Fluß

Floriano Quitando gab sich keinen falschen Hoffnungen hin. Er wußte, daß er auf die Dauer nicht allein gegen die Indianer kämpfen konnte. Sein teuflischer Plan, ihr Dorf zu zerstören und sie selbst bis auf den letzten Mann auszurotten, brauchte Verbündete. Wenn es ihm gelang, alle umliegenden Siedler für seine Idee zu gewinnen, konnte er mit einer stattlichen Anzahl rechnen. Es mußten auch jene herangezogen werden, die abseits wohnten und mit den Crao in keiner Verbindung standen. Die nächsten Nachbarn lebten am Rio Vermelho.

Während der Regenzeit war es kein Vergnügen, einen Tag lang durch den Sertão zu reiten. Florianos Pferd legte in einem gleichmäßigen Zockeltrab Meile um Meile zurück, doch hütete sich Floriano Quitando, das Tier übermäßig zu beanspruchen.

Erst am Abend erreichte er triefend naß São José. Er kannte Octavio Tito und wurde gut aufgenommen. Nach der Begrüßung sprachen sie über belanglose Dinge, dann tranken sie Cafesinho, und Floriano berichtete von dem mißglückten Überfall der Crao.

»Wer hier siedelt, muß mit kleinen Zwischenfällen rechnen«, meinte Octavio, als er die Neuigkeit erfuhr. »Was du zu tun gedenkst, brauchst du mir nicht erst zu sagen, denn unsere Gedanken sind in dieser Hinsicht wahrscheinlich die gleichen. Hör zu: Nuno, ein Bursche aus unserer Siedlung, hat sich eine Zeitlang bei diesen Indianern aufgehalten. Er weiß genau Bescheid, vor allem kennt er die Anzahl dieser bemalten Teufel. Im Ernstfall haben wir mit einhundert Mann zu rechnen, weil es noch ein zweites Dorf gibt. Nur gute Hunde können uns vor ihnen warnen, aber das ist auch alles, und überfallen uns die Kerle in der Nacht, wenn du nicht die Hand vor den Augen sehen kannst, dann haben sie das Spiel gewonnen. Wir müssen ihnen zuvorkommen, ganz plötzlich ihr Dorf anzünden, möglichst viele umlegen und den Rest zwingen, diese Gegend zu verlassen. Dann haben wir endlich Ruhe vor ihnen.«

»Wann schlagen wir los?« fragte Floriano Quitando. Er redete nicht gerne um eine Sache herum.

»Wir sind zwölf Männer, also zu wenig. Um mit diesen Kerlen aufzuräumen, genügt es nicht, nur einige abzuschießen. Das wäre natürlich sehr einfach und für uns nicht gefährlich. Wir wollen gründliche Arbeit leisten und werden einige Verluste einstecken müssen. Je mehr wir sind, desto einfacher ist es für uns. Der Kampf muß alle Siedler angehen.«

»Vergiß nicht, daß es einen SPI gibt, der unser Vorgehen nicht gutheißen wird!«

»Zum Teufel mit dem SPI! Soll er doch die Rothäute in Schach halten!«

»Tut er nicht, Amigo, denn uns wird er die Schuld zuschieben. Rondon plant, das ganze Gebiet von Siedlern zu räumen, und zwar trifft dies für unseren Bezirk ebenso zu wie für die anderen Indianerdistrikte. Natürlich stößt er auf energischen Widerstand. Allein kann er nichts ausrichten, dazu braucht er einen Regierungsbeschluß, und den bekommt er nicht durch. In Rio sitzen Herren, die an einer Erschließung des Landes größtes Interesse haben. Sie besitzen selbst Ländereien, die von Indianern durchstreift werden. Wollen sie aus ihrem Besitz etwas herausholen, sind ihnen die Rothäute im Wege. Deswegen steht Rondon allein auf weiter Flur.«

»Dann haben wir jedenfalls nichts zu befürchten«, meinte Floriano. »Die Indianer sind für uns nicht mehr als Wild. Und wird einem der Jaguar lästig, schießt man ihn ab.«

»Es bleibt dabei, mein Lieber: Wir benachrichtigen die in Frage kommenden Leute, treffen uns hier in São José und ziehen los. In einer Woche ist diese Angelegenheit aus der Welt geschafft. Wenn du willst, lasse ich Nuno rufen, damit du Näheres über die Rothäute erfährst.«

Nuno kam und war gar nicht erfreut. Am liebsten hätte er kein Wort gesagt.

»Wir werden dich zum Oberbefehlshaber unserer Truppe ernennen«, versuchte Octavio Tito zu scherzen. »Es wird einen kurzen Kampf und einen großen Sieg geben. Du wirst uns führen.«

Nuno nahm sich zusammen, damit die anderen seine Gedanken nicht errieten. Solange er sich in São José aufhielt, mußte er auf der Hut sein. Er kannte Octavio und traute auch Floriano die größte Gemeinheit zu.

»Wir zehn gegen diese Indianer?« fragte er anscheinend überrascht.

»Es kommen noch mehr dazu«, erwiderte Octavio. »Hast du eine Ahnung, was sie bei einem Angriff tun werden?«

»Nein, denn ich sah sie nur tanzen und rennen.«

»Wie weit reichen ihre Pfeile?«

»Das kommt auf den Mann und seine Kraft an.«

»Besitzen sie Gewehre?«

»Ich sah keine.«

Nunos Antworten waren völlig wertlos. Die Männer gaben es auf, ihm weitere Fragen zu stellen. Nachdem er gegangen war, saßen die beiden anderen noch lange beisammen.

Floriano Quitando ritt am nächsten Morgen zurück, während Octavio Tito seine Leute zusammenrief, damit er mit ihnen alles Weitere besprechen konnte. Er und zwei andere wollten losreiten, mehrere Siedler besuchen und um Verstärkung bitten.

Angeblich wollte Nuno das gleiche tun. Er kannte in Carolina junge Männer, die auf ein solches Abenteuer nur zu warten schienen. Zu seinem Bruder sagte er jedoch:

»Jorge, wenn ich nicht wiederkommen sollte, dann sei mir nicht böse. Vielleicht überlege ich mir die Sache anders und mache nicht mit. Mir haben die Indianer nichts getan. Ich habe überhaupt keine Lust, mich in dieser Gegend niederzulassen.«

Der Bruder war überrascht.

»Ich möchte dir von diesem Überfall abraten«, fuhr Nuno fort, »doch wird es wenig nützen.«

»Du setzt dich für die Indianer ein?« Aus Jorges Stimme klang grenzenlose Verwunderung.

»Nenne es, wie du willst. Ich werde nicht die Indianer gegen euch aufhetzen, doch möchte ich mit dieser ganzen Sache nichts zu tun haben. Morgen früh gehe ich nach Carolina.«

»Zu Fuß schaffst du es kaum bei diesem Wetter.«

»Am Kleinen Manelaus baue ich ein Floß, wie das so üblich ist. Bei dem jetzigen Wasserstand ist es ein Kinderspiel, nach Carolina zu fahren.«

»Du mußt es wissen. Ich rate dir, den Mund zu halten und erst wegzugehen, wenn Octavio aufgebrochen ist. Für deinen Entschluß dürfte er wenig Verständnis aufbringen.«

Nuno hatte es eilig. In einem gewöhnlichen Sack, den er wie einen Rucksack trug, befanden sich seine Habseligkeiten. Jorge steckte ihm beim Abschied noch einige Geldscheine zu. Das sollte der Lohn für seine Arbeit sein. Viel war es nicht, doch brauchte er auch nichts.

Am Manelaus wohnten einige Siedler, die er flüchtig kannte. Sie halfen ihm beim Bau eines Floßes. Wer nach Carolina mußte, benutzte immer ein solches Floß. Für die Rückreise hätte er eine andere Möglichkeit suchen müssen, aber Nuno wollte nicht zurück.

Ein junger Mann, der seit langem zur Stadt fahren wollte und für den jetzt ein günstiger Zeitpunkt gekommen war, schloß sich Nuno an, so daß sie zu zweit die Reise antraten.

Das Floß war mit einem Dach aus Palmzweigen versehen und reagierte schwerfällig auf die beiden vorn befestigten Ruder, die zur Steuerung und Fortbewegung dienten, aber die heftige Strömung sorgte bereits für eine ziemlich schnelle Fahrt.

Drei Tage brauchten sie bis zum Tocantins, der durch den anhaltenden Regen zu einem mächtigen Strom angeschwollen war. Seine lehmigen Fluten wälzten sich glucksend und gurgelnd dem Amazonas zu. Er sah nicht sehr einladend aus, da er losgerissene Bäume mitführte, die im Wasser versanken oder gefährlich aus der Tiefe schossen.

Nuno kannte den Strom und seine Tücken. Er erreichte Carolina, besuchte einen Freund, konnte bei ihm bleiben und beriet sich mit ihm.

»Streng vertraulich, Bello«, sagte er zu ihm, als sie allein in einem dürftigen Zimmer saßen. »Kein Mensch darf davon erfahren. Ich möchte zuerst mit dem Mann vom Indianerschutzdienst reden. Wie komme ich zu ihm? Weißt du einen Rat?«

Bello war ein Sohn dieser Stadt, aber er trieb sich meistens im Sertão herum. Jede Gelegenheit nahm er wahr, um Geld zu verdienen. Dadurch kannte er weit und breit alle Leute.

»Hm, die Sache gefällt mir nicht«, meinte er nach längerem Nachdenken. »Wie du sagst, haben es die Leute vom Rio Vermelho eilig. Sechs Tage bist du schon unterwegs. Jetzt brauchst du ein Motorboot, um den SPI-Posten zu besuchen. Das kostet abermals zwei

Tage. Bevor der Postenführer etwas unternimmt, sind deine Crao mausetot.«

»Was rätst du mir?«

»Daß du zum Gouverneur gehst und ihm den Fall vorträgst.«

»So offiziell wollte ich es nicht machen«, antwortete Nuno. »Du vergißt, daß mein Bruder in diese Sache verwickelt ist.«

»Dann gehe ich und sage kein Wort von dir. Woher ich es weiß, geht ihn nichts an. Ja, so machen wir es. Sein Boot besitzt den stärksten Motor. Vielleicht überläßt er es uns.«

Nuno freute sich über diesen Vorschlag und verließ sich auf seinen Freund Bello, und Bello erreichte, was er wollte. Er sprach mit dem Gouverneur, erhielt das große Motorboot und einen Maschinisten dazu.

Zwei Tage brauchten Nuno und Bello, bis sie den Indianerschutzdienst erreichten. In dem großen Fahrzeug des Gouverneurs fühlten sie sich wie Beamte, die auf Staatskosten reisten.

Der Postenführer staunte nicht wenig, als zu ungewohnter Zeit das Gouverneursboot bei ihm anlegte. Seine Station lag nicht am Tocantins, sondern an einem kleinen Nebenarm, der am Ende der Trockenzeit kaum befahrbar war. Hier hatte der SPI ein Haus aus Lehmziegeln erbaut und mit handgestrichenen Dachziegeln gedeckt. Der weiße Anstrich gab ihm ein freundliches Aussehen; in landesüblicher Weise hatte es keine verglasten Fenster, sondern nur Öffnungen mit grüngestrichenen Läden.

Außer diesem Wohnhaus für den Postenführer und seine Familie gab es noch drei Häuser, die hauptsächlich aus Palmwedeln bestanden. In ihnen wohnten die Helfer mit ihren Familien, einfache Caboclos, die keine großen Ansprüche stellten.

Senhor Dias wahrte in diesem Gebiet die Interessen des SPI. Das nächste Dorf der Crao lag allerdings so weit entfernt, daß er es nur zweimal im Jahr besuchen konnte. Seine Aufgabe bestand aber nicht vorrangig darin, auf tagelangen Ritten indianische Dörfer zu besichtigen, sondern er sollte die Verbindung pflegen mit jenen Indianern, die ihn besuchten, um Gebrauchsgegenstände einzutauschen, für die sie ihm Töpfe, Buschmesser und Hacken, Bogen, Pfeile, Matten und sonstige Kleinigkeiten brachten. Auf diese Weise war es möglich, die rotbemalten Kinder der Wildnis mit der Zivilisation vertraut zu machen.

Im übrigen war Senhor Dias bemüht, mit Hilfe seiner Männer eine Fazenda aufzubauen, die einzig und allein den Indianern nützen sollte. Er rechnete damit, daß die Crao ihr Gebiet leerjagen und eines Tages vor der Wahl stehen würden, entweder weiterzuziehen oder sich durch Viehzucht zu ernähren. Wohl oder übel mußten sie sich der Neuzeit anpassen, um nicht von ihr überrannt zu werden.

Vorläufig war von dieser Wandlung noch nicht viel zu spüren, doch Senhor Dias hatte keine Eile. Nichts drängte ihn. Seine vorgesetzte Behörde saß weit entfernt und ließ ihn gewähren. Manchmal schien es, als hätte sie ihn vergessen. Dann mußte er nach Carolina fahren, telefonieren, telegrafieren und ein wenig toben, bis ihm die nötigen Lebensmittel und Gebrauchsgüter zugeschickt wurden.

Während der Regenzeit rechnete er mit keinem Besuch. Wem sollte es einfallen, sich mit dem Wetter und dem gefährlichen Fluß herumzuschlagen? Wenn trotzdem jemand kam, brachte er bestimmt keine guten Neuigkeiten.

So war er von der Ankunft des Gouverneursbootes wirklich überrascht. Er kannte weder Nuno noch Bello. Ihre einfache Kleidung entsprach dem Wetter. Hier draußen fiel ihre Ärmlichkeit nicht auf.

Senhor Dias begrüßte die Ankömmlinge und machte sie mit seiner Frau bekannt. Danach bat er sie zu einem Cafesinho.

Nuno konnte es nicht erwarten, den Postenführer über den Grund ihres Besuches aufzuklären. Deswegen fing er sofort an zu berichten, und er erzählte von der Siedlung am Roten Fluß, dem ersten Zwischenfall mit den Crao und seinem eigenen Besuch in deren Dorf.

Ohne eine Spur von Erregung hörte Senhor Dias zu. Er legte dem geplanten Überfall keine besondere Bedeutung bei, denn eine kleine Schießerei ließ sich im Sertão nicht vermeiden. Schlimmer war es, daß sich die Leute ohne sein Wissen angesiedelt hatten. Das vor allem regte ihn auf.

Doch Nuno drängte zur Eile. Wenn Senhor Dias zögerte, waren die Crao verloren!

In diesem Falle blieb dem Postenführer nichts weiter übrig, als nach Carolina zu fahren und seine vorgesetzte Behörde von den Vorfällen zu unterrichten. Ohne deren Wissen wagte er keinen Entschluß zu fassen.

Nuno, Bello und der Maschinist blieben über Nacht beim Posten. Nuno sah sich um, und es gefiel ihm hier. Darüber verlor er jedoch kein Wort. Erst wenn alles gut überstanden war, wollte er um eine Anstellung bitten.

»Wie stellen Sie sich mein Einschreiten in dieser Angelegenheit überhaupt vor?« fragte Senhor Dias, als es an diesem Abend dunkel wurde und der Regen zur Erde prasselte, als sollte alles im Wasser untergehen.

»Sie müßten mit den Siedlern reden«, schlug Nuno vor. »Die meisten sind vernünftig. Nur Octavio Tito und Floriano Quitando sind Querköpfe. Im guten ist mit diesen beiden nichts zu machen.«

»Soll ich sie verhaften? Dazu reichen meine Befugnisse nicht. Ich kann nur schlichten und alles versuchen, damit die Siedler dieses Gebiet verlassen.«

»Eine Unterredung mit den Siedlern von São José ist außerordentlich wichtig.«

»Wie kommen wir jetzt hin? Es regnet, junger Mann.«

»Die Crao kennen sich im Gelände besser aus. Sie finden den Weg.«

Senhor Dias ritt gern, nur nicht durch Regen und Morast. Deswegen beschloß er, zuerst nach Carolina zu fahren und mit dem Gouverneur zu reden.

Nuno riet ihm, Floriano Quitando wegen Erschießung eines Indianers anzuzeigen.

»Was wollen Sie ohne Zeugen anfangen?« rief Senhor Dias ärgerlich. »Auf Verdacht kann die Polizei keinen Menschen verhaften. Wir können nur versuchen, den geplanten Überfall zu vereiteln.«

Ganz plötzlich hörte in dieser Nacht der Regen auf. Am nächsten Morgen stand kein Wölkchen am Himmel, und die Sonne schien so warm, daß die Erde dampfte. Da war es ein Vergnügen, mit dem großen Gouverneursboot in die Stadt zu fahren.

Der große Kampf

Um dieselbe Zeit passierte im Dorf der Crao das Schreckliche. Die Indianer waren auf der Hut gewesen und hatten laufend die Siedlung am Roten Fluß und das Anwesen von Floriano Quitando überwacht. Nichts war ihnen entgangen. Sie spürten, daß etwas Unheilvolles in der Luft lag.

In São José trafen gut bewaffnete Männer ein, die wahrscheinlich nicht nur auf Jagd gehen wollten. Einige kamen zu Fuß, andere ritten. Zuletzt erschien Floriano mit seinem Sohn Dalmo.

Die lauernden Crao schickten einen ihrer besten Läufer los, um die Dorfbewohner zu warnen. Daraufhin begaben sich sämtliche Frauen und Kinder in den dichten Wald am Schwarzwasser, wo sie aus Blattwerk kleine Hütten errichteten. Die Männer blieben jedoch im Dorf und warteten auf den nächsten Bescheid. Sogar der Stammesälteste hielt bei ihnen aus.

Die in São José versammelten Siedler sahen keinen Grund, die Indianer frühmorgens anzugreifen. Sie liefen die halbe Nacht hindurch und kamen nachmittags in die Nähe von Icré. Floriano Quitando, der den Trupp anführte, beschloß, auf das Dorf loszumarschieren und das Feuer zu eröffnen, bevor der erste Pfeil geflogen kam. Daß die Crao auf den Angriff vorbereitet waren, ahnte keiner der heranrückenden Männer.

Das Wetter ließ nichts zu wünschen übrig. Die Sonne stand der Schar im Rücken.

Unweit des Dorfes ging der ebene Sertão in hügeliges Gelände über. Dort gab es mehrere eigenartige Felsen, die wie große Häuser aussahen. Einer indianischen

Sage zufolge sollten dort allerlei Geister ihr Unwesen treiben. Jeder Crao ging diesen Felsen möglichst aus dem Wege. Heute bildeten sie für die roten Krieger ein geeignetes Versteck.

Keiner war im Dorf geblieben. Der Stammesälteste hatte sich mit zwei anderen Greisen in die nahe gelegenen Sümpfe zurückgezogen. Giljo und einige ältere Jungen übernahmen die Bewachung des Urwaldstreifens am Schwarzen Wasser, um die Frauen und Kinder zu schützen.

Der Häuptling überwachte die Schar seiner bemalten Krieger. Sie steckten hinter den Felsen und warteten auf seinen Adlerschrei. Jeder Pfeil sollte treffen, und jeder Schuß war zu überlegen, damit der Pfeilvorrat nicht vorzeitig zu Ende ging.

Nach langem Warten erschienen die ersten Reiter. Ihnen folgten die zu Fuß gehenden Siedler in langer Reihe. Floriano Quitando rechnete immer noch mit einer Überraschungsschlacht, bei der er allerdings nicht der Überraschte sein wollte.

Die Crao freuten sich über die Sorglosigkeit der anrückenden Leute. Wäre Floriano Quitando klüger gewesen, hätte er die Reiter ausschwärmen und das felsige Gelände durchkämmen lassen, so aber ritt er geradewegs in die fliegenden Pfeile hinein.

Der Abstand zwischen den Parteien war so groß, daß die Crao mit ganzer Kraft ihre Bögen spannen mußten. Deswegen lag in ihren Pfeilen keine tödliche Kraft. Es gab Verletzte, jedoch keine Toten.

Die Gewehre redeten eine deutlichere Sprache. Obwohl kein Indianer zu sehen war, schossen die Siedler blindlings auf die Felsen, so daß es zwitschernde Querschläger und sirrende Steinsplitter gab, die den Crao

Angst einflößten. Ihr zweiter Pfeilhagel zeigte eine noch geringere Wirkung.

Floriano verlor die Übersicht, denn jetzt führte ein jeder auf eigene Faust Krieg. Die Männer rannten schießend durch die Gegend, warfen sich nieder, schwärmten aus, umringten die Felsen und suchten ein lohnendes Ziel.

Bei den Indianern war es nicht viel anders. Sie verzichteten auf Deckung, stürmten schreiend auf die Siedler los und schossen aufrecht stehend, bis sie von einer Kugel durchbohrt zu Boden sanken.

Dieser Kampf forderte Opfer. Wahrscheinlich war es die schlimmste Schlacht in der Geschichte des kleinen Stammes der Crao. Ihre Tapferkeit nutzte ihnen nichts. Sie hatten ihr Leben mit Tanzen und Klotzrennen verbracht, statt an die Verteidigung ihres Dorfes zu denken. Sie waren friedliebend gewesen und hatten sich in ein Gebiet zurückgezogen, wo sie in Ruhe leben und ihre Tanzfeste feiern wollten. Was nützte ihnen ihre sportliche Kraft, wenn sie vom Kriegführen nichts verstanden? Statt mit List den Feind anzugehen, stellten sie sich ihm in ihrer stattlichen Größe, und sie fielen, ohne zu klagen. Ihr Sterben war heldenhaft, jedoch ohne Sinn.

Nein, die Crao waren keine Krieger. Wer nicht getötet worden war, floh im Schutze der Felsen und Büsche. Sie dachten nicht daran, den Kampf aufzugeben, doch wollten sie sich beraten. Um die Frauen und Kinder nicht zu gefährden, entfernten sie sich in entgegengesetzter Richtung und in den offenen Sertão hinein. Dort sammelten sie sich und stellten mit Schrecken fest, daß fast die Hälfte gefallen war.

Es wäre Selbstmord gewesen, den Kampf noch einmal aufzunehmen. Aber da sahen sie, daß ihnen die Reiter folgten. Mit knapper Not erreichten sie den kleinen Wald. Hier fanden sie Deckung, denn wo es für sie unzählige Versteckmöglichkeiten gab, nutzten sie sie und waren wie vom Erdboden verschwunden. Sie hockten auf Bäumen, in hohlen Stämmen, verständigten sich kreischend wie die Affen und schossen mit tödlicher Sicherheit. Als der erste Reiter von einem Pfeil durchbohrt vom Pferde sank, war der Kampf bereits für die Crao entschieden. Die Feinde zogen sich zurück.

Allem Anschein nach begnügten sich die Siedler mit dem Erfolg ihres ersten Angriffs, denn bevor die Dunkelheit einbrach, verließen sie das Gebiet. Ihre Verluste waren gering.

Die Crao eilten indessen zum Kampfplatz zurück und halfen den Verwundeten. Sie hatten alle Hände voll zu tun, zumal sie die Toten an Ort und Stelle bestatten mußten.

Giljo kam mit zwei Jungen und den drei Freundinnen vom Wald herüber, um Erkundigungen einzuholen. Jedermann glaubte, der Krieg sei vorbei.

Floriano Quitando und Octavio Tito kehrten jedoch am frühen Morgen mit der Reiterschar um. Sie hatten zwei Tote zu beklagen und wollten sie begraben. Natürlich rechneten sie mit einer erneuten Auseinandersetzung, doch glaubten sie, ohne die zu Fuß gehenden Männer auszukommen.

Da kam es noch einmal zu einem kurzen Gefecht. Diesmal traf es auch Frauen und Kinder, denn bei Tagesanbruch hatten sie den Wald verlassen, um den Männern zu helfen.

Das Ende war schrecklich. Der Große Hirsch zählte die Toten. Er knüpfte Knoten in eine Baumwollschnur.

Der Indianerschutzdienst gab später bekannt, die Crao hätten in diesen Kämpfen fünfundsiebzig Menschen verloren.

Bereits am Tag nach dem Überfall und später im Dorf gab es ein lautes Klagen. Trauer zog in jede Hütte ein. Acré rief nicht mehr zu Tanz und Sport, denn auch er gehörte zu den Toten. Der Stammesälteste lief gramgebeugt umher, schwach wie noch nie, aber haßerfüllt wie jeder andere.

Der Häuptling und alle übrigen sannen auf Rache. Sie wollten diesen heimtückischen Überfall nicht ungesühnt hinnehmen. Boten waren zum Nachbardorf gelaufen und hatten die schreckliche Kunde den dortigen Stammesleuten überbracht, und von dort war der Häuptling sofort aufgebrochen, um den Postenführer des SPI zu benachrichtigen.

Im Großen Lied war es still geworden. Der Häuptling traf sich mit seinen Männern in der Platzmitte, ohne daß es zu einer besonderen Beratung gekommen wäre. Keiner fand den Mut, zu einer Vergeltungsschlacht aufzurufen. Ohne die Hilfe des Nachbardorfes war eine Gegenmaßnahme so gut wie ausgeschlossen.

Nachdem die Crao feststellen mußten, daß die Siedler auch nachts schießen konnten, waren sie mutlos geworden. Sie kannten nicht die begrenzten Möglichkeiten eines Fernglases und hielten die Weißen mehr oder weniger für Zauberer. Deswegen wagten sie es nicht mehr, die Siedlung nachts zu überfallen. Vielleicht würden sie es noch einmal mit Brandpfeilen versuchen.

Inzwischen liefen Hrenkis Vater und der junge Mann Ganaz suchend durch den Sertão, weil Hrenki spurlos verschwunden war. Die drei Freundinnen hatten am Abend nach dem ersten Kampf mit Giljo und anderen Knaben den Kampfplatz aufgesucht, waren dort über Nacht geblieben und wollten am Morgen zum Schwarzwasser zurückgehen. Da kamen ihnen die Frauen und Kinder entgegen, weil alle glaubten, die Gefahr sei nun vorüber. Ara wußte zu berichten, daß Hrenki auf einen Baum geklettert wäre, wo sie Früchte gepflückt hätte. Danach hatte niemand das Mädchen gesehen. Unter den Toten befand es sich nicht, und Hrenki kannte sich zu gut in der Gegend aus, um sich im Sertão zu verlaufen.

Tagelang suchten ihr Vater und Ganaz das ganze Gebiet nach ihr oder einer auffallenden Spur ab. Nichts war zu sehen — und Hrenki blieb verschollen.

Der General

Im Ministério da Agricultura in Rio de Janeiro herrschte eine gedrückte Stimmung. Der Indianerschutzdienst unterstand diesem Ministerium für Landwirtschaft, dessen Aufgabenbereich sich weit ins Interior erstreckte und die indianischen Gebiete erfaßte.

Der Minister hatte eine außerordentliche Sitzung einberufen, und alle zuständigen Herren waren erschienen. Worum es ging, wußte keiner, doch konnten sie sich denken, daß die letzten Vorfälle im Gebiet der Craoindianer besprochen werden sollten. Die Presse hatte darüber berichtet und je nach Ansicht der Redaktionen den Fall entweder kurz erwähnt oder mit großen Schlagzeilen herausgebracht.

Daß General Rondon sprechen sollte, war allen im

Ministerium bekannt, und wenn dieser alte Herr das Wort ergriff, ging es jedesmal um Indianer und deren Rechte.

Viele dieser Herren, die jetzt zusammenkamen, hatten ihr Lebtag noch keinen Indianer gesehen. Selbst diejenigen nicht, die dem Serviço de Proteção aos Indios, dem Indianerschutzdienst, angehörten. Demgegenüber stand die Tatsache, daß einige von ihnen Ländereien besaßen, in denen Indianer lebten. Die Herren kannten jedoch weder ihr Land noch die Indianer. Was sie mit diesem Stück Sertão anfangen sollten, wußten sie im Augenblick selber nicht.

Die am grünen Tisch in Rio getätigten Landkäufe fielen unter die Losung: Erschließung des Interiors. Wer Gebiete im Landesinneren kaufte, diente angeblich dem Staat und galt als patriotisch. Das war jedenfalls eine gutklingende, wenn auch simple Erklärung für viele, die das Wort ›Bodenspekulation‹ nicht hören wollten.

Der Anbau von Kaffee, Kakao, Zuckerrohr, Tabak, Orangen, Bananen und anderen Früchten brachte ein Vermögen ein. Die Plantagen mußten vergrößert werden, und das war nur möglich durch Erschließung und Urbarmachung des Interiors.

Nun kam dieser alte General Rondon und wollte eine Grenze ziehen, die eine Ansiedlung der Plantagen unmöglich machen sollte. Darüber hinaus verlangte er, daß sämtliche Landkäufe, die Indianergebiet berührten, rückgängig gemacht wurden.

Diese Forderung stellte er seit langem, doch wurde sie immer wieder abgelehnt. Die Herren wollten gern im SPI mitwirken, jedoch keine Opfer dafür bringen. Schutz der Indianer in Ehren, aber nicht auf ihre Kosten. Ihre Mildtätigkeit kannte Grenzen und vertrug sich gut mit ihrer Neigung zur Bodenspekulation.

General Rondon kam aus einfachen Verhältnissen. Seine Mutter war eine Indianerin gewesen. Klein hatte er angefangen, groß stand er jetzt da. Als Offizier wäre er ein Unbekannter geblieben, und nur seine Soldaten hätten sich nach ihm richten müssen. Aber er gründete den Indianerschutzdienst, obwohl viele einflußreiche Persönlichkeiten dies zu verhindern suchten. Selbst bei vielen Mitgliedern der Regierung stieß er auf offenen Widerstand.

Rondon kämpfte auf allerhöchster Regierungsebene für seine Indianer. Er pochte auf Rechte, die in keiner Gesetzgebung zu finden waren, so daß er manchmal wie gegen Windmühlenflügel zu kämpfen schien. Aber er ließ sich nicht unterkriegen. Sein Werk gedieh trotz vieler Anfeindungen. Der Indianerschutzdienst stand nicht nur auf dem Papier, sondern festigte sich durch die Posten, die in immer mehr Indianergebieten errichtet wurden.

Aber auch die Indianer wollten diesen Schutzdienst nicht und erschlugen die Leute von den Stationen. Sie ahnten nicht, daß sie die besten Vertreter ihrer Rechte umbrachten. So hatte der SPI große Verluste und mußte die Gefallenen oft durch neue Leute ersetzen.

Für Rondon war dieser Zustand schwierig, weil er einerseits gegen machtvolle Männer in Rio und andererseits auch gegen die Indianer kämpfen mußte. Aber er ließ nicht locker und überzeugte mehr und mehr die Leute beider Fronten.

Der SPI wurde zu einem festen Gebilde des brasilianischen Staates. Bald war es nicht mehr ratsam, seine Stimme gegen ihn zu erheben. Rondon wußte, daß er

Macht hatte, und trat dementsprechend auf. Die Gewißheit, einer guten Sache zu dienen, machte ihn außergewöhnlich willensstark.

Deshalb war einigen Herren nicht ganz wohl, als sie zu der einberufenen Sitzung ins Ministerium kamen. General Rondon war bereits anwesend. Trotz seines hohen Alters sah er energisch und kämpferisch aus. Freundlich wie immer, unterhielt er sich mit allen, die er begrüßte, doch eilten seine Gedanken voraus, weil er heute für die Crao einen gewaltigen Sieg erringen wollte.

Seine einleitenden Worte brachten für die Zuhörer nichts Neues. Die Indianer seien Menschen wie sie alle, behauptete er, und er wiederholte diesen Satz in jeder Rede, als wollte er den Widerspruch einiger Männer herausfordern; denn viele glaubten, daß die Rothäute keine Menschen seien wie sie.

Der General hielt sich nicht bei seiner Vorrede auf, sondern steuerte unverzüglich auf sein heutiges Ziel los. Mit großer Genauigkeit schilderte er die Vorkommnisse im Gebiet des Rio Tocantins.

»Was ich verlange«, sprach er, »ist der Abzug sämtlicher Siedler aus diesem Distrikt. Sie sehen auf der an der Wand hängenden Landkarte das betreffende Stück Land rot umrandet. Es sind zweiundfünfzigtausend Alqueire. Für die Crao ist dieses Gebiet groß genug, wenn sie allein darin leben und kein anderer ihnen das Wild vor der Nase wegschießt. Ich habe es genau errechnet, kenne das Land und auch die Crao. Leider verringert sich ihr Stamm auch ohne Zutun der Siedler, und wenn wir nicht sofort eingreifen, stirbt er aus wie viele andere. Darauf scheinen gewisse Leute nur zu warten. Sie werden gegen unseren Beschluß Sturm laufen, denn eine Ausweisung sämtlicher Siedler ist gleichbedeutend mit einer Annullierung jener Landeserwerbungen, die dieses Gebiet betreffen. Sofortige Maßnahmen sind erforderlich, weil neue Kämpfe aufflackern könnten.

Meine Herren, der SPI tritt nicht nur für die Rechte der Indianer ein, sondern wird auch eine geordnete Besiedlung des Landesinneren in jeder Weise unterstützen und den Siedlern helfen, so gut er kann. Er wird nach Möglichkeit indianische Überfälle verhindern, doch habe ich festgestellt, daß Indianer nur dann angreifen, wenn sie sich bedroht fühlen. Gewiß, meine Herren, gibt es auch Verluste in unseren eigenen Reihen. Trotz dieser Verluste konnten wir die meisten Stämme von der Zweckmäßigkeit unserer Posten überzeugen und verkehren mit ihnen in gutem Einvernehmen. Wo dies noch nicht der Fall ist, werden wir unsere Bemühungen fortsetzen.

Heute geht es um die Crao. Ein andermal werden andere Stämme und deren Gebiete zur Diskussion stehen. Daß der SPI auf Grund des letzten Massenmordes zum Ankläger geworden ist, brauche ich nur nebenbei zu erwähnen. Die polizeilichen Ermittlungen sind im Gange, denn die Täter müssen so schwer bestraft werden, daß anderen Siedlern die Lust an einem derartigen Abenteuer vergeht.«

General Rondon legte eine Pause ein, um den anwesenden Herren die Gelegenheit zu einer Aussprache zu geben. Inzwischen blätterte er in einem Stoß Akten. Viele besahen sich mittlerweile die an der Wand hängende Landkarte. Danach setzte der General seinen Vortrag fort. Seine weiteren Ausführungen glichen einem Rechenschaftsbericht, der mit dem Überfall auf die Crao in keinem Zusammenhang stand.

Er beschrieb den Rückzug der Indianer aus wildreichen Gegenden in ihre jetzigen Gebiete, und er verstand es, sie als warmherzige Menschen und unerschrockene Kämpfer zu schildern.

In Brasilien hatte es schon immer Bürger gegeben, die auf einen Schuß Indianerblut in den Adern stolz waren und die nachzuweisen versuchten, daß dieser oder jener ihrer Vorfahren der Häuptling eines berühmten Stammes war. Obwohl eine Nachforschung in den meisten Fällen zu keinem Erfolg geführt hätte, konnte General Rondon den Stolz dieser Leute gut gebrauchen. Dadurch gewannen die Indianer an Ansehen.

Auch General Rondon selbst verhehlte nie seine indianische Abstammung. Nachdem er in seiner militärischen Laufbahn einen so hohen Rang erklommen hatte, wagte kein Mensch, ihm seine Herkunft vorzuwerfen. Hochbetagt, weit über achtzig, wurde er später sogar zum Marschall ernannt.

Es war schwer, gegen diesen Mann anzukommen. Er überzeugte durch seine Taten. In den Ministerien wurde viel geredet, aber nicht immer viel getan. Wenn Rondon etwas vortrug, pflegte er hinterher zu handeln. Manchmal vertauschte er die Reihenfolge und machte es umgekehrt. Dann stellte er die Herren der Regierung vor vollendete Tatsachen.

Nicht jeder, der ihm die Hand reichte, teilte aber seine Meinung. Die Rückgabe von Ländereien an die Indianer schaffte ihm gefährliche ›Freunde‹. Hätte er sich in irgendeiner Weise etwas zuschulden kommen lassen, wäre er im nächsten Augenblick gestürzt worden. Rondon blieb jedoch zeitlebens sich und seiner Sache treu, er blieb Vater des SPI, der Freund aller Indianer.

Wenn der General nicht mit einer Liste von über fünfundsiebzig Toten ins Ministerium gekommen wäre, hätte er sich nicht so schnell durchsetzen können. Im allgemeinen wurden seine Vorschläge besprochen und die Beratung vertagt. Diesmal hielt er alle Trümpfe in der Hand. Wer jetzt noch zögerte, verstieß gegen die Menschlichkeit.

Nach seiner langen Rede wurde der Beschluß gefaßt, den Crao ein Gebiet von 52 000 Alqueire zur alleinigen Benutzung zu bewilligen. Rondon meinte jedoch, daß diese Zusage aussähe wie ein Geschenk und die Anerkennung der Rechte der Crao immer noch ausstände.

Trotzdem hätte der SPI über diesen Erfolg triumphieren können, wenn der Weg vom Beschluß bis zu seiner Durchführung nicht so zeitraubend gewesen wäre. Gesetze haben nur dort Gültigkeit, wo das Recht durch Stempel, Uniformen und Gitter geschützt wird. In der Wildnis aber gilt ein Gewehr mehr als ein abgestempeltes Schreiben, das sowieso kaum einer lesen kann. Wer als Hüter der Ordnung einen Fehler begeht, sieht seine Amtsstube nicht wieder.

General Rondon ließ sich durch seinen großartigen Erfolg nicht täuschen. Er wußte genau, was ihm und seinen Leuten vom SPI bevorstand. Der SPI hatte von jeher versucht, eine Ansiedlung in der Nähe von Indianern zu verhindern, doch war sie nie ausdrücklich verboten worden. Jetzt änderte sich die Lage. Rondon trat mit einer gesetzlichen Verfügung auf und würde für Ordnung sorgen.

Mit Windeseile verbreitete sich die Neuigkeit vom Erfolg des SPI. Noch bevor die amtliche Mitteilung in die Hände der in Frage kommenden Behörden gelangte, verkündete der Rundfunk diese Meldung in alle Landesteile. Außerdem verlangte die fortschrittliche Presse eine Bestrafung der rebellischen Siedler.

Niemals zuvor hatte eine Schießerei mit Indianern derartige Wellen geschlagen wie diesmal der Fall mit den Crao. Die Siedler vom Roten Fluß waren genauso überrascht wie die zuständige Polizeibehörde.

Nur Floriano Quitando hatte alles vorausgesehen und das Feld geräumt. Vierundzwanzig Stunden vor seiner Flucht hätte er jeden ausgelacht, der diese Möglichkeit erwogen hätte. Ganz plötzlich hatte er die neue Lage erkannt.

Bevor sich die Kunde von dem grauenhaften Kampf herumgesprochen hatte, erschien er mit einer Herde von zweihundert Kühen in einem kleinen Dorf, wo er sie zum Verkauf anbot. Da er gute Rinder besaß, wurde er sie rasch los. Danach ritt er zum Rio Tocantins, kaufte von einem Händler, der sich dort niedergelassen hatte, einen großen Einbaum mit Außenbordmotor, veräußerte sein Pferd, setzte sich in das Boot und fuhr stromaufwärts.

»Ich werde weiter oben mein Glück versuchen«, sagte er zu dem Händler, obwohl sein Plan ein ganz anderer war.

Er hielt tatsächlich gegen den Strom, jedoch nur eine Légua, eine Wegstunde, denn dort erwarteten ihn Dalmo und Déa. Sie hatten ebenfalls ihre Pferde verkauft und führten eine Menge Gepäck mit sich; außerdem das Indianermädchen Hrenki.

Als Hrenki am Morgen nach dem Kampf auf dem Baume saß, pflückte sie grüne, nach Äpfeln schmekkende Früchte, die wenig Fleisch und einen großen, harten Kern besaßen. Sie achtete nicht darauf, daß die anderen inzwischen weitergegangen waren.

Noch während sie vom Baum glitt, erblickte sie eine Anzahl Reiter, die im gestreckten Galopp in jene Gegend eilten, wo der Kampf stattgefunden hatte. Hrenki erschrak und wollte sich verstecken, doch waren die Reiter schneller. Ohne sie zu beachten, jagten sie an ihr vorbei.

Einer zügelte jedoch sein Pferd und rief sie zu sich. Vielleicht tat er ihr nichts, wenn sie ihm ihr Obst gab? Hrenki war nicht kleinlich, denn auf dem Baum hing noch mehr. Ängstlich ging sie zu ihm und reichte ihm das Körbchen.

Er lachte, legte die Schlinge seines Lassos zurecht und warf sie über Hrenki. Es geschah so unerwartet, daß sie sich nicht wehren konnte. Die Oberarme wurden ihr mit einem unsanften Ruck an den Körper gepreßt. Im nächsten Augenblick fühlte sie sich hochgehoben.

Floriano Quitando lachte noch einmal laut auf, bevor er seinem Pferd die Sporen gab und nach Osten sprengte.

Was Floriano mit diesem Raub bezweckte, wußte er wohl selber nicht. Zu Déa sagte er, daß sie nunmehr die Hilfskraft besäße, die sie sich immer wünschte. Wahrscheinlich aber war dies nicht der wahre Grund, weshalb er Hrenki geraubt hatte.

Déa entsetzte sich über die Schandtat ihres Vaters. Im stillen beschloß sie, dem Mädchen bei erster Gelegenheit die Freiheit zurückzugeben. Jetzt war jedoch noch nicht daran zu denken. Wenn Hrenki floh und von Floriano eingeholt wurde, war ihr Leben nichts mehr wert. Außerdem ließ er es nicht zu einer Flucht kommen. Dalmo sollte die Herde sammeln und in den Pferch treiben, während Déa alles einpacken mußte, was einigermaßen wertvoll war.

»Wir reisen«, erklärte er in seiner knappen Art. »Das Vieh wird verkauft. In einer besseren Gegend fangen wir wieder an.« Mehr hatte er nicht zu sagen.

Hrenki benahm sich wie ein Stück Wild, das plötzlich in Gefangenschaft geraten ist, traurig herumsitzt und jegliche Nahrung verweigert. Von dem, was gesprochen wurde, verstand sie kein Wort.

In unbeobachteten Augenblicken ging Déa zu ihr, strich ihr zärtlich übers Haar und flüsterte ihr freundliche Worte ins Ohr. Hrenki fühlte, daß sie in der jungen Frau eine Freundin finden würde, aber die Männer verfolgte sie mit haßerfüllten Blicken.

Hrenki haßte, denn sie mußte an die vielen Toten ihres Stammes denken, die dort drüben bei den Felsen lagen. Sie wußte zwar nicht, daß Floriano Quitando der Anführer bei diesem Überfall gewesen war, doch traute sie ihm nicht über den Weg. Er war in ihren Augen schlimmer als ein böser Geist. Allein wäre sie nicht bei ihm geblieben. Viel lieber hätte sie den Tod gesucht. Solange Déa in ihrer Nähe blieb, fühlte sie sich einigermaßen sicher.

Déa, die größer war als Hrenki, kürzte eins ihrer Kleider, damit Hrenki nicht nackt herumlaufen mußte.

In der Nacht schliefen die Mädchen nebeneinander.

Déa legte ihren Arm um die India, damit sie nicht auf den Gedanken kam, in der Dunkelheit davonzulaufen. Hrenki konnte nicht schlafen, weil draußen im Pferch die Kühe brummten und ihre Gedanken immer wieder zurückeilten zu den Lebenden und Toten ihres Stammes.

Diese Nacht wollte kein Ende nehmen, und als der Morgen graute, rief Floriano zum Aufbruch. Hastig wurden die Pferde gesattelt. Zwei Esel bekamen den Hausrat aufgebürdet. Im Schein der ersten Morgensonne setzte sich der Zug in Bewegung. Déa ritt mit Hrenki auf einem Pferd. Mit jedem Schritt entfernte sich die junge Indianerin mehr und mehr vom Großen Lied. Am liebsten hätte sie geweint, doch sprach die Frau beruhigend auf sie ein. Hrenki verlor ihre Angst, denn der Klang dieser Stimme flößte ihr Vertrauen ein.

Nach zweitägigem Ritt trennte sich Floriano Quitando von den anderen. Er entfernte sich mit der Herde, während Dalmo, Déa und Hrenki dem Tocantins zustrebten. Dort brauchten sie nicht lange auf den Vater zu warten. Floriano kam mit dem Einbaum angefahren und errichtete mit Dalmo über dem Boot ein Verdeck, obwohl seit zwei Tagen die Sonne schien und kein Wölkchen am Himmel stand.

In dunkler Nacht fuhren sie stromab. Hrenki lag mit Déa vorn im Boot auf einem Stapel Hängematten und Decken. In der Mitte des Einbaumes befand sich der Hausrat, und im Heck saßen die Männer.

Déa drückte Hrenki an sich, tippte mit dem Finger auf die eigene Brust und nannte ihren Namen. Dreimal sagte sie ihn langsam vor. Dann wollte sie Hrenkis Namen erfahren, und die Indianerin sprach ihn so leise aus, daß er kaum zu hören war, zumal der Motor laut dröhnte.

Plötzlich fielen Hrenki einige Worte ein, die sie mit Nuno ausgetauscht hatte. Zu Déas Überraschung brachte sie etwas mühsam in portugiesischer Sprache heraus: »Ich bin klein.«

»Ich bin groß«, erwiderte Déa, indem sie durch eine Armbewegung ihre Größe angab.

Sie lachten beide, und Hrenki vergaß ihren Kummer. Erstaunlich rasch lernte sie von nun an Portugiesisch. Unaufhörlich reihte sie Wort an Wort. So verliefen die ersten beiden Tage auf dem Rio Tocantins ohne Zwischenfall.

»Wohin?« wollte Hrenki gerne wissen.

Déa wußte es auch nicht.

Floriano Quitando hütete sich vor Begegnungen und fuhr in großer Entfernung an einzelnen Häusern oder kleinen Ortschaften vorbei. Das Verdeck schützte ihn davor, erkannt zu werden, und wer würde ihn auch um diese Jahreszeit in einem Einbaum auf dem Hochwasser führenden Tocantins vermuten?

Floriano kannte sich überall gut aus. An den Abenden fand er jedesmal rechtzeitig eine leerstehende Hütte, wo er mit seinen Leuten die Nacht verbringen konnte.

Nach drei Tagen erreichten sie die Stelle, wo der Rio Araguaya mit dem Rio Tocantins zusammenfließt. Dort wendete das Boot und kämpfte gegen die Strömung des Araguaya an. Floriano gedachte diesen Fluß hinaufzufahren, doch verriet er nicht, wohin die Reise ging.

Dalmo mußte bei einem Händler, der angeblich neu zugezogen war, Benzin einkaufen, während der Vater im Einbaum sitzen blieb.

Mit den Mädchen unterhielt sich Floriano kaum.

Seine Einsilbigkeit war fast beängstigend. Merkwürdigerweise rasierte er sich nicht mehr, und Dalmo riet er zu einem Bärtchen auf der Oberlippe.

Déa ahnte, daß die Polizei hinter ihnen her war und daß ihr Vater beabsichtigte, unerkannt aus dem Staat Goiãs zu entkommen und entweder in den angrenzenden Staat Pará oder in den Mato Grosso zu fliehen.

Auf dem riesenhaften Araguaya kamen sie nur langsam voran. Der Fluß war über seine Ufer getreten und überschwemmte weithin das Land. Nur auf höher gelegenen Stellen gab es hier und dort einzelne Anwesen; mitunter erblickten sie den ganzen Tag keinen Menschen.

Um diese Jahreszeit befuhren wenig Boote den Rio Araguaya, denn die wenigen Ansiedler konnten sich keinen Motor leisten, während die Händler auf den niedrigen Wasserstand warteten, um dann von den Siedlern und Indianern Kaiman- und Wildschweinhäute aufzukaufen. Hrenki fand sich schneller, als Déa hoffen konnte, mit ihrem Schicksal ab. Die wechselnde Landschaft sowie die Bootsfahrt selbst hielten sie in Spannung. Bevor die anderen etwas Auffallendes bemerkten, hatte sie längst vielerlei Tiere entdeckt. Tapire scheuten sich nicht, in das brodelnde Wasser zu gehen und den breiten Fluß zu durchqueren. Die plumpen Wasserschweine, die Capivari genannt wurden, rumorten im versumpften Dickicht. Selbst die kleinen flinken und angriffslustigen Pekari blieben an den offenen Uferstellen, bis sie beim Näherkommen des Fahrzeuges in wilder Flucht dem Walde zustrebten.

Von den Wasservögeln gab es Löffel-, Silber- und weiße Reiher, Schwarzhalsstörche, Enten, Kormorane und viele andere Arten. Scharenweise saßen die Haubenvögel in den Uferbüschen, während Blaukrähen und Hokkos die höheren Bäume bevölkerten. Oft flogen blau-gelbe Araras über den Fluß hinweg. Grüne Papageien traten in Scharen auf.

Hrenki machte Déa auf alle diese Tiere aufmerksam. Sie wunderte sich, daß die Männer nicht jagen wollten. Ein Indianer hätte ohne Zweifel den meisten Tieren nachgestellt und wäre dadurch mit seinem Einbaum nur langsam vorwärtsgekommen.

»Wir brauchen nicht zu jagen«, meinte Déa, indem sie auf prallgefüllte Säcke klopfte, in denen sich genügend Lebensmittel befanden.

Es gab Reis, Mais, schwarze Bohnen, Farinha, den grobkörnig getrockneten Maniok, auch Kaffee, Zucker, Salz, Gewürze, Käse, sehr feste Marmelade in runden Schachteln, ebenso Konserven, Rollentabak und Zigaretten.

Floriano Quitando war kein armer Mann. Durch Sparsamkeit und Fleiß war es ihm gelungen, die Armut zu überwinden. Jetzt besaß er Lebensmittel für ein ganzes Jahr. Wahrscheinlich beabsichtigte er, in einer einsamen Gegend unterzutauchen. Seinem Schicksal zum Trotz fing er an, ein fast üppiges Leben zu führen. Déa hatte ihr Leben lang nicht soviel Nahrungsmittel auf einmal gesehen wie jetzt in dem Einbaum. Wenn sie an Land gingen, um an einem Feuer ihr Mahl zu bereiten, brauchte sie nur in die prallen Säcke zu greifen. Dabei fühlte sie sich ins Schlaraffenland versetzt, von dem ihr vor sehr langer Zeit die Lehrerin erzählt hatte.

Als Déa noch klein war, hatte sie zwei Jahre lang eine Internatsschule besuchen dürfen. Sie dachte gern an diese Zeit zurück. Dalmo konnte vier Jahre lang zur Schule gehen. Eine längere Ausbildung vermochte Floriano seinen Kindern nicht mit auf den Lebensweg zu geben. Die meisten Caboclokinder mußten sogar ohne Schulbildung auskommen, aber im Sertão fragte sowieso niemand nach dem großen Einmaleins.

Aus purem Zeitvertreib fing Déa während der Bootsreise an, auf ein Stück Papier Buchstaben, Namen und Zahlen zu schreiben. Hrenki sollte es ebenfalls versuchen. Und Hrenki zog kritzelnd die Linien nach, ohne deren Sinn zu begreifen.

Floriano Quitando nutzte die Schönwetterperiode gründlich aus und fuhr zwei Tage und zwei Nächte. Danach wurde Hrenki am frühen Morgen aus tiefem Schlaf geweckt. Das Boot lag am Ufer einer stillen Bucht. Von dem gewaltigen Araguaya war nichts mehr zu sehen. Floriano war einen Nebenfluß hinaufgefahren, wo er bereits vor mehreren Jahren diesen günstigen Platz entdeckt hatte. Hier lag das Land sehr hoch über dem Wasserspiegel, so daß es in der Regenzeit nicht überflutet werden konnte.

Während die Männer auf der Anhöhe anfingen, mehrere kleine Bäume zu fällen, zog Déa ihr Kleid aus und tauchte im Wasser unter.

»Was ist los?« fragte Hrenki verwundert.

»Wir sind angekommen«, erwiderte die Freundin, indem sie das Wasser aus den Haaren schüttelte. Hrenki hielt es für das beste, ebenfalls ein Bad zu nehmen.

Die neue Heimat

Auf der höchsten Erhebung am Rande der Bucht wurde ein Haus errichtet. Dalmo nannte diesen Platz Corcunda, ›Buckel‹. Hrenki machte sich nützlich, kletterte gewohnheitsgemäß auf die Palmen und schlug mit einem Buschmesser die Wedel für den Dachbelag ab. Selbst beim Flechten der Hauswände und beim Befestigen der Wedel auf dem Dach zeigte sie sich geschickter als die anderen. Sie wendete ihre indianische Bauweise an, obwohl sie daheim niemals beim Bauen geholfen hatte, denn diese Arbeit war den Männern überlassen.

Ihr Verhältnis zu Floriano und Dalmo blieb weiterhin feindlich kühl. Um so inniger schloß sie sich Déa an, der sie nur selten von der Seite wich. Sie lernten beide voneinander, denn Déa kannte sich in vielen Dingen nicht so aus wie Hrenki. Vor allem fand die junge India mit feinem Spürsinn Wildfrüchte und Honig. Nur als sie eines Tages eine ganze Schale voll dikker, fast weißer Larven mitbrachte, erregte sie bei den anderen Ekel und Entsetzen. Hrenki betrachtete diese Larven als besondere Leckerbissen und wunderte sich über die Abneigung der anderen.

Sie wunderte sich über vieles, denn sie war in eine ihr völlig fremde Lebensweise geraten, in der kaum etwas an ihr indianisches Leben erinnerte. Sie versuchte, sich den neuen Verhältnissen anzupassen, lernte geduldig die fremde Sprache und zeigte nie, daß sie sich nach ihrer Heimat sehnte. Schweigend ertrug sie die Nähe der Männer, die sie im Grunde ihres Herzens haßte.

Oft ging sie zur Bucht hinaus an das schmale Flüßchen, wo sie auf einer Sandbank Schildkröten nachstellte oder die Fährten der Tapire und Capivari betrachtete. Dort badete sie auch, weil sie das stille Wasser der Bucht fürchtete und die von einer Steilwand schräg abfallende Sandbank für sicherer hielt. Déa nannte ihre kleine Freundin ein ängstliches Äffchen, aber Dalmo schoß eines Tages unterhalb des Hauses ein altes Krokodil, und nun wußten sie, daß Hrenkis Furcht berechtigt war.

»Wo wohnen die nächsten Menschen?« fragte Déa ihren Vater, denn Dalmo wußte ebenso wenig wie sie.

»Ein Stück den Seitenfluß hinauf«, antwortete er. »Es sind Cherenti oder Tapirapé.«

»Sie sind ansässig?«

»Wahrscheinlich bereits dort geboren.«

Hrenki horchte auf. Die Tapirapé kannte sie als ein kriegerisches Volk, das oft mit den Crao zusammengeraten war. Im Tanz der Besiegten feierten die Crao heute noch ihren Sieg über diese Indianer. Die Cherenti dagegen galten als friedfertige Menschen.

»Können wir diese Leute besuchen?« fragte Hrenki.

Déa wußte es nicht.

»Uns kann nichts passieren«, fuhr Hrenki fort. »Wir schleichen uns an und beobachten sie, bis wir festgestellt haben, wer sie sind.«

»Glaubst du, daß ich mich so lautlos bewegen könnte wie du?« gab Déa belustigt zurück.

»Warum denn nicht? Wenn du es nicht kannst, bringe ich es dir bei.«

»Vielleicht bemalst du mich auch, damit aus mir eine Indianerin wird.«

»Ja, wollen wir uns bemalen?« rief Hrenki begeistert. »Wenn du willst, verwandle ich dich in eine Schlange.«

»Hast du nichts Besseres für mich?«

»Gut, ich male dir die Zeichen der Londra auf. Ara trug sie immer. Ich habe sie ihr oft aufgetragen.«

»Wer ist Ara?« wollte Déa wissen.

»Eine Crale wie ich; ein Mädchen, mit dem wir, nämlich Tucra und ich, zusammen waren.«

»Und wer ist Tucra?«

»Auch eine Crale.«

»Sag mal, Hrenki, hattest du einen Schatz? Einen richtigen Amigo?«

»Was ist das?«

»Ein Mann, den man gern hat.«

»Nein, ich nicht«, erwiderte Hrenki treuherzig, »aber Ganaz wollte mich zur Frau nehmen.«

»Dazu bist du noch viel zu jung«, entschied Déa. »Übrigens wartet er bestimmt auf dich. Wenn du zurückkommst, wirst du ihn heiraten.«

»Wann kehre ich zurück, Déa?«

»Jetzt noch nicht. Bleib noch eine Zeitlang bei mir. Ich schwöre bei der Mutter Gottes, daß ich dich zurückbringen werde!«

Die Zeit verstrich, Wochen und Monate vergingen; aus Hrenki wurde ein hübsches Siedlermädchen. Ihr blauschwarzes Haar, das Déa von Zeit zu Zeit schnitt, verriet noch die Indianerin, aber ansonsten benahm sie sich fast wie ihre große Freundin, die ihr in jeder Hinsicht Vorbild war.

Selten kamen vorüberfahrende Caboclos in die Baia, wie die Bucht auf portugiesisch genannt wurde, und nach Corcunda. Wer in diesem einsamen Winkel auftauchte, befand sich auf der Suche nach dem bis zu drei

Meter lang werdenden Fisch Pirarucú, der sich gern in diesen stillen Gewässern aufhielt. Wenn die Fischer das Haus erblickten, ließen sie vom Fang ab und besuchten in landesüblicher Weise die neuen Siedler.

Floriano Quitando, der einen Vollbart trug, nannte sich Abel Americo, und seinen Sohn stellte er vor als Elio. Die Mädchen spielten dabei keine Rolle, denn sie wurden von den fremden Männern kaum beachtet. Wer Hrenkis indianische Abstammung erkannte, der behielt es für sich, weil das keinen etwas anging.

Eines Tages erschien ein schmaler Einbaum in der Baia, der von einem alten und einem jüngeren Mann gepaddelt wurde. Auch sie besuchten die Leute von Corcunda und blieben mehrere Tage. Und da geschah es, daß sich der junge Caboclo in Déa verliebte. Das war nicht verwunderlich, weil sie schön aussah und ein Kleid trug, das ihr stand. Déa versuchte, so gut es unter den Bedingungen des Dschungellebens möglich war, immer hübsch auszusehen. Als Vorlage für ihre wenigen Kleider, die sie selbst anfertigte, und für ihren Haarschnitt diente ihr ein Magazin, dessen abgenutzte Seiten verrieten, daß es schon mehrere Jahre alt war.

Natürlich freute sie sich über die stille, jedoch spürbare Werbung des jungen Mannes, der auf den Namen Humberto hörte. Der Alte hieß Dario Ramos. Den Leuten von Corcunda waren beide unbekannt.

»Er liebt dich«, sagte Hrenki, als sie mit Déa in die Küche gegangen war, um für die Besucher Cafesinho zu kochen.

Déa schüttelte unwillig den Kopf, doch schien sie sich zu freuen.

»Wann willst du zu ihm ziehen?« fuhr Hrenki fort.

»Wenn du mich allein läßt, springe ich zu den Krokodilen ins Wasser. Hörst du, Déa?«

»Ave Maria, sei still, Liebste, damit uns keiner hört«, flüsterte Déa aufgeregt. »Wir haben kaum ein Wort miteinander gesprochen. Vielleicht tut er nur so und mag mich gar nicht. Dich werde ich keinesfalls verlassen, Hrenki, oder ich nehme dich mit, ganz gleich wohin.«

»Dann ist es gut, und du kannst ihn nehmen«, erwiderte Hrenki beruhigt. »Soll ich ihm den Cafesinho bringen?«

»Nein, Amiga, das übernehme ich!«

Déas Hände zitterten ein wenig, als sie den Männern die zierlichen Tassen vorsetzte.

Nach geraumer Zeit trat Humberto vor das Haus, wo die beiden Mädchen auf einer Bank saßen und wilde Baumwolle spannen. Sie blickten kaum auf, als er zu ihnen trat. Um seine Befangenheit zu verbergen, zündete er sich eine Zigarette an. Dann gab er sich einen Ruck, beugte sich ein wenig herab und fragte, ob sie Schwestern wären.

»Ja, beinahe«, gab Déa zurück.

»Du hast schönes Haar wie eine Indianerin«, fuhr er, zu Hrenki gewandt, fort. In Wirklichkeit beschäftigten sich seine Gedanken mit der jungen Frau, deren Namen er noch immer nicht kannte.

»Ja, genau wie eine Indianerin«, versetzte Déa und mußte lachen.

»Warum nicht?« erwiderte er lebhaft. »Mein Urgroßvater soll ein Chavante gewesen sein. Ob etwas Wahres daran ist, weiß ich nicht. Jedenfalls sind mir diese Menschen sympathisch.«

»Danke«, sagte Déa, als wäre sie eine Indianerin.

Nun lachten sie alle drei, und Hrenki bekannte wichtig: »Ich bin eine Indianerin.«

Er lachte noch mehr und klopfte ihr väterlich auf die Schulter.

»Wir kommen selten hier vorbei«, sagte er plötzlich und sah jetzt Déa an. »Ist es erlaubt, häufiger zu erscheinen?«

«Ich wüßte nicht, wer etwas dagegen einzuwenden hätte«, gab diese zur Antwort.

»Zumal wir miteinander Geschäfte tätigen werden«, fuhr er fort.

»Was für Geschäfte?« erkundigte sie sich verwundert.

»Die beiden alten Herren verhandeln soeben über eine Anzahl Rinder. Wir können gut und gern einhundert abgeben, ebenso Pferde und Esel, wenn sie hier gebraucht werden.«

»Mein Vater wird sich freuen.«

Ein wenig später verließen die Gäste Corcunda. Dario Ramos bestieg ehrwürdig-steif das schmale Boot, während Humberto mit einem Sprung darin landete. Dann paddelten sie davon. Nur der Jüngere drehte sich noch einmal um. Die Mädchen standen auf der hohen Böschung und winkten ihm nach.

Einhundert Kühe zogen ein auf Corcunda. Humberto brachte außerdem zwei junge, feurige Pferde mit. Zwei Esel waren bereits vorher angekommen; ferner gab es einen Stier, dem man besser aus dem Wege ging.

Der gute Start verwandelte Floriano. Er wurde gesprächiger, gönnte sich zuweilen eine Rast und lächelte, wenn sie alle fleißig waren. Ab und zu verfiel er jedoch wieder in seine Unfreundlichkeit, so daß sich Hrenki weiterhin vor ihm fürchtete.

Je mehr sich die Trockenzeit in die Länge zog, desto weniger Wasser führten die Flüsse. Corcunda stand jetzt hoch über dem klaren Wasser der Baia. Drei Häuser erhoben sich vor der dunkelgrünen Kulisse des Waldes und zeugten von einem gewissen Wohlstand ihrer Besitzer.

Mit Indianern war in dieser Gegend nicht zu rechnen. Die benachbarten Familien der Cherenti lebten seit vielen Jahrzehnten ungestört in ihrem kleinen Dorf, wo sie sich mit Viehzucht, ein wenig Ackerbau, Fischfang und Jagd beschäftigten. Sie waren anspruchslos, nannten sich nicht mehr Indianer, bekannten sich zum Christentum und galten als zufriedene Menschen. Ihnen war es zu danken, daß es weit und breit keine Jaguare gab, so daß Menschen und Tiere unbehelligt durch den Sertão streifen konnten und lediglich auf die Schlangen achtgeben mußten.

Zur großen Plage wurden Moskitos, zu gewissen Zeiten winzige Kriebelmücken und kleine Fliegen, die in Ohren und Nase drangen. Ameisen und Termiten gab es ebenfalls reichlich, doch waren sie keine solch quälenden Geister wie die Vampire, die nachts in die Häuser kamen, um sich lautlos auf die Schläfer herabzusenken und das Blut aus unspürbaren, kaum sichtbaren Wunden zu saugen. Zum Glück liebten sie die Abwechslung, so daß sie sich nach häufigen Besuchen für längere Zeit nicht mehr sehen ließen.

An den Spektakel der Brüllaffen mußten sich die Bewohner von Corcunda allmählich gewöhnen. Diese großen Waldbewohner, die von den Siedlern nicht gejagt wurden, lärmten bei Sonnenaufgang und abends, bevor sie ihre Schlafbäume aufsuchten. Die silberhaarigen Wollaffen, die Kapuzineräffchen sowie die niedlichen Pinseläffchen benahmen sich wie Kobolde und kamen bis auf die Hausdächer von Corcunda.

Hrenki gelang es, ein wahrscheinlich mutterloses Wollaffenkind einzufangen und mit verdünnter Kuhmilch aufzuziehen. Das Tierchen war vom ersten Tag an zutraulich und wollte sich von Hrenki nicht mehr trennen. Nachts schlief es neben ihr in einer kleinen Hängematte. Auf Corcunda gab es auch noch zwei bunte Araras, mehrere Papageien, einen zahmen Tukan mit einem gebrochenen Flügel, und einen Hund, der mit allen Tieren in heftiger Fehde lag.

Fast alle gezähmten Affen werden in Brasilien Chico genannt. Auch der Wollaffe hörte auf diesen Namen, und Chico kümmerte sich nicht um die Wut des Hundes. Je wütender sich der Kläffer benahm, desto dreister wurde Chico. Blitzschnell sprang er von einem Dach oder Baum herab, kniff den Hund in den Schwanz und sauste davon.

Chico verbreitete jedoch nicht nur Frohsinn und Heiterkeit, sondern führte zuweilen böse Streiche aus. Als Dalmo von den benachbarten Cherenti ein Dutzend Junghühner mitbrachte, fing Chico ein Hühnchen nach dem anderen und rupfte ihm die Federn aus. Dalmo verdrosch ihn dermaßen, daß zwischen beiden von einer Freundschaft nichts mehr zu spüren war.

Déa besaß als Kostbarkeit eine Tube Zahnpasta. Chico stahl sie und putzte damit Florianos Sandalen. Mit Lederfett rieb er dagegen nicht nur die Sättel, sondern obendrein noch die Pferde ein, die sich von ihm alles gefallen ließen.

Töpfe waren Chicos Leidenschaft. Auch Teller und Tassen benutzte er, wenn er wie ein Kind auf der Erde spielte.

Diese Dummheiten wurden ihm eines Nachts von allen wieder verziehen. Obwohl Sertanejos in Hängematten schlafen, bevorzugte Déa ein Bett, das Dalmo zurechtgezimmert hatte. In dem größten Haus schliefen die Männer, während die Mädchen ein kleineres bewohnten.

Da geschah es, daß Chico mitten in der Nacht zu kreischen begann. Déa spürte beim Erwachen etwas Schweres auf ihrem Magen liegen. Der Mond schien durch die Fensteröffnung und erhellte den Raum nur wenig. Trotzdem erkannte Déa zu ihrem Entsetzen auf ihrer Decke eine Schlange. Das giftige Reptil lag zusammengeringelt da und hatte den Kopf erhoben. Wahrscheinlich störte es Chicos Geschrei. Déa nutzte diese Ablenkung und schleuderte Decke und Schlange weit von sich.

Dalmo kam mit einer brennenden Taschenlampe zur Tür herein, doch fand er die Schlange nicht mehr.

Déa spannte noch in dieser Nacht eine Hängematte für sich aus und ließ am nächsten Morgen das Bett entfernen. Chico stieg im Ansehen der Leute von Corcunda und wurde nun von allen verwöhnt.

Auf der Suche nach Hrenki

Der Postenführer Dias lag im ewigen Streit mit den Behörden, weil er überall Mängel entdeckte, über die er sich beschwerte. Trotzdem sah ihn jedermann gerne kommen, da man ihn zwar für einen polternden, jedoch kameradschaftlichen Menschen hielt. Mit dem Gouverneur duzte er sich, nachdem er ihn einen Lumpen genannt und der Amtsgewaltige ihm mit einem Faustschlag gedroht hatte. Sie verstanden sich ausgezeichnet.

Diesmal war Senhor Dias zu seinem Freund gekommen, um sich die Ausweisung der Siedler von São José bestätigen zu lassen.

»Alles erledigt!« sagte der Gouverneur händereibend. »Die Siedler sind weg, und die Crao haben ihre Ruhe. Wie habe ich das gemacht?«

»Hoffentlich gut«, antwortete der Postenführer. »Hast du endlich die Kerle alle erwischt und eingesperrt?«

»Mein Gott, genügt es dir nicht zu wissen, daß sie verschwunden sind?«

»Wo sind sie? Heraus mit der Sprache!«

»Im Gefängnis. Tatsächlich, Dias, sie schmoren in der Hölle. Gefängnis wäre viel zu milde gewesen.«

Der Gouverneur erhob sich, holte zwei Flaschen eisgekühltes Bier und schenkte ein.

»Salude, Dias«, fuhr er fort. »Wie geht es deinen Kindern? Was macht der Posten? Ich habe Lust, acht Tage lang bei euch zu angeln. Was sagst du dazu?«

»Angle, wo du willst, meinetwegen ein halbes Jahr bei mir, doch mußt du mir vorher sagen, wohin du die Siedler gebracht hast. Sie stecken doch nicht im Gefängnis? Du wirfst nicht das Geld für hundert Menschen zum Fenster hinaus.«

»Haha, wie gut du dich in Behördendingen auskennst!« lachte der Gouverneur. »Möchtest du hundert Personen fünf Jahre lang beköstigen? Wahrscheinlich nicht. Wenn ich dreißig Männer einsperren lasse, weil sie etwas verbrochen haben, dann bleibt mir nichts weiter übrig, als für die dazugehörigen Frauen und Kinder ein großes Armenhaus zu bauen. Das kannst du mir nicht zumuten, Amigo, selbst wenn es um die Ehre deiner Crao geht.«

»Also hast du sie alle laufen lassen. Du bist ein Schuft, Luis, und solltest Gefängniswärter werden. Der Staat könnte an dir viel verdienen, denn die Gefängnisse wären leer.«

»Nimm den Schuft zurück, oder ich kann dir kein Bier mehr einschenken«, erwiderte der Gouverneur. »Du hast dir in der Wildnis ein schlechtes Benehmen angewöhnt. Die Siedler sind, damit du dich beruhigst, tatsächlich für immer von der Bildfläche verschwunden. Ich habe ihnen ein Gebiet zugewiesen, das fast auf dem Monde liegt. Hier, auf der Karte, siehst du es. Der eine Rädelsführer, nämlich Tito, sitzt, und den lasse ich auch noch eine Zeitlang schmoren. Genügt dir das?«

»Eigentlich nicht«, antwortete Senhor Dias. »Die Kerle haben fünfundsiebzig Indianer umgebracht. Bedenke doch, daß sie Mörder sind!«

»Wie du selbst weißt, Dias, habe ich sie eine Zeitlang hinter Schloß und Riegel sitzen lassen. Als die Siedler ihr Land aufgeben mußten, saßen die Frauen und Kinder auf der Straße, und zwar hier vor meinem Haus. Ich konnte sie doch nicht verhungern lassen. Da habe ich sie allesamt abgeschoben in dieses Gebiet.«

»Meinetwegen«, seufzte der Postenführer. »Daß es richtig war, möchte ich nicht behaupten; außerdem befinden sich noch mehrere Siedler in dem für die Crao reservierten Gebiet.«

»Keiner von denen hat sich an dem Überfall beteiligt. Auch sie müssen ihr Land aufgeben. Wir wollen nicht hart sein und ihnen eine gewisse Frist bewilligen. Es ist nicht leicht, plötzlich alles aufzugeben, was man durch jahrelangen Fleiß erarbeitet hat.«

»Es muß sein«, beharrte Dias. »Der SPI kann keine Rücksicht nehmen. Haben deine Leute endlich festgestellt, wo Quitando mit seinen Leuten steckt?«

»Nichts. Dieser Gauner ist spurlos verschwunden. Stromauf soll er gefahren sein, doch ist er dort nicht aufzuspüren. Und was ist mit dem Mädchen? Haben es die Crao gefunden?«

»Fast möchte ich annehmen, daß es Quitando mitgenommen hat. Jedoch wozu? Bei uns verschwinden Menschen, als seien sie durch die Luft davongeflogen. Was ist das bloß für ein Land, Luis?«

»Nun fange nicht an zu jammern«, versetzte der Gouverneur. »Am Land liegt es nicht, denn das ist gut. Nur die Menschen sind nicht überall die besten. Die glauben, daß sie sich in einer entlegenen Gegend wie die Wilden benehmen können. Und deine Wilden, mein Lieber, sind ebenfalls keine Schäfchen.«

»Was weißt du von meinen ›Wilden‹? Sie sind anders als wir, aber keinesfalls schlechter. Wenn sie einen Weißen töten, dann haben sie einen Grund dafür; aber die Weißen töten, ohne zu überlegen. Es ist jammerschade, daß wir nicht feststellen können, wieviel Weiße in den letzten hundert Jahren von den Indianern getötet wurden und wie hoch die Verlustziffer der Indios in demselben Zeitraum ist. Ich wage zu behaupten, daß auf einhunderttausend Indianer nicht einmal tausend Weiße kommen. Und wieviel hunderttausend Indianer wurden umgebracht? Luis, wenn ich daran denke, muß ich mich vor den Crao schämen. Sie sind jedoch anständig und tragen mir das Vergehen meiner Stammesleute nicht nach. Ich will damit nicht sagen, daß sämtliche Indianer so sind; denn es gibt immer noch Stämme, die kurzerhand jeden Fremden abschießen, weil sie um ihre eigene Sicherheit besorgt sind. Die Crao sind anders, und sie besitzen eine Langmut, die ich bewundern muß.«

Wahrscheinlich überschätzte Senhor Dias die Gutmütigkeit der Crao. Die Stammesältesten hatten oft genug am Lagerfeuer beraten, wie sie sich rächen könnten, ohne noch einmal Verluste einstecken zu müssen. Aber selbst ihre tapfersten Krieger sahen ein, daß die Siedler mit Hilfe ihrer Schußwaffen mächtiger waren als sie. Eine Vergeltung, ohne daß wieder welche von ihnen getötet werden würden, war so gut wie ausgeschlossen. Als Senhor Dias zu ihnen kam, verlangten sie von ihm Gewehre. Woher sollte er sie nehmen? Sie waren enttäuscht und sahen ihn mit feindlichen Blicken an. Es hätte nicht viel gefehlt, und der Postenführer wäre nicht mehr heimgekehrt. Er erkannte die große Gefahr und versprach, Lebensmittel, Messer, Beile, Hacken, Töpfe und Stoff zu liefern.

Der Gouverneur kam ebenfalls angeritten und schenkte dem Dorf mehrere Kühe, die zwei Caboclos vor sich hertrieben. Trotz der Spende geriet er mit den Crao in einen Streit, so daß er nicht wagte, über Nacht bei ihnen zu bleiben.

Die Crao befanden sich in einer gereizten Stimmung, die jeden Augenblick zu einer Mordtat führen konnte. Selbst der Postenführer vermied es vorläufig, sich ihnen noch einmal zu nähern.

Der Große Hirsch hatte sich in den Kämpfen mit den Siedlern so tapfer gezeigt, daß viele Crao meinten, er müßte Häuptling werden. Innerhalb der Dorfgemeinschaft entstanden Spannungen. Die Clans schlossen sich enger zusammen. Sie besaßen ihre eigenen

Vorsteher und wollten nicht mehr auf den Häuptling hören.

Der Häuptling, der jederzeit für den SPI gesprochen hatte, stellte sich plötzlich um, als sei er nie ein Freund des Postens gewesen. Wenn er riet, von einer Vergeltung abzusehen, so begründete er dies mit der waffenmäßigen Überlegenheit der Caboclos.

Dem Großen Hirsch lag nichts an einer Häuptlingswürde. Nach Acrés Tod übernahm er die Rolle des Vorsängers, die ihm genügte.

So änderte sich vieles in einer Zeit, in der ein besserer Zusammenhalt der Bewohner von Icré nötig gewesen wäre. Der Tod so vieler Stammesmitglieder hatte die Familien zerrissen, die Clans geschwächt und das Gemeinschaftsgefühl untergraben. Ara und Tucra hielten weiterhin zusammen. Aras Vater war im Kampf gefallen, doch besaß sie noch ihre Mutter. Die beiden Freundinnen trennten sich kaum. Als Hrenkis Vater und Ganaz tagelang nach Hrenki suchten, durchstreiften auch sie den Sertão, um eine Spur zu finden. Sie kannten den Baum, auf dem sie Hrenki zuletzt gesehen hatten, und sie entdeckten unter ihm die Trittspuren eines Pferdes, das aus der Richtung des Roten Flusses gekommen war. Dicht bei dem Baum mußte es stehengeblieben sein. Danach hatte es die Richtung geändert und sich entfernt.

Hing diese Fährte mit Hrenkis Verschwinden zusammen? Die Mädchen sprachen anderntags mit Hrenkis Vater, doch war in der Nacht ein wolkenbruchartiger Regen gefallen, der alle Spuren auslöschte. Hartnäckig suchten die beiden Mädchen weiterhin nach der verdächtigen Fährte dieses einen Pferdes.

»Wenn es nach Sonnenaufgang gelaufen ist, gehört

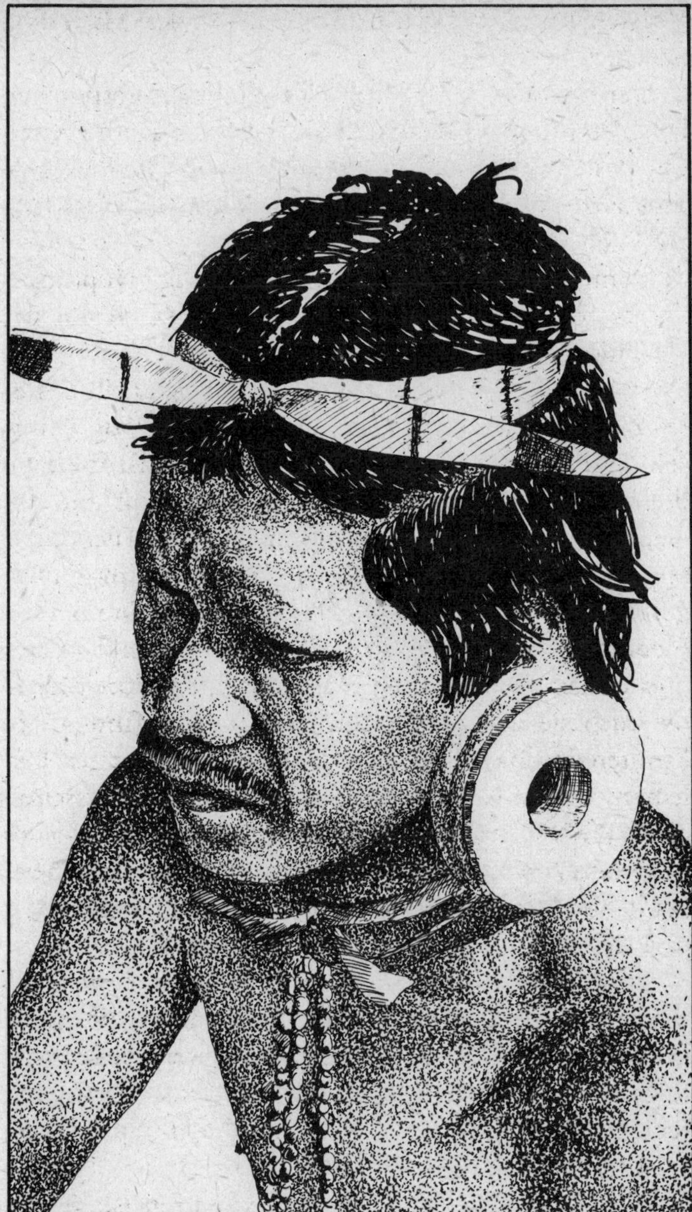

es dem Caboclo mit den vielen Kühen«, erklärte Ara. »Unsere Leute haben festgestellt, daß er den Platz verlassen hat. Die Häuser sind leer. Vielleicht finden wir dort eine Spur.«

Die Freundinnen durchsuchten die beiden Häuser so sorgfältig, daß ihnen nichts entgehen konnte. Tucra fand auf einer Bank die rote Färbung von Urucú. Ara maß dieser Entdeckung zuerst keine Bedeutung bei, bis auch sie stutzig wurde. Bei diesen Siedlern waren nur der Häuptling und der Große Hirsch eingekehrt. Sie wußten es genau durch die Erzählung der anderen. Und diese beiden waren unter dem Vordach geblieben, während die rotgefärbte Bank im Inneren des Hauses stand.

»Weißt du genau, daß die Caboclos kein Urucú benutzen?« fragte Tucra in die Überlegungen der Freundin hinein.

»Das ist so sicher wie das Gegenteil bei dir«, versetzte diese.

»Dann war Hrenki hier!«

»Vielleicht ist es gar kein Urucú?«

Tucra schmeckte mit der Zunge an der Farbstelle und bestand darauf, daß es Urucú wäre.

»Jetzt wissen wir, daß sie verschleppt wurde«, rief Ara. Sie sah aus, als wollte sie die Caboclos verfolgen.

Tucra war nicht so kriegerisch, und ihre Augen füllten sich mit Tränen.

Nun berieten sie hin und her, wie sie ihrer Freundin auf den Fersen bleiben konnten. Zum Schluß kamen sie zu der Einsicht, daß sie die Erwachsenen zu Rate ziehen sollten. Jedenfalls glaubten sie fest daran, daß Hrenki lebte und auf Hilfe wartete.

Dieselbe Gewißheit bereitete Insú viele schlaflose Nächte. Er hatte gemeinsam mit Ganaz die Umgebung abgesucht und war mit dem Großen Hirsch ins Dorf der Weißen gegangen; selbst am Tocantins hoffte er eine Spur zu finden, doch wußte kein Mensch etwas von einem Indianermädchen. Floriano Quitando war davongefahren, aber ganz allein und ohne besonders aufzufallen.

Hrenki war in ihrem Dorf so beliebt gewesen, daß alle Jäger ihre Streifzüge weiter ausdehnten, um nach ihr Ausschau zu halten. Während der Arbeit auf den Pflanzungen sprachen die Frauen von ihr, und viele weinten dabei.

So wie die Ältesten über Hrenkis Verschwinden berieten, beschäftigten sich in geheimen Zusammenkünften auch die Kinder damit. Etliche Jungen unternahmen weite Wanderungen und blieben tagelang dem Dorfe fern. Die Erwachsenen sorgten sich nicht um sie, weil sie den Grund ihres Fernbleibens ahnten. Den Kindern drohte im Sertão jetzt keine Gefahr, weil die Weißen den Indianern nicht trauten und ihre Jagdzüge einstellten. Jeder Siedler war froh, wenn er ungestört seiner Arbeit nachgehen konnte. Viele gingen fort, und die restlichen fügten sich gezwungenermaßen unter den Drohungen des SPI und des Gouverneurs.

Die umherstreifenden Indianer besaßen die erstaunliche Gabe, überall etwas Eßbares zu finden. Unbeschwert zogen sie los, bis sie der Hunger dazu trieb, sich nach Früchten, Honig oder Larven umzusehen. Im Notfall aßen sie einen Tag lang nichts. Die Kinder gewöhnten sich beizeiten an diese Lebensweise und sahen dabei so gut ernährt aus, als besäßen sie Nahrungsmittel im Überfluß.

Insú und Ganaz bewiesen eine noch weitaus größere Ausdauer. Als sie anfingen, Hrenki zu suchen, aßen sie tagelang fast nichts. Sie legten unglaublich weite Strekken zurück und schliefen nachts irgendwo im Regen oder unterm Sternenzelt.

»So kommen wir nicht weiter«, meinte eines Tages Insú. »Ich will das Dorf verlassen und den Tocantins hinaufwandern. Dorthin wandte sich jener Siedler, der sich Floriano nannte.«

»Dann gehe ich mit«, entschied Ganaz, der sich in den Kopf gesetzt hatte, Hrenki zu finden.

»Tu, was du willst«, erwiderte Insú, »ohne die Crale kehre ich nicht zurück. Vielleicht muß ich sie mein Leben lang suchen.«

»Denkst du, ich könnte es nicht? Aber ich halte es für wichtig, die andere Sprache zu erlernen, weil wir mit allen Leuten reden müssen, um nach Hrenki zu fragen.«

»Ich kann das nicht«, brummte Insú verdrießlich.

Ganaz gab die unnütze Sucherei auf und schloß sich dem Großen Hirsch an. Dadurch lernte er ein wenig Portugiesisch.

In vielen indianischen Stämmen gibt es sprachgewandte Männer, die mehrere indianische Dialekte oder gar eine andere indianische Sprache beherrschen und die auffallend schnell Portugiesisch lernen, sobald sie mit einem Posten des SPI in Verbindung treten. Ihr unkompliziertes Denken befähigt sie, die Laute einer fremden Sprache rasch zu behalten. Unbekümmert wenden sie die gelernten Worte an, auch wenn sie in der Wiederholung nicht ganz richtig sind.

Der Große Hirsch sprach kein gutes Portugiesisch, so daß Ganaz ein noch schlechteres erlernte. Er selbst wußte es nicht, und sein Lehrmeister verbesserte ihn kaum.

Inzwischen belauerte Insú zwei Caboclos, die mit einem Einbaum auf dem Roten Fluß fischten. Dies geschah nach dem Abzug der Siedler und nachdem die Crao São José eingeäschert hatten.

Hrenkis Vater hegte keine bösen Gedanken, als er den Fischern zusah, vielmehr dämmerte in ihm die Idee, mit einem solchen Boot den Rio Tocantins zu befahren, um in jeden Winkel blicken zu können. Zwei Pfeile hätten genügt, ihn in den Besitz dieses Einbaumes zu bringen, doch hatte er nie in seinem Leben einen Mord verübt. Er mußte also versuchen, ein Boot zu bauen.

Flußindianer beherrschen meisterhaft die Kunst, aus einem dicken Baum ein Boot herzustellen. Die Crao dagegen waren Sertãobewohner und im Kanubau völlig unerfahren. Sie wußten kaum, welches Holz sie dafür verwenden konnten.

»Das ist ganz einfach«, meinte Ganaz, als Insú mit ihm darüber sprach. »Wir wenden uns an den SPI. Vielleicht bekommen wir dort ein Boot.«

Senhor Dias besaß einen Einbaum mit Außenbordmotor und ein großes Boot mit eingebauter Maschine. Mit dem großen war er auf der Suche nach Quitando erfolglos den Tocantins hinaufgefahren.

Nach dieser Reise sah er sich nach einem neuen Helfer um, weil einer seiner Männer den Posten verließ, um in der Stadt ein Mädchen zu heiraten, das einen kleinen Laden besaß. Senhor Dias dachte an Nuno, und Nuno trat freudestrahlend die Stelle an.

Die Arbeit eines Postenhelfers hatte sich Nuno etwas anders vorgestellt. Statt auf feurigem Pferd nach entlegenen Indianerdörfern zu reiten, mußte er ein Vaqueiro, ein Viehhirte sein. Ab und zu ging er, um Bauholz zu schlagen, in den Wald. Beim Posten stand unter einem alten Mangobaum ein Traktor, dessen Teile einzeln geliefert worden waren und nicht richtig zusammenpassen wollten. Nuno nahm sich in seiner Freizeit dieses Traktors an, denn in der Stadt hatte er oft in einer Autowerkstatt geholfen. Mit seiner Hilfe sollten später größere Felder angelegt werden.

Wenn Craoindianer zum Posten kamen, versuchte Nuno seine indianischen Sprachkenntnisse zu erweitern. Vom Großen Lied kamen jedoch keine hierher.

Erst jetzt erfuhr Nuno von dem Verschwinden des Indianermädchens Hrenki.

»Hrenki?« wunderte er sich. »Ich kenne sie. Mit ihren beiden Freundinnen saß sie oft bei mir und lernte Portugiesisch. Wie konnte sie plötzlich verschwinden?«

»Die Crao nehmen an, daß Floriano Quitando sie verschleppt hat. Ich suchte diesen Schuft am ganzen Tocantins, aber nirgends ist er zu finden.« Senhor Dias machte bei diesen Worten ein bekümmertes Gesicht.

»Sie glauben doch nicht im Ernst, daß er am Tocantins geblieben ist«, meinte Nuno. »Ich vermute ihn am Amazonas oder drüben am Araguaya. Dort findet ihn kein Mensch.«

»Man müßte Zeit haben«, seufzte der Postenführer.

»Ein Boot und ein wenig Geld«, ergänzte Nuno.

»Und dann . . .?«

»Dann könnte man ihn finden.«

»Ich denke, dort ist es aussichtslos.«

»Ja, für die Polizei«, gab Nuno lachend zu. »Man müßte sich an das Wild heranpirschen. Ich traute es mir zu, ihn zu fangen.«

Senhor Dias beendete das Gespräch, vergaß es jedoch nicht. Es fiel ihm immer wieder ein, und er dachte in den langen Nächten darüber nach.

Die Flucht des Schurken Floriano Quitando ärgerte ihn, auch sah er Hrenkis Vater vor sich, diesen stillen, stattlichen Indianer mit seinem anklagenden Blick.

Natürlich war es seine Pflicht, den Crao zu helfen und ihnen beizustehen, wenn eins ihrer Mädchen verschwunden war. Er selbst besaß zwei Kinder, einen Jungen und ein Mädchen, und er durfte nicht daran denken, daß er eins von beiden verlieren könnte.

»Was sagst du dazu?« fragte er eines Nachts seine Frau, die neben ihm fest schlief. Er mußte sie wecken und von Hrenki erzählen.

»Natürlich solltest du versuchen, sie zurückzuholen«, antwortete sie und schlief weiter.

Am nächsten Morgen rief er Nuno und den Helfer Manuel zu sich ins Zimmer. Er ließ Cafesinho bringen und bot ihnen Zigaretten an.

Manuel war verheiratet und bewohnte mit Frau und drei Kindern ein Haus des Postens. Er lehnte die Zigarette ab und drehte seine eigene aus schwarzem Tabak und Maisstroh.

»Ihr könntet einmal zum Araguaya fahren«, begann Senhor Dias, nachdem er den Cafesinho getrunken hatte. »Die Arbeit drängt augenblicklich nicht. Du hast gesagt, Nuno, daß du Quitando finden würdest. Nun versucht euer Glück!«

»Diesen Mörder?« entsetzte sich Manuel.

»Ihr braucht ihn nicht mitzubringen«, beruhigte ihn der Postenführer. Holt das Mädchen. Wie ihr das macht, bleibt euch überlassen. Ich gebe euch das kleine Boot, den schwedischen Motor dazu und genügend

Geld. Proviant laßt ihr euch von Miguel geben. Sonst noch etwas?«

»Uno momento!« rief Manuel aufgeregt. »Wie sollen wir den Kerl und das Mädchen finden?«

»Frage Nuno, vielleicht weiß er es. Laß ihn nur machen. Dir gebe ich das Geld; halte es gut zusammen, hörst du! Die Jahreszeit ist günstig, und ihr könnt auf jeder Praia schlafen.«

Mit ›Praia‹ meinte Senhor Dias die Sandbänke, die bei niedrigem Wasserstand der Flüsse überall aus dem Wasser traten.

Nuno fand keine Zeit, noch irgend etwas zu fragen. Der Postenführer blätterte einige Geldscheine auf den Tisch und verließ danach das Haus, als sei es die natürlichste Sache der Welt, zwei Helfer als Detektive in die Welt hinauszuschicken.

Und wieder auf Corcunda

Als Hrenki zum ersten Mal zu den benachbarten Cherenti kam, war sie voller Mißtrauen. Beim zweiten Mal freute sie sich, diese einfachen, freundlichen Menschen wiederzusehen. Vielleicht rief die indianische Verbundenheit ein heimisches Gefühl in ihr wach. Sie durfte jedoch nur dann zu den Leuten gehen, wenn Floriano Quitando den ganzen Tag unterwegs war. Keinesfalls sollte er etwas von ihren heimlichen Besuchen erfahren.

Diese Cherenti lebten ganz für sich und hatten ihre indianische Sprache aufgegeben. Sie unterschieden sich durch nichts von den Caboclos der Umgegend, da sie bereits als Kinder das Leben kleiner Viehzüchter geführt hatten.

Déa hatte Hrenki gebeten, den Cherenti gegenüber nichts von ihrer Verschleppung zu erzählen, denn wenn Floriano dies erfahren hätte, wären die Folgen unabsehbar gewesen. Hrenki versprach Stillschweigen und hielt ihr Versprechen ein.

Im Grunde genommen ging es ihr so gut, daß sie nicht klagen konnte. Kein Mensch verlangte von ihr eine Arbeitsleistung. Niemand schalt sie aus. Bei Déa stieß sie auf Liebe und Güte, bei den Männern auf Gleichgültigkeit, die jedoch keineswegs verletzte. Dalmo versuchte manchmal mit ihr zu scherzen, aber Floriano war lieber allein. Er ritt ohne Begleitung in den Sertão hinaus, blieb tagelang fort, und keiner wußte, was er dort draußen trieb.

Hrenki kam eines Tages dahinter. Sie entdeckte in einem Balkenwinkel über seinem Lager ein Säckchen mit bunten Steinen. Déa erklärte ihr, nachdem Hrenki ihr den Fund gezeigt hatte, daß es Edelsteine seien und daß sie irgendwo im Sertão gefunden würden. Danach legten sie das Säckchen wieder an seinen Platz und wunderten sich nun nicht mehr, wenn Floriano nicht nach Hause kam.

Nie zuvor in seinem Leben hatte Floriano Quitando daran gedacht, Edelsteine zu suchen, weil der Zufall dabei eine zu große Rolle spielte. Er verließ sich lieber auf Viehzucht und Feldbau. Selbst als er die Häuser auf Corcunda errichtete, verschwendete er keine Zeit mit der Suche nach Edelsteinen, die weiter südlich, im Staate Minas Gerais, häufiger gefunden wurden.

Die Cherenti führten ihn auf die Spur der Steine. Da er seine Nachbarn nicht umgehen konnte, kehrte er zuweilen bei ihnen ein. Sie kannten ihn als Abel Americo und hielten ihn für einen ruhigen, harmlosen Mann. Einmal kaufte er von ihnen Hühner, ein andermal Eier, und sie nahmen sein Geld, weil sie es gut gebrauchen konnten.

Bei diesen Siedlern beobachtete Floriano eines Tages mehrere Kinder, die mit unscheinbaren Steinchen spielten. Ein achtlos beiseite geworfener Bergkristall brachte ihn darauf, die kleinen Steine näher zu betrachten. Er erkannte sie sofort als minderwertige Topase und Aquamarine.

Um sie nicht auf seine Entdeckung aufmerksam zu machen, verlor er kein Wort darüber. Anderntags ritt er zu einem längst ausgetrockneten Flußbett und fing an zu suchen. Daß er an dieser leicht zugänglichen Stelle nicht viel finden würde, unterlag keinem Zweifel. Einige Fußspuren genügten ihm als Beweis dafür, daß die Cherenti dieses Tal aufsuchten, um die begehrten Steine aufzulesen oder nach ihnen zu graben.

Noch am selben Tag fand er mehrere kleine Topase, die den Schliff nicht lohnten. Wer an Edelsteinen verdienen wollte, mußte Besseres finden. Halbedelsteine und minderwertige Edelsteine wurden in solchen Mengen angeboten, daß sie selbst nach ihrem Schliff spottbillig waren. Wirklich lohnend war erst der Fund großer Quarzbrocken, die in ihrem Inneren die wunderbarsten Edelsteine bargen — vielleicht gar Diamanten von märchenhafter Größe.

Floriano Quitando war viel zu klug, um sich nur auf das Glück zu verlassen. Er betrachtete die Suche nach Edelsteinen als ein harmloses Vergnügen, das nichts kostete und möglicherweise doch einen Gewinn abwarf. Wenn die geldbringenden Steine fast hinterm

Haus lagen, wäre er dumm gewesen, sie nicht aufzuheben.

Was er bis jetzt gefunden hatte, war allerdings keinen Pfifferling wert. Ihm fehlte die Erfahrung, denn er wußte nicht, wo er mit diesen oder jenen Steinen rechnen konnte.

Eines Tages war er an dem ausgetrockneten Flußbett entlanggeritten und in eine ihm unbekannte Gegend geraten. Hier ließ er sein Pferd mit gelockertem Sattelgurt stehen, während er auf die Suche ging, Steinchen aufhob, große Steine wendete und verdächtige Quarze auf ihr Inneres prüfte. Die senkrecht über ihm stehende Sonne machte ihm nichts aus. Ihre mörderische Glut ergoß sich über das völlig ausgetrocknete Land.

Als Floriano auf einen Hügel stieg, um von dort aus die Gegend zu überblicken, gewahrte er zwei Männer, die auf das ausgetrocknete Flußbett zukamen und die ihn sehen mußten, wenn er an dieser Stelle blieb. Ihm lag jedoch nichts an einer Begegnung, und er verließ den Hügel und ging rasch zu seinem Pferd. Er zog den Sattelgurt fest, stieg auf und gab dem Tier die Sporen. In diesem Augenblick kam hinter einem Steinblock ein Stachelschwein hervor. Das Pferd bäumte kurz auf, änderte die Richtung, trat in ein Loch und warf seinen Reiter aus dem Sattel. Kurz danach tauchten zwei Cherenti auf, die das Tier mit hängendem Kopf stehen sahen.

Mit Vorliebe suchte Hrenki auf den Sandbänken Schildkröteneier. Auf Corcunda besaßen sie jetzt einen kleinen, leichten Einbaum, der sich gut für den Fischfang eignete. Hrenki paddelte mit ihm bis zum Tocantins hinüber, wo sie die Sandbänke absuchte. Außer ihr

gab es auch noch andere, die den Eiern nachspürten. An manchen Tagen fand sie nur zwei oder drei Gelege, während sie an anderen mit mehreren hundert Eiern nach Hause kam.

Die Schildkröten verließen nachts das Wasser und zogen ihre Spur nach höher gelegenen Sandstellen, wo sie ein Loch gruben und ihre Eier ablegten. Die großen Arrau versteckten bis zu hundert Eier in einem Gelege, aber die kleineren, die häufiger vorkamen, brachten es nur auf fünfundzwanzig Stück.

In früheren Zeiten sollen diese Schildkröten so massenhaft aufgetreten sein, daß sie die Sandbänke völlig durchwühlten und die bereits gelegten Eier zerstörten. Die Menschen hatten jedoch nicht nur für eine Verminderung, sondern gebietsweise sogar für ein Aussterben dieser nützlichen Tiere gesorgt. Sie wurden ihres zarten Fleisches wegen in großen Mengen erlegt und gern auf die Märkte gebracht. Ihr eigentlicher Wert lag jedoch weniger im Fleisch, als in ihren Eiern, aus denen ein gutschmeckendes Öl gewonnen wurde, das tonnenweise in den Handel kam.

Diese Zeit war endgültig vorbei. Jetzt mußte man die einzelnen Gelege suchen, und es gab Sandbänke, auf denen keine Spur einer Schildkröte zu finden war. Zu den Sertanejos und Indianern, die auf Eiersuche gingen, gesellten sich die Kaimane und Jaguare, denen die Eier eine willkommene Beute waren.

Hrenki kannte die von den Arrau bevorzugten Plätze und erkannte bereits an den vielen Spuren im Sand, ob ihr Tiere oder Menschen zuvorgekommen waren. Am liebsten suchte sie gleich nach Sonnenaufgang. Dann brauchte sie einer frisch gezogenen Schildkrötenspur nur zu folgen, bis sie zu einem Fährtenknick kam, wo meistens der Sand sorgfältig geebnet war. Dort fing sie an zu graben und holte Ei um Ei ans Tageslicht. Eine große Anzahl trank sie sofort aus, während sie die übrigen in mitgebrachte Körbe legte.

In vielerlei Hinsicht war Hrenki das Indianermädchen geblieben. Sobald sie allein war, zog sie ihr Kleid aus und begnügte sich mit einem Schurz. Dann durchstreifte sie die Inseln und Sandbänke oder fuhr im Kanu, badete im Fluß und sprang unbekümmert durch den Sertão.

Manchmal zog es sie mit unwiderstehlicher Gewalt in den zu beiden Seiten des Araguaya stehenden Galeriewald hinein, der stellenweise so dicht war, daß ihn ein Mensch kaum durchdringen konnte. Dann lauschte sie den Vögeln, ahmte deren Stimmen nach und freute sich über die Äffchen, die lustige Grimassen schnitten. Mit dem Buschmesser hieb sie wasserhaltige Lianen durch, um den klaren Saft zu trinken. Die stachlige wilde Ananas verhinderte oft ihr Vorwärtsdringen, sie geriet in die Hecken der Mimosen und in die Wedel der Stechpalmen. Mühsam hieb sie Palmitopalmen am Blattansatz durch, wo das gutschmeckende Mark steckte. Buntschillernde Kolibris umschwirrten sie, gaukelten in Scharen um gelbblühende Bäume, Schmetterlinge flogen vor ihr auf, und dicke Käfer rollten vor ihre Füße. Flinke Echsen, meterlange Leguane ergriffen schnell die Flucht, Tauben gurrten, Spinnen zogen über ihr ihre Netze.

Hrenki kam oftmals zerkratzt in Corcunda an, aber dort wurde aus ihr wieder das Siedlermädchen, das ein Kleid trug und wilde Baumwolle spann.

So kam sie wieder einmal spät am Abend mit vielen Eiern im Kanu angepaddelt und stieg an Land. Ihr fielen mehrere Cherenti auf, die oben vor den Häusern standen. Déa kauerte vor ihnen und weinte. Als Hrenki die in die Lehmwand gehauenen Stufen hinaufging, sah sie einen Mann am Boden liegen. Es war Floriano Quitando — und er war tot.

Hrenki konnte nicht um ihn trauern. Er war ihr Feind geblieben. Sie wünschte Dalmo denselben Tod, einen Sturz vom Pferd und einen zerschmetterten Schädel.

Sie spürte plötzlich wieder ihren alten Haß auflodern und lachte neben der Leiche, während die anderen trauerten. Außer Déa und Dalmo schüttelten alle die Köpfe, denn sie wußten ja nicht, wer Hrenki war.

Unweit der Häuser wurde der Tote begraben. Ein Cherenti sprach die Gebete. Ihm unterliefen dabei grobe Fehler, was jedoch keiner merkte. Die Erde fiel auf Floriano Quitando und löschte seinen Namen aus.

Jetzt lebten nur noch drei junge Menschen auf Corcunda, die man für Geschwister hielt.

Humberto kehrte oft bei ihnen ein und trug ein paar Monate nach Florianos Tod sein Anliegen vor. Dalmo war die Werbung des wohlhabenden Caboclos nicht sehr angenehm. Wie sollte er ohne Déa die Wirtschaft weiterführen können? Ging die Schwester, nahm sie das Indianermädchen mit. Dann saß er ganz allein auf Corcunda und konnte sehen, wie er zurechtkam.

Hrenki bekam plötzlich Heimweh nach dem Großen Lied. Nachdem sie Floriano nicht mehr zu fürchten brauchte, wollte sie Corcunda verlassen.

»Nur jetzt nicht«, bettelte Déa. »Du kannst unmöglich den weiten Weg allein antreten. Ich weiß Besseres. Über kurz oder lang werde ich mich mit Humberto verheiraten. Er wird die väterliche Fazenda übernehmen und uns alle Bequemlichkeiten bieten. Ich möchte, daß du für immer bei mir bleibst. Wenn du trotzdem gehen willst, wird Humberto für dich sorgen, ein Boot bemannen und dich nach Hause bringen lassen.«

Hrenki schwieg, weil sie selbst keine bessere Möglichkeit sah.

Auf Corcunda änderte sich nichts. Dalmo kümmerte sich hauptsächlich um das Vieh, während die Mädchen auf die Felder gingen und den Haushalt versorgten. Sie hatten auf der Brandrodung Mais angepflanzt und an einer besonders gut bearbeiteten Stelle Bananen und Tabak. Auf Gerüsten legten sie kleine Beete an, um sie auf diese Weise vor den Ameisen zu schützen.

Vorläufig wollte Hrenki nicht daran denken, dies alles und Déa obendrein zu verlassen. Corcunda war jetzt auch ihr Zuhause, denn sie hatte alles mit aufgebaut. Sie wußte fast selbst nicht mehr, was sie eigentlich wollte.

Die Schildkröteneierzeit ging ihrem Ende zu. Bald würden die kleinen Arrau in den Gelegen schlüpfen und eilends ins Wasser trippeln. Dann war auch die Trockenzeit bald wieder vorbei.

Hrenki saß auf dem Hügel einer versandeten Insel und schlürfte einige Eier aus. Wenn sie im Großen Lied von den vielen Eiern berichtete, würde den Crao das Wasser im Munde zusammenlaufen. Etwas Wohlschmeckenderes gab es kaum als diese länglichen, weichschaligen Eier, die noch besser schmeckten, wenn man sie ein wenig ankochte, überm Feuer räucherte und in der Sonne trocknete. Dann galten sie als ein Leckerbissen von besonderer Art.

Der Morgen war kühl gewesen. Hrenkis Kleid lag

im Kanu, während sie die wohltuenden Strahlen der frühen Sonne genoß.

Plötzlich horchte sie, denn in der Ferne, wahrscheinlich weiter oben am Araguaya, ertönte das Brummen eines Motors. Die Bootsfahrer hatten es immer eilig und blieben in der Hauptströmung. Sie waren Händler, die mit Fleisch oder Häuten zur nächsten Stadt fuhren und die sich nicht die Zeit nahmen, Schildkröteneier zu suchen. Deswegen blieb Hrenki sitzen.

Das Motorgeräusch brach plötzlich ab, als seien die Männer doch irgendwo an Land gegangen.

Hrenki erhob sich und schritt suchend durch den Sand und über die kleine Insel. Ein Kaiman war ihr zuvorgekommen und hatte mehrere Gelege geplündert. Sie ärgerte sich über seine Schleifspur und zertrat sie. Als sie nach den Fährten Ausschau hielt, entdeckte sie auf einmal einen großen Einbaum, der mit der Strömung angetrieben kam und auf den Sand ihrer Insel stieß. Sie ergriff blitzschnell die Flucht, stürzte in ihr Boot, zog das Kleid über und paddelte rasch davon.

Zwei Männer saßen in dem großen Einbaum. Für sie war es eine Kleinigkeit, den Motor anzuwerfen und das fliehende Mädchen einzuholen. Bevor Hrenki sich versah, wurde ihr leichtes Fahrzeug von derben Händen gepackt und an die Seite des großen Einbaumes gezogen. Dessen Motor war verstummt.

»He!« rief einer der Männer.

Hrenki blickte erschrocken auf — und sah Nuno ins Gesicht. Sie erkannte ihn sofort wieder.

Nuno blieb die Sprache weg. Er riß seinen Mund noch weiter auf als seine Augen.

»Was ist mit euch beiden?« fragte hinter ihm sein

Begleiter Manuel. »Habt ihr die Sprache verloren, oder wollt ihr euch auffressen? Ihr seht ganz danach aus.«

»Hrenki!« flüsterte Nuno verblüfft.

»Das Craomädchen?« rief Manuel erstaunt.

»Hrenki! Mein Gott . . .!« Nuno sprang auf und wäre fast über Bord gekippt.

»Hrenki! Seit Wochen suchen wir dich! Beinah wären wir an dir vorbeigefahren, aber an dem Motor stimmte etwas nicht, so daß wir uns treiben ließen. Wie kommst du in diese Gegend? Erzähle doch!«

Inzwischen hatte sich Hrenki so weit gefaßt, daß sie verlegen lächeln konnte. Ihr Schreck ging in Freude und schließlich in Mißtrauen über.

Nuno bestürmte sie mit Fragen.

»Ich weiß nicht, was ich sagen soll«, meinte sie endlich.

»Erzähle doch! Hat dich Quitando geraubt? Wohnst du bei ihm?«

Sie machte eine unwillige Kopfbewegung und erwiderte: »Er ist tot.«

»Um so besser für uns«, meinte Nuno. »Lebst du bei seinem Sohn und seiner Tochter?«

»Vielleicht«, wich Hrenki ungeschickt aus. Sie wußte, daß Déa ein Erkanntwerden fürchtete, und wollte sie nicht verraten. Was mit Dalmo würde, kümmerte sie nicht.

»Komm, bring uns hin!« befahl Manuel ungeduldig. Er riß den Motor an und drehte die Fahrzeuge gegen den Strom, da sie sehr weit abgetrieben waren.

Hrenki blieb nichts weiter übrig, als ihnen den Weg zu zeigen. So kam es, daß beide Boote unterhalb Corcundas anlegten, während Déa oben auf der Böschung stand. Sie glaubte zuerst, Humberto sei mit Hrenki gekommen, doch erkannte sie sehr bald ihren Irrtum.

»Das ist Nuno«, erklärte Hrenki, als sie oben angekommen waren.

»Erschrecken Sie nicht«, ergriff Nuno das Wort. Er redete Déa in städtischer Weise mit Sie an. »Ich kenne Hrenki sehr gut, weil ich mich eine Zeitlang im Dorf der Crao aufgehalten habe. Obwohl sie kaum wiederzuerkennen ist, so ordentlich groß und hübsch ist sie geworden.«

»Sie kommen, um sie zu holen?« fragte Déa mit einer Unmutsfalte über ihrer Nasenwurzel.

»Wenn Sie so direkt fragen, können wir es nicht leugnen«, entgegnete Nuno.

»Und was wollen Sie außerdem?«

Jetzt mischte sich Manuel ins Gespräch: »Kein Mensch braucht zu erfahren, daß wir Sie angetroffen haben. Wie das Mädchen sagte, ist Ihr Vater inzwischen gestorben. Das werden wir ausrichten — weiter nichts.«

»Wer sind Sie eigentlich?« fragte Déa mißtrauisch.

»Leute vom SPI«, erwiderte Nuno mit einem stolzen Unterton.

»Treten Sie ein«, bat sie und wendete ihr Gesicht ab. Im Haus setzte sie den Gästen Cafesinho vor. Dann nahm sie am Fenster Platz, damit die Männer ihr Gesicht nicht deutlich sehen konnten.

»Ich habe noch etwas zu erklären«, begann Nuno aufs neue. »Bevor ich zum SPI ging, gehörte ich zu den Siedlern am Rio Vermelho. Meinem Bruder zuliebe zog ich dorthin. Es kam zu Zwischenfällen, die Crao brannten unsere Häuser ab. Ich ging daraufhin in ihr Dorf, ohne recht zu wissen, was ich eigentlich dort wollte. Acht Tage blieb ich bei ihnen. Sie waren gut zu mir, so daß ich beschloß, meinen Bruder zu verlassen und dem SPI beizutreten. Als der Überfall stattfand, war ich längst nicht mehr am Rio Vermelho. Dann haben wir vom Posten aus Hrenki gesucht und nicht gefunden. So, und jetzt sind wir hier.«

»Sie wollen also weiter nichts als Hrenki mitnehmen?« fragte Déa immer noch voller Mißtrauen.

»Das ist alles«, bekräftigte Nuno.

Manuel brummte ebenfalls seine Beteuerung.

»Ich weiß nicht, ob Hrenki mitgehen will«, meinte Déa.

Hrenki schüttelte energisch den Kopf. Sie hatte sich neben ihre schwesterliche Freundin gesetzt und dem Gespräch zugehört.

»Du willst nicht?« wunderte sich Nuno. »Wir fahren von hier aus zum Posten und gehen von dort direkt nach Icré.«

»Ich will nicht«, antwortete sie.

»Jetzt verstehe ich gar nichts mehr«, versetzte Nuno. »Seit drei Wochen sind wir unterwegs und fragen jeden Menschen, dem wir begegnen, ob irgendwo ein Craomädchen gesehen worden ist. Und als wir es endlich gefunden haben, geht es nicht mit. Was sollen wir Senhor Dias und den Indianern sagen, wenn wir allein zurückkommen?«

»Das ist ganz einfach«, erklärte Déa. »Sie sagen, wie es ist. Hrenki befindet sich in den besten Händen. Ich wäre sehr traurig, wenn sie mich verlassen würde, aber halten will ich sie nicht.«

»Sie ist gegen ihren Willen verschleppt worden«, äußerte Manuel.

»Das war einmal. Ich habe Hrenki hoch und heilig versprochen, sie eines Tages wieder nach Hause zu bringen. Die Handlungsweise meines Vaters konnten wir, mein Bruder und ich, nicht im geringsten beeinflussen. Was er getan hat, geschah ohne unsere Zustimmung. Obwohl Hrenki verschleppt worden ist, hat sie es bei uns gut gehabt. Das ist alles, was ich zu sagen habe und was ich für Sie tun kann.«

»Es ist gut«, antwortete Nuno. »Der Abend kommt, und wir werden in der Nähe auf einer Praia übernachten. Bevor wir morgen früh losfahren, kommen wir noch einmal her. Vielleicht überlegt es sich Hrenki bis morgen früh.«

Daraufhin verließen die beiden Männer das Haus und entfernten sich mit ihrem Boot.

Hrenki war voller Unruhe.

»Sie werden wiederkommen«, flüsterte sie Déa zu. »Wahrscheinlich in der Nacht, und sie werden mich zwingen wollen. Ich gehe zu den Cherenti und bleibe dort, bis sie weggefahren sind.«

»Wenn Dalmo hier ist, können sie es nicht wagen«, meinte Déa, doch nach kurzer Überlegung fuhr sie fort: »Geh nur, wenn du dich bei den Cherenti sicherer fühlst. Nimm das kleine Boot und laß dich von niemandem sehen. Die beiden sind zum Araguaya hinüber und kommen dir nicht in den Weg.«

Déa brachte Hrenki noch bis zu dem schmalen Einbaum. Dort umarmten sie sich, und Déa sagte:

»Ich bin so froh, Hrenki, daß du bei mir bleiben willst. Ach, wenn es doch für immer wäre!«

Hrenki lächelte nur und bestieg das Boot. Sie paddelte zur Bucht hinaus, winkte von draußen noch einmal zurück und bog in den Seitenarm ein, der zu dem kleinen Dorf der Cherenti führte.

Hrenki hatte nicht die Absicht, das Große Lied für immer aufzugeben. Sie hatte immer noch Heimweh, so daß sie manchmal am liebsten davongelaufen wäre. Jetzt bot sich ihr die Gelegenheit zur Heimfahrt, doch vermochte sie nicht die Furcht vor den Weißen zu überwinden. Wären die Männer vom SPI Indianer gewesen, wäre sie bedenkenlos mitgefahren. Deswegen floh sie jetzt zu den Cherenti, mit denen sie gefühlsmäßig verbunden war.

Dabei lebten diese Cherenti wie andere Siedler und kannten die indianische Lebensweise ebensowenig wie Dalmo und Déa. In Hrenkis Augen blieben sie trotzdem Indianer, und da sie im Dorf der Crao als friedliche Menschen galten, hatte sie zu ihnen Vertrauen gefaßt.

Es war bereits dunkel, als sie das kleine Dorf erreichte. Ein Mann und mehrere Kinder zogen ihr Boot ans Ufer. Keiner erkundigte sich nach dem Grund ihres späten Besuches. Mit größter Selbstverständlichkeit wurde sie den Hang hinauf und in ein Haus geführt.

Dort war sie des öfteren eingekehrt, und die Bewohner freuten sich auch diesmal über ihr Erscheinen. Auf Corcunda sei wohl etwas passiert, meinte die Hausfrau.

»Nein«, behauptete Hrenki, und erst viel später, als die Kinder in den Hängematten lagen und sie mit dem Ehepaar allein in dem durch eine kleine Petroleumlampe spärlich erhellten Zimmer saß, erzählte sie:

»Ich bin nicht Déas Schwester, sondern eine Crao. Heute kamen zwei Männer vom SPI und wollten mich zurückholen. Deswegen bin ich ausgerissen.«

»Ach, so ist das?« murmelte der Mann verwundert.

»Und du willst nicht mehr zurück?« fragte die Frau.

»Doch, aber nicht mit diesen Männern. Ich fürchte mich vor ihnen.«

»Wie bist du eigentlich zu den Leuten von Corcunda gekommen?« wollte der Cherenti wissen.

»Ich bin eben mitgegangen«, log Hrenki, um Déa in kein schlechtes Licht zu stellen.

»Hast du keine Eltern?«

»Die Mutter ist tot, nur der Vater lebt im Großen Lied.«

»Was ist das Große Lied?« fragte die Frau.

»Unser Dorf. Wir nennen es so.«

»Weißt du, daß nicht sehr weit von uns entfernt ein Crao beschäftigt ist?«

»Nein, davon weiß ich nichts.«

»Er kam eines Tages und fragte nach Arbeit. Da ist er bei einem Siedler geblieben und hilft im Bootsbau. Die Leute haben ihn gern, denn er ist ein anstelliger, ruhiger Bursche.«

»Wie rufen sie ihn?« erkundigte sich Hrenki neugierig.

»Tukano; vielleicht kennst du ihn.«

»Tukano?« flüsterte Hrenki fassungslos.

»Also kennst du ihn?«

»Er stammt aus unserem Dorf und verließ es, weil er mit seiner Familie Streit bekam. Kann ich ihn sehen?«

»Wenn du willst, reiten wir morgen zu ihm. Am Abend sind wir wieder zurück.«

»Tukano!« wiederholte Hrenki beglückt.

Sie fühlte sich plötzlich nicht mehr allein. Der Gedanke, einen Stammesangehörigen in der Nähe zu haben, machte sie unsagbar froh. Am liebsten wäre sie noch in dieser Nacht aufgebrochen, um ihn zu besuchen. Der Cherenti sprach freundlich, er sei ein Christ und glaube nicht an Geister, doch möge er trotzdem nicht im Dunkeln durch die Wildnis reiten.

Mit den Geistern im Bunde

Insú und Ganaz waren Flußindianer geworden. Nachdem sie vom Posten des SPI einen ziemlich morschen Einbaum bekommen hatten, stakten sie den Rio Tocantins aufwärts, um in alle Nebenarme, Buchten und Winkel zu sehen und sämtliche Anlieger dieser Wasserwege nach Floriano Quitando und einem Indianermädchen zu fragen. Wochen und Monate vergingen, ohne daß die beiden Indianer sich nach der Zeit gerichtet hätten. Sie kannten sowieso nur eine Trockenzeit und die Regenperiode, doch schienen sie sich auch darum nicht zu kümmern. Tag für Tag stakten oder paddelten sie dahin, wenn sie nicht gerade auf einer Sandbank lagerten. Ihre Nahrung bestand aus Fischen, Wild und Geflügel, während sie das für sie fast unentbehrliche Maniokbrot überhaupt nicht mehr zu essen bekamen.

Keiner der beiden klagte. Sie hielten ihr Leben für ganz erträglich, zumal sie immer satt wurden. Nach einem Dach brauchten sie sich während der Trockenzeit nicht umzusehen, und die Sonnenstrahlen spürten sie kaum auf ihrer braungebrannten Haut.

Eine Körperbemalung kam für sie nicht mehr in Frage. Insú trug als einziges Stammeszeichen noch seine großen Ohrscheiben, aber Ganaz war als Kind von einer Wildkatze ins Ohr gebissen worden und konnte keine solchen Scheiben mehr tragen.

Vom Posten hatten sie Hemd und Hose bekommen, doch begnügten sie sich noch immer mit einem Schurz. Sie trafen an diesen oberen Wasserläufen sowieso auf keine größeren Ortschaften, höchstens auf einige Siedler, die auf die Kleidung auch keinen besonderen Wert legten.

Als Indianer waren sie durchaus nicht überall gerngesehene Gäste. Die einsam lebenden Siedler mißtrauten ihnen, weil sie hinter den beiden eine ganze Schar Rothäute vermuteten. Mitunter mußten sie erleben, wie Frauen und Kinder vor ihnen die Flucht ergriffen. Am Anfang wunderten sie sich darüber, bis sie schließlich daran gewöhnt waren.

In der Nähe von Porto Nacional, einer Kleinstadt hoch oben am Tocantins, stießen sie auf eine Filmexpedition, die für ihre Aufnahmen dringend Indianer benötigte. Die beiden Crao kamen dem Expeditionsleiter wie gerufen. Insú und Ganaz sollten Fische speeren, während der Kameramann drehte.

Die Crao besaßen keine Speere, aber sie pfeilten eine Menge mittelgroßer Fische, die sie freundlich den fremden Leuten überließen. Aber die wollten sie gar nicht haben. Wozu dann dieser ganze Aufwand? Die Crao verstanden das nicht. Sie glaubten, daß diese Leute von ihnen Fische haben wollten, und sie hatten ihnen welche gegeben. Was wollten sie noch von ihnen?

Jetzt sollten sie miteinander ringen oder irgend etwas anderes tun! Insú gab es auf, sich über diese Fremden zu wundern. Ganaz betrachtete den Füllhalter, den ihm der Expeditionsleiter schenken wollte, und gab ihn wieder zurück. Eine Schachtel Streichhölzer sei ihm lieber, meinte er, weil sie sich mit dem Funkenschlagen plagen mußten. Der fremde Capitáno ließ ein ganzes Paket davon holen, so daß er Zeit gewann für eine Anzahl weiterer Aufnahmen.

Später unterhielten sich die beiden Crao noch lange über diese Weißen, die im Grunde genommen wohl nicht schlecht, jedoch sehr seltsam waren.

Ihre Reise verlief nicht immer ohne Zwischenfälle. Wo sie Floriano Quitando vermuteten, gab es Stromschnellen und langgestrecktes Gefälle. Es war nicht leicht, mit dem Boot dagegen anzukommen. Quitando mußte, wie die Crao sich dachten, mit Verfolgung rechnen und hatte bestimmt eine Gegend aufgesucht, in die normalerweise niemand kam. Sie wunderten sich nicht, daß ihnen kein Siedler eine Auskunft geben konnte; denn keiner wollte diesen Mann oder ein indianisches Mädchen gesehen haben.

Für nicht geheuer hielten die beiden den dichten Galeriewald, der meistens wie eine grüne Wand die Ufer säumte. Sie kannten sich im Urwald aus, doch fanden sie hier Gebüsch, das höchstens Tapire durchbrechen konnten. Wilde Ananas und baumhohe Sträucher bildeten undurchdringliche Mauern.

Bevor der Abend anbrach, legten die Crao an einer Sandbank an. Vorher hatten sie irgendein Tier erlegt, so daß sich Insú um einen Braten kümmern konnte, während Ganaz für die lange Nacht genügend Brennholz sammelte.

An diese Nächte mußten sie sich erst gewöhnen. Solange es auf dem Fluß keine Stromschnellen gab, kamen nachts die Kaimane an Land gekrochen. Die beiden fürchteten sich sehr vor ihnen, denn es waren Tiere, mit denen sie im Sertão nicht zu rechnen brauchten. Der Postenführer, Senhor Dias, hatte sie vor diesen Bestien gewarnt, weil vor noch nicht allzu langer Zeit einem Caboclo beim Schlafen auf der Praia ein Fuß abgebissen wurde.

Auch fanden sie in einsamen Gegenden auf den Sandbänken so viele Jaguarfährten, daß sie lieber weiterfuhren, um an sicherer Stelle die Nacht zu verbringen.

Selbst wenn sie glaubten, eine solche gefunden zu haben, vernahmen sie vom Waldrand herüber Tierstimmen, die sie nicht zu deuten wußten. Es waren vielleicht aufgeschreckte Capivari oder gar Buschgeister. Selbst der Wind klang über dem Fluß anders als über dem Sertão.

Ganaz war jung und unbekümmert, aber Insú durchwachte so manche Nacht. Dazu kam die Sorge um sein Kind, die ihn nicht einschlafen ließ. —

Als sie eines Tages auf ein großes indianisches Lager stießen, zogen sie sich schleunigst zurück, versenkten an sicherer Stelle ihr Boot und schlichen von der Waldseite her die Praia an, auf der die fremden Jäger und Fischer zahlreiche Windschirme errichtet hatten. Sie wußten nicht, wer in dieser Gegend lebte, erkannten auch nicht die Stammeszugehörigkeit. Insú hielt sie für Chavante, Ganaz glaubte nicht daran. Beide hatten jedoch nie im Leben einen Chavante gesehen. Sie wußten nur, daß die Crao in früheren Zeiten mit diesem Stamm oft zusammengeraten waren, wobei es jedesmal blutige Kämpfe gegeben hatte.

Jeder Indianer hütete sich, mit dem Laub des Waldbodens in engere Berührung zu kommen, weil in diesem lockeren Boden eine Unmenge Zecken und andere Plagegeister lebten. Ging es dagegen darum, sich zu tarnen, dann wühlten sie sich in das Laub ein, bis nichts mehr von ihnen zu sehen war.

So lagen auch Insú und Ganaz unsichtbar am Rande des dichten Waldes, von wo aus sie das Lagertreiben in

Ruhe beobachten konnten. Sie kniffen die Augen zusammen, daß das Weiße nicht mehr zu sehen war. Ihre Bogen und Pfeile steckten ebenfalls unterm Laub.

Die fremden Indianer benahmen sich so sorglos, als gäbe es für sie keine Gefahr. Entweder verließen sie sich auf ihre zahlenmäßige Stärke oder auf die Sicherheit einer anscheinend menschenleeren Gegend.

Wenn die beiden Beobachter sich nicht täuschten, befanden sich sämtliche Männer im Lager. Mehrere Einbäume waren auf den Sand gezogen, und viele Fische hingen zum Trocknen auf wahllos in den Sand gesteckten Stangen.

Insú zog sich vorsichtig zurück. Er hatte genug gesehen und mißtraute diesen Leuten. Ganaz folgte ihm, doch sprachen sie beide kein Wort. Lautlos huschten sie durch den Wald, bis sie ihr versenktes Kanu erreichten und es durch geschicktes Hin- und Herschieben entleerten. Dann stiegen sie ein und paddelten hastig stromab.

»Was nun?« fragte Ganaz, als sie sich in Sicherheit wähnten.

»Ich verspüre keine Lust, mich mit diesen Chavante einzulassen«, erwiderte Insú.

»Ist es so sicher, daß es welche waren?«

»Ich denke schon, doch kann ich mich täuschen. Jedenfalls witterte ich Gefahr. Du weißt, wie das ist. Man kann es nicht beschreiben.«

»Es ist nur die Angst«, erklärte Ganaz wegwerfend.

»Du irrst, denn es ist ein Gefühl, das neben der Angst auftreten kann. Ich war diesmal gar nicht ängstlich, weil für uns nicht die geringste Gefahr bestand. Das Gefühl war jedoch da.«

»Ich weiß schon, was du meinst«, pflichtete ihm der

Jüngere bei, »nur hielt ich es immer für Angst. Mir kamen diese Leute nicht so gefährlich vor.«

»Die schlimmsten Menschen verraten nicht ihre Gefährlichkeit, wenn sie untereinander sind«, meinte Insú. »Traue nie einem Fremden, solange er nicht dein Vertrauen verdient. Sorglosigkeit hat schon oft zu großer Trauer geführt.«

»Ich will es mir merken«, sagte Ganaz schlicht.

»Außerdem habe ich diese Menschen nichts zu fragen«, fuhr Insú fort. »Sie halten sich bestimmt nicht zum erstenmal in dieser Gegend auf, und wo so viele Indianer sind, siedelt sich nicht der Mann an, den wir suchen. Deswegen fahren wir zurück und in einen anderen Seitenarm des großen Flusses hinein.«

»Mir ist es recht«, meinte Ganaz.

Sie legten, um ganz sicher zu gehen und nicht von umherstreifenden Jägern überrascht zu werden, an diesem Tag noch eine gewaltige Strecke zurück. In der Nacht, die sie auf einer Praia verbrachten, wachten sie häufig auf und lauschten der nächtlichen Stille.

Am nächsten Morgen überraschten sie einen Caboclo, der die beiden Indianer zu spät entdeckte, um noch vor ihnen die Flucht ergreifen zu können. Ängstlich erwartete er die beiden, von denen er sich nichts Gutes versprach.

Ganaz hatte auf der langen Reise Portugiesisch gelernt. Ohne Umschweife fragte er den Caboclo, wo Floriano Quitando wohne, da sie mit ihm befreundet wären und ihn besuchen möchten.

»Hier wohnt keine Menschenseele«, erwiderte der Caboclo.

»Und was tust du hier?«

»Ave Maria, ich bin ein armer Mann und suche, was ich zum Leben brauche.«

»Hast du ein Indianermädchen gesehen, das vielleicht allein umherirrt?«

»Nichts, bei der Mutter Gottes, und keine Menschenseele in den letzten Tagen«, beteuerte der Mann.

Ganaz versetzte seinem Kanu einen Stoß und griff zu seinem Paddel. Insú kannte seit langem solche Unterhaltungen und verzichtete auf nähere Erklärungen.

Diesmal sagte Ganaz ärgerlich: »Ich gebe es auf, in dieser Gegend Hrenki zu finden. Wahrscheinlich ist Quitando den Tocantins hinab zum großen Fluß gefahren, den sie Amazonas nennen, oder er ist am Araguaya, der drüben beim Sonnenuntergang liegt.«

»Wie willst du mit dem Boot dorthin kommen?« fragte Insú.

»Senhor Dias hat es genau beschrieben. Der Weg ist jedoch weit, und wir müßten einen Motor haben.«

»Wie kommst du zu einem Motor? Die Weißen sind klug und bauen ihn, aber wir können das nicht. Wir müssen staken und paddeln.«

»Wie es scheint, bis in alle Ewigkeit.«

Und sie paddelten Tag für Tag, Woche für Woche, bis dunkle Wolken aufzogen und sie daran erinnerten, daß die nächste Regenzeit nicht mehr lange auf sich warten ließ.

Der Plan mit Tukano

Hrenki war mit einem Cherenti nach Boa Vista geritten. Boa Vista, Schöne Aussicht, wurden viele Plätze im brasilianischen Land genannt. Eine hohe Uferböschung genügte, um sie so und nicht anders zu bezeichnen.

So war auch diese Boa Vista kein besonderer Fleck in der Landschaft am Araguaya. Ein fleißiger Caboclo hatte dort einige luftige Häuser errichtet und mit dem Bootsbau begonnen. Am Anfang war es ein Einbaum gewesen, den er günstig verkaufen konnte. Daraufhin hackte er einen zweiten aus einem dicken Baumstamm heraus. Er wurde auch diesen los, so daß er auf den Gedanken kam, nur noch Boote zu bauen. Mit Einbäumen beschäftigte er sich schließlich nicht mehr, weil aus Brettern erbaute Boote einen besseren Verdienst einbrachten. Da er allein die Arbeit nicht mehr bewältigen konnte, holte er seinen Schwager nach Boa Vista. Nun bauten sie zu zweit, bis eines Tages ein junger Indianer bei ihnen auftauchte und nach Arbeit fragte. Sie behielten ihn und waren mit ihm zufrieden.

Tukano fand an der Arbeit Gefallen. Nach seiner Flucht aus Icré war er nach Carolina gelaufen und hatte für Obdach, Essen und eine alte Hose Flöße aufbinden müssen.

Es kamen viele Palmrippenflöße nach dieser Stadt, weil sie den Siedlern, die mitunter von weither kamen, eine bequeme und kostenlose Reise ermöglichten und obendrein beim Verkauf in Carolina etwas Geld einbrachten. Die Palmrippen wurden von armen Leuten gekauft und als Baumaterial für ihre Hütten verwendet.

Tukano mußte diese Flöße aufbinden, die Palmrippen und Bambusstangen an Land tragen und dort zum Trocknen aufstellen. Das war keine schwere Arbeit, nur behagte sie ihm nicht. Er kam sich vor wie ein Krokodil, das sich mehr im Wasser als auf dem Trockenen bewegte.

Ein fliegender Händler, dessen Helfer erkrankt war, nahm ihn zu sich an Bord eines größeren Motorbootes. Tukano war eine billige Kraft, weil er kein Geld verlangte. So kam er zum Rio Araguaya. Dort kaufte der Patron eine ganze Ladung Häute und Felle auf, womit er auf schnellstem Wege nach der Stadt Marabá fahren wollte. Tukano hatte keine Lust, schon wieder in eine Stadt zu kommen. Er verließ das Boot und fand eine Unterkunft bei den Leuten von Boa Vista.

Da war er nun und half beim Bauen der Fahrzeuge. In seiner Freizeit hackte er einen kleinen Einbaum aus einem Stamm, von dem sich die Caboclos nicht viel versprachen. Das fertige Kanu war bestimmt kein Meisterwerk, doch genügte es ihm, und er paddelte zum Vergnügen auf dem Araguaya umher.

Tukano blieb trotz seiner langen Hose ein Indianer. Er behielt sein langes Haar und seine Ohrscheiben, doch legte er keine Bemalung mehr an. Kein Mensch kümmerte sich um seine Herkunft. Die Kinder hingen an ihm, weil er ihnen Bogen und Pfeile schnitzte und sie lehrte, damit umzugehen.

Kein Wort verlor er über seine Vergangenheit. In der Wildnis war es üblich, einen Menschen nicht danach zu fragen, wenn er nicht von selbst darauf zu sprechen kam. Es gab Leute, die aus irgendwelchen Gründen in der Einsamkeit ein neues Leben begannen und die bei gewissen Fragen sehr schweigsam waren.

Obwohl Tukano ein reines Gewissen besaß, zog er sich vor vielen Menschen zurück. Wenn Besucher nach Boa Vista kamen und die Arbeit eingestellt wurde, beschäftigte er sich mit anderen Dingen oder paddelte auf den Fluß hinaus.

So war es auch, als Hrenki mit dem Cherenti angeritten kam. Die Arbeit ruhte, und Tukano fischte auf dem Araguaya.

Hrenki sprang die Böschung hinab zum Wasser und stieß den Schrei des Adlers aus. Tukano blickte daraufhin in die Luft. Erst bei ihrem dritten Ruf sah er das Mädchen am Ufer stehen. Er wunderte sich, weil Caboclomädchen keine Tierstimmen nachahmten.

Hrenki maunzte wie ein kleiner Jaguar.

Tukano zog die Angelschnur ein und paddelte zögernd ans Ufer.

Hrenki kauerte dort im Sand und blickte ihm lächelnd entgegen.

Er erkannte sie nicht sofort, weil sie ganz anders aussah als daheim im Großen Lied.

»Der Adler mußte lange rufen«, fing sie an zu sprechen.

Ungläubig, mit bleischweren Füßen verließ Tukano sein Boot.

»Der kleine Jaguar hat dich jedoch gelockt«, fuhr Hrenki, immer noch lächelnd, fort.

»Wo kommst du her?« fragte er grenzenlos erstaunt. »Bist du allein hier?«

»Jetzt nicht mehr, seit du neben mir stehst.«

Er fuhr sich mit dem Handrücken über die Augen, als müßte er einen Traum wegwischen.

Plötzlich wurde er lebhaft. Er zog sein Boot auf den Strand, nahm das Paddel und setzte sich auf den Stamm eines angetriebenen Baumes. Hrenki hockte sich vor ihm nieder und fand ihre Stellung bequem.

»Jetzt mußt du mir alles erzählen«, rief er, indem er sein Paddel mit kräftigem Schwung in den Sand stieß.

Und Hrenki berichtete von Anfang an, so daß die Sonne inzwischen ein großes Stück am Himmel weiterwanderte.

Tukano konnte die vielen Neuigkeiten gar nicht alle erfassen. Er unterbrach sie mit Fragen und schüttelte oft den Kopf.

Als sie endlich bei ihrem Ritt nach Boa Vista angekommen war, fing er an zu erzählen, und er redete so lange, bis der Cherenti zu ihnen kam und zum Heimritt mahnte.

Von ihrem Esel herab sagte sie zu Tukano:

»Ich muß nach Hause, weil Déa auf mich wartet. Du mußt uns besuchen. Corcunda findest du. Es ist nicht sehr weit von hier. Und jetzt gehe ich.«

Sie wendete ihr Tier und ritt dem Cherenti nach, der es plötzlich eilig hatte. Wahrscheinlich fürchtete er den Einbruch der Nacht.

Als sie in Corcunda eintraf, waren Nuno und Manuel abgefahren.

An einem Sonntag — sonntags wurde auf Boa Vista niemals gearbeitet — kam Tukano nach Corcunda. Er trug eine neue Hose und ein sauberes Hemd. Beides hatte er kurz vorm Einbiegen in die Bucht angezogen, damit seine Kleidung bei der Ankunft noch ordentlich aussah. So stieg er bedächtigen Schrittes die Böschung hinauf.

Dalmo befand sich bei den Tieren, so daß die beiden Mädchen allein waren. Sie setzten dem Gast Cafesinho vor und schwiegen, bis er getrunken hatte. Danach gab es für Hrenki und Tukano wieder viel zu erzählen, und da sie sich in ihrer indianischen Sprache unterhielten, ging Déa einer Hausarbeit nach.

»Nein, ich will wieder heim«, versicherte Hrenki, als Tukano sie fragte, ob sie gedenke hierzubleiben. »Willst du nicht mitkommen?«

»Du weißt, daß man mich verstoßen hat.« Doch Tukanos Miene hellte sich auf, als er eifrig fortfuhr: »Wenn ich dich nach Hause bringe, müßten sie auch mich wieder aufnehmen, denn allein kommst du niemals nach Icré.«

»Vielleicht doch, aber lieber wäre mir, du würdest mitfahren. Gehört dir das Boot, in dem ich dich sah?«

»Ich habe es selbst gebaut. Wir müssen uns beeilen, damit uns der Regen nicht überrascht. Wann kannst du fahren?«

Hrenki setzte sich zu Déa und erzählte ihr von ihrem Reiseplan. Daran sei wohl nichts zu ändern, meinte die Freundin und unterdrückte ihre Traurigkeit.

»Trotzdem möchte ich dir vorher zeigen, wohin ich mit Humberto gehen werde«, fuhr sie fort. »Dalmo will ein Cherentimädchen ins Haus nehmen, das ihm die Wirtschaft führt. Ich möchte, daß es sofort geschieht, damit wir für einige Tage wegfahren können.«

»Und danach kann ich mit Tukano gehen?« fragte Hrenki.

»Jederzeit könntest du es, doch du sollst wissen, wo ich später anzutreffen bin. Hoffentlich kommst du eines Tages wieder zu mir! Dann bring deinen Vater mit, damit du nicht in euer Dorf zurückgehen mußt. Ich glaube sicher, daß es bei uns ebenso schön ist wie in Icré.«

Hrenki schüttelte lächelnd den Kopf.

»Nirgends ist es so schön wie bei uns im Großen Lied«, gab sie zurück. »Du solltest uns dort besuchen, Déa, und mit uns tanzen, singen und rennen. Wir arbeiten nicht so viel wie hier und haben viel Zeit zum Tanzen.«

»Dann läufst du wieder als Nackedei herum, während du hier schöne Kleider tragen kannst.«

»Wozu?« fragte Hrenki. »Bei uns brauchen wir keine Kleider. Ara wird mich wieder bemalen, wir werden auf Bäume klettern und Honig holen.«

»Hat es dir hier nicht ein ganz klein wenig gefallen?« erkundigte sich Déa traurig.

»Doch«, bestätigte Hrenki und drückte die Freundin an sich, »du warst immer gut zu mir, und du wirst mir sehr fehlen. Trotzdem will ich gehen.«

»Ja, ich täte es wahrscheinlich auch an deiner Stelle«, seufzte Déa.

Dann besprachen sie die Abreise und legten fest, was sie mitnehmen mußten. Tukano sagte, daß er nichts benötige, denn was sie zum Leben brauchten, würde er unterwegs schießen oder fangen.

Humberto kam zufällig mit seinem Motorboot an und nahm die Mädchen freudestrahlend mit. Sie fuhren einen ganzen Tag und gingen an einer Stelle an Land, wo weithin kein Wald mehr zu sehen war. Da gab es große Pflanzungen mit Zuckerrohr, Mais, Baumwolle, Tabak, Maniok und Bananen. Das Vieh lief über saftige Weiden, während die Häuser unter schattenspendenden Mangobäumen und unweit von Kokospalmen standen.

Aber trotzdem war Dario Ramos, Humbertos Vater, kein sehr reicher Mann, denn die Transportmöglichkeit bis zur nächsten Stadt war umständlich, und die Aufkäufer drückten die Preise.

Allerdings galt Dario Ramos als wohlhabend. Auf seinem Land arbeiteten mehrere Familien, die auch eigenen Boden besaßen und denen es im Vergleich zu anderen Siedlern auffallend gut ging.

Déa sah diesen Besitz zum ersten Mal. Sie freute sich über alles, was sie während ihres Besuches zu sehen bekam. Hier spürte keiner die Wildnis, den erdrückenden Galeriewald und den endlosen Sertão. Selbst die Menschen waren aufgeschlossener als anderswo. An den Abenden spielten die Männer Gitarre, oder sie fingen an zu tanzen, ohne daß ein besonderer Grund vorgelegen hätte.

»Möchtest du nicht hierbleiben?« fragte Déa, indem sie Hrenki umarmte.

Hrenki schüttelte den Kopf, denn das Große Lied schien ihr tausendmal schöner zu sein.

»Merke dir den Namen dieser Fazenda gut«, bat Déa eindringlich. »Campo do sul, Sonnenacker, das kannst du gut behalten. Déa auf Campo do sul! Wie klingt das? Ich bin sehr glücklich, Hrenki! Wirst du mich vergessen?«

»Nie«, beteuerte Hrenki.

»Und wirst du mich auch besuchen?«

»Ich will immer daran denken; vielleicht sehen wir uns wieder. Ich werde traurig sein, wenn ich von dir gehe.«

»Wenn du nicht kommst, besuche ich dich im Großen Lied. Ja, das will ich tun! Bis zum Posten kann ich mit dem Motorboot fahren, und dann muß Senhor Dias mit mir nach Icré reiten. Was werden deine Crao dazu sagen?«

»Sie werden für dich ein Fest veranstalten, und du mußt lange bei uns bleiben.«

Déa versprach an diesem Tag alles, denn sie befand sich in einer ausgelassenen Stimmung. Humbertos Eltern legten die Trauung fest, die in der Stadt Marabá stattfinden sollte.

Marabá lag unterhalb der Mündung des Araguaya in den Tocantins und war durch häufige Überschwemmungen, verheerende Brände und als Malariaherd unrühmlich bekannt geworden. In den letzten Jahren hatten sich die Zustände gebessert, und ein Besuch dieser Stadt bedeutete für alle Caboclos ein besonderes Erlebnis. Dario Ramos wollte, um zu beweisen, daß er nicht geizig war, eine große Hochzeit feiern. Sämtliche umliegenden Siedler sollten dazu eingeladen werden. Vielleicht, so scherzte er, sei bei dieser Gelegenheit auch für Hrenki ein Mann aufzutreiben.

»Hrenki wird dann nicht mehr bei uns sein«, klärte ihn Déa auf. »Sie ist eine Crao und geht zu ihrem Stamm zurück.«

»Ihr seid keine Geschwister?« wunderte sich der Alte.

»Nein, sie ist unser Findelkind.«

Da wurde Dario Ramos ganz aufgeregt und wollte wissen, was Hrenki mitnehmen müsse, um daheim ein menschenwürdiges Dasein zu führen. Déa versprach, sie nach besten Kräften mit allem möglichen auszustatten, während Hrenki nur kopfschüttelnd lächelte.

Eine Reise mit Schrecken

Als Tukano nach Corcunda kam und das viele Zeug sah, das Hrenki mitnehmen sollte, sah er erschrocken sein kleines Fahrzeug an. Hrenki lachte belustigt, weil sie von vornherein auf alles verzichten wollte. Ihr genügte eine Decke und ein wenig Mundvorrat.

Déa schlug vor, einen größeren Einbaum zu benutzen. Tukano rechnete jedoch mit Regen und plötzlichem Hochwasser, so daß er sein kleines Boot bevorzugte. Mit einem großen würde er dann schwer gegen die Strömung ankommen.

Die Mädchen weinten, als sie voneinander Abschied nahmen, aber Dalmo bekam von Hrenki nicht einmal einen letzten Blick zugeworfen. Sie verabscheute ihn mit dem unversöhnlichen Charakter der Indianer.

Es war nicht leicht für Hrenki, Corcunda, das sie mit aufgebaut hatte, für immer zu verlassen. Im letzten Augenblick geriet sie in Versuchung, Tukano wegzuschicken, um bei Déa zu bleiben. Tukano saß jedoch bereits im Boot und drängte zur Eile. Der Weg, der vor ihnen lag, war weit.

Hrenki stieg ein, doch griff sie nicht zum Paddel. Sie konnte den Blick nicht von Corcunda lassen und weinte, bis sie zum Araguaya kamen. Dort fing sie unlustig an, ihr Paddel einzutauchen.

Die wechselvolle Szenerie des Galeriewaldes ließ ihre trübe Stimmung allmählich schwinden. Tukanos Heiterkeit trug ebenfalls zu ihrer Aufmunterung bei. Er hatte ja keinen Grund zu trauern. Als er vom Großen Lied kam, besaß er nichts, während er jetzt eine Vogelflinte, ein Buschmesser, zwei Hosen und ein Hemd sein Eigentum nennen konnte. Das war mehr, als sich im allgemeinen ein Indianer wünschte.

Tukano hatte Caboclolieder erlernt, die er Hrenki vorsang. Ihr Text drehte sich um Vaqueiros, Rinder, Lagerfeuer, ein wenig Liebe und noch mehr Herzeleid. Die Melodien klangen heiter und rührselig zugleich.

Trotzdem mußte Hrenki über sie lachen. Um zu beweisen, daß sie Portugiesisch gelernt hatten, unterhielten sie sich zuweilen in dieser Sprache. Tukano glaubte etwas mehr als Hrenki zu wissen, und sie behauptete das Gegenteil.

Um diese Jahreszeit rann der Fluß träge dem Amazonas zu. Der Araguaya war an seinem Unterlauf sehr breit und mächtiger als der Tocantins, in den er mündete. Deswegen stritten die Siedler beider Flüsse um den Namen des vereinigten Stromes. Die Leute vom Araguaya wollten den Namen ihres Flusses bis zum Amazonas durchsetzen, während die anderen behaupteten, der Araguaya sei zwar wasserreicher, aber ganz deutlich behalte der Tocantins seine Richtung bei, um das Wasser seines größeren Bruders aufzunehmen. Tukano und Hrenki paddelten kräftig mit der Strömung des Araguaya und achteten auf die Untiefen. Trotzdem fuhren sie manchmal auf, so daß sie aussteigen und ihr kleines Fahrzeug schieben mußten, bis sie ganz plötzlich wieder tiefes Wasser erreichten und sich geschwind in das Boot schwingen mußten, um nicht ohne Fahrzeug auf der Sandbank zurückzubleiben.

In dem flachen, fließenden Wasser gab es kaum eine Gefahr. Die Kaimane und Piranhas mieden den hellen Grund, von dem sie deutlich abstachen, und blieben lieber im tiefen Wasser. Die Stachelrochen dagegen bevorzugten den sandigen Schlick, weshalb die beiden

Wasserwanderer an verdächtigen Stellen ihre Füße durch den Sand schoben oder auch lärmten, um sie zu verjagen.

In üblicher Weise suchten Tukano und Hrenki am Abend eine Sandbank auf. Die erste Nacht verbrachten sie ungestört neben einem Feuer. In der zweiten erwachte das Mädchen noch vor Sonnenaufgang und erblickte eine riesenhafte Anakonda, die verdächtig nahe über die Sandbank geglitten kam. Dieser Riesenschlange war nie zu trauen. Sie überfiel hin und wieder Rinder und zerdrückte sie mit Leichtigkeit.

Tukano erwachte durch Hrenkis Ruf, nahm seine Vogelflinte und schoß. Da bog die Anakonda ab und glitt hastig in den Fluß hinein.

Nach diesem kleinen Zwischenfall setzten die beiden Crao ihre Reise fort. Sie erreichten die Mündung des Araguaya und befanden sich nunmehr auf dem Tocantins, der trübes Wasser führte. Demzufolge war an seinem Oberlauf der erste Regen niedergegangen.

Von jetzt an paddelten sie gegen die Strömung. Im Gegensatz zur Talfahrt hielten sie sich nach Möglichkeit in flachem Wasser auf. Oft stieg Hrenki aus und lief über langgestreckte Praias, während Tukano stakte und mit dem leichten Boot schnell vorwärts kam.

Um die Mittagszeit frischte regelmäßig ein heftiger Wind auf, der stromabwärts stand und kurze, heftige Wellen aufkommen ließ. Notgedrungen gingen die beiden an Land, bis nach ungefähr zwei Stunden die Weiterfahrt wieder möglich war.

Als eines Tages der Wind aufkam, paddelten sie in eine Bucht. Tukano trug seine alte Hose, Hrenki ein Lendentuch. Sie gewöhnten sich allmählich wieder an ihre indianische Lebensweise.

Noch während sie im Boot saßen, entdeckte Tukano ein Gürteltier, das sich soeben in den weichen Boden einer abgerutschten Steilwand grub. Mit einem Sprung setzte er an Land. Hrenki ergriff ihre Decke und eilte ihm nach. Der Fang des harmlosen Tieres war für die geschickten Hände des Burschen eine Kleinigkeit, weil sich ein Gürteltier kaum wehren kann.

»Das gibt eine feine Mahlzeit«, frohlockte Tukano, während er seine Beute betrachtete.

Hrenki lachte, drehte sich nach dem Kanu um und rief erschrocken: »Das Boot, Tukano! Der Wind treibt es weg!«

Tukano ließ sein Buschmesser fallen, rannte zum Wasser und hechtete hinein. Die Entfernung bis zum Boot betrug kaum fünf Meter. Es einzuholen, wäre eine Kleinigkeit gewesen.

Tukano war jedoch kaum eine Körperlänge vom Ufer weg, als ein dunkler Schatten blitzschnell auf ihn zugeschwommen kam. Hrenki schrie wie noch nie in ihrem Leben.

Vielleicht stutzte Tukano, vielleicht auch nicht, denn bevor er auf ihr Geschrei hin einen Gedanken fassen konnte, rauschte neben ihm das Wasser auf. Ein schwarzes Ungeheuer schnappte zu und peitschte mit seinem Schwanz das Wasser zu Schaum.

»Hrenki!« Tukanos entsetzlicher Schrei klang aus dem Gebrodel heraus.

Dann war es still. Der Wind trieb das kleine Boot auf den Fluß hinaus — und zurück blieb Hrenki, die wie erstarrt am Ufer stand und ins Wasser sah.

Sie konnte das Furchtbare nicht begreifen. Sie spürte in diesem Augenblick nicht, daß noch Leben in ihr war.

Allmählich kam sie zu sich. »Tukano!« schrie sie

mehrmals auf. Sie erblickte weit entfernt das davontreibende Boot.

Erst jetzt begriff sie ihr Alleinsein, und eine furchtbare Angst schnürte ihr die Kehle zu. Fassungslos lief sie am Ufer hin und her. Keinen Blick wandte sie von dem stillen Wasser der Bucht, als müßte Tukano wieder auftauchen, um sorglos lachend an Land zu schwimmen.

Hrenki sah plötzlich, daß sich das Wasser rötlich gefärbt hatte. Stoffetzen stiegen aus der dunklen Tiefe zur Wasseroberfläche empor und lagen dort wie abgestorbene Blätter.

Erschüttert wandte sie sich von diesem grausamen Anblick ab. Schluchzend sank sie zu Boden, und so lag sie lange Zeit. Die Sonne neigte sich immer mehr dem westlichen Waldrand zu. Sie erreichte ihn und verschwand hinter der grünen Wand des Galeriewaldes, während sich das Land in einen wohltuenden Schatten hüllte.

Jetzt erst erhob sich Hrenki. Sie hatte sich ausgeweint und stand völlig ratlos auf der Uferbank. Sie bemerkte, daß die Dunkelheit anbrach. In diesen Breitengraden gibt es keine lange Dämmerung; sobald die Sonne untergegangen ist, kommt sehr schnell die dunkle Nacht. Und nachts krochen die Krokodile an Land. Wenn Hrenki an dieser Stelle blieb, erlebte sie den nächsten Morgen bestimmt nicht mehr. Wohin sollte sie sich jedoch wenden? Hier gab es keine langgestreckte Sandbank, auf der sie ein Stück hätte laufen können. Das Steilufer war dicht bewachsen, voller Dornengebüsch und undurchdringlich.

Trotzdem mußte Hrenki einen Ausweg finden. Wie immer schrien um diese Zeit die vielen Tiere des Waldes. Sie stritten sich um die Schlafplätze, randalierten und störten sich gegenseitig auf. Die Brüllaffen benahmen sich besonders laut.

Die größte Sicherheit gab es wohl auf den Bäumen. Der Jaguar kam freilich auch dahin, aber die Krokodile, die meisten Schlangen, die Wild- und Stachelschweine, Tapire und anderes Getier waren auf den Erdboden angewiesen.

Hrenki suchte sich einen besonders großen Baum aus. Bevor sie ihn bestieg, drehte sie einen langen Zweig so geschmeidig, daß er sich verknoten ließ. Danach kletterte sie durch das Geäst und fand eine Astgabel, wo sie einigermaßen bequem sitzen konnte. Um im Schlaf nicht abzustürzen, band sie sich fest. Das Buschmesser hieb sie griffbereit neben sich in das Holz.

Die Nacht brach an. Sie brachte einen wolkenlosen Himmel mit unzähligen Sternen und einem Mond, der wie ein Schifflein aus der Ferne kam und kaum merklich, jedoch unaufhaltsam in die Weite glitt. Allmählich beruhigten sich die Tiere. Manchmal schrie ein Nachtvogel auf; die Grillen zirpten ohne Unterlaß.

In der Bucht rührten sich die Krokodile. Jetzt verließen sie das Wasser und schlurften über die Böschung.

Hrenki erschauerte. Sie fürchtete sich, obwohl sie sich vor diesen Bestien in Sicherheit befand. Sie hätte es lieber mit einem Jaguar aufgenommen als mit einer dieser gräßlichen Echsen. Unter ihnen gab es alte, moosbewachsene, schwarzgepanzerte Scheusale, vor denen selbst die jüngeren Kaimane flohen. Sie beherrschten nicht nur das Wasser, sondern auch die Sandbänke und den Wald in ihrer Umgebung. Wer ihnen vor das Maul geriet, war unrettbar verloren, denn was ihre dolchartigen Zähne festhielten, gaben sie nicht wieder her.

Die Geräusche mehrten sich unter Hrenki. Grunzen, Husten, Niesen und Brummen klang zu ihr herauf. Sie vernahm schleichende Schritte und flüchtende Hufe.

Hrenki glaubte nicht mehr an Buschgeister. Durch Déa hatte sie erfahren, daß es keine gab; alle diese Stimmen und Geräusche rührten von Tieren her, die sie längst kannte. Trotzdem war für sie genügend Grund vorhanden, jede Bewegung zu vermeiden, kaum zu atmen, sich ganz klein zu machen und zu fürchten. An Schlaf war in dieser Nacht nicht zu denken. Wenn Hrenki nicht durch das nächtliche Treiben der Tiere abgelenkt wurde, hatte sie das grauenvolle Bild von Tukanos Ende vor Augen. Sie sah noch einmal seinen emporgeworfenen Arm und hörte ihren Namen, der als letzter Schrei aus seinem Munde kam.

Tukano war ihr mehr gewesen als der rettende Freund. Nie hatte er über seine Zukunftspläne gesprochen. Ihn zog es nach Hause, jedoch kaum zu seiner Frau, die sowieso nicht zu ihm paßte und wahrscheinlich auch nicht mit seiner Rückkehr rechnete, denn wer stammesverstoßen war, wurde zu den Toten gezählt.

Hrenki fragte sich, ob ihr Weiterleben ohne Tukano überhaupt noch einen Sinn habe. Wäre es nicht besser gewesen, ihm in den Tod zu folgen?

Sie durfte jedoch nicht daran denken, ins Wasser zu springen und sich den Krokodilen auszuliefern. Genauso unmöglich erschien es ihr, durch den Prankenhieb eines Jaguars oder durch den Biß einer Schlange umzukommen. Hrenki war einfach zu jung, um freiwillig zu sterben. Sie wußte nicht, was sie jetzt tun sollte, und kam deswegen auf die schlimmsten Gedanken.

Hätte sie das Boot besessen, wäre alles leichter gewesen. Tukanos Kanu trieb jetzt den Tocantins hinab. Seine Flinte, seine Hose, ihr Kleid lagen noch darin. Es würde irgendwo im Gestrüpp hängenbleiben oder in einer Stromschnelle kentern. Vielleicht würde es auch von einem Caboclo an Land gezogen, der dann glücklich war und der Mutter Gottes eine Kerze weihte, weil sie ihn die Gaben finden ließ.

Die Nacht nahm kein Ende. Alle Tiere schienen zu schlafen. Nur Hrenki wachte. Sie sah nach den Sternen, blickte dem Mondschifflein nach und fürchtete sich.

Der erste rötliche Schein am Osthimmel erinnerte sie an das blutgefärbte Wasser der Bucht. Ihr war so elend zumute, daß sie auf dem Baum sitzen blieb, bis die Sonne am Himmel stand. Da erst kam sie herab und kauerte sich neben das Wasser. Sie trank und glaubte, Tukanos Blut trinken zu müssen. Da weinte sie wieder um ihn und überhörte das Brummen eines Motors. Ein Boot kam am jenseitigen Ufer den Fluß herauf.

Hrenki bemerkte es erst, als es vorbei war. Ihr fiel ein, daß sie hätte winken müssen. Wie sollte sie sonst diese Unglücksstätte verlassen können?

Ein Boot bedeutete Rettung. Hrenki erkletterte die Steilwand, von wo aus sie Ausschau hielt. Um diese Jahreszeit waren Einbäume oder größere Fahrzeuge keine Seltenheit. Unglücklicherweise befand sich die Fahrtrinne auf der anderen Seite, während am diesseitigen Ufer nur mit Männern zu rechnen war, die ihr Boot paddeln und staken mußten.

Geduldig harrte Hrenki auf der Uferwand aus. Jetzt, da ihr eigenes Leben auf dem Spiele stand, klang ihre

Traurigkeit ein wenig ab. Sie hätte den Galeriewald durchqueren und im Hinterland durch den Sertão laufen können, doch stieß sie dort auf keine Menschenseele, während am Fluß hier und dort Siedler wohnten.

Der Tag verstrich, und Hrenki wurde hungrig. Das Gürteltier ging bereits in Verwesung über; sie besaß keine Möglichkeit, ein Feuer anzuzünden und es im eigenen Panzer zu braten. Deswegen suchte sie schließlich den Wald auf, wo im morschen Holz der umgestürzten Bäume zarte Larven steckten. Während ihres Beisammenseins mit Déa war sie jedoch von ihren indianischen Gewohnheiten abgekommen, so daß ihr dieses Gewürm nicht mehr schmeckte.

Als sie wieder auf der Uferbank saß, überlegte sie sich, ob es nicht besser wäre, nach Corcunda zurückzukehren. Sie brauchte, um den Araguaya zu erreichen, nur in Richtung des Sonnenunterganges zu laufen. Sie würde diese Strecke bestimmt in zwei Tagen zurücklegen. Dort müßte sie auf ein Fahrzeug warten, genauso wie hier.

Am Nachmittag kam am jenseitigen Ufer wieder ein größeres Boot vorbei. Es fuhr diesmal mit der Strömung, aber keiner der Insassen blickte zu ihr herüber. Hrenki sprang ganz verzweifelt hin und her, bis das Fahrzeug ihren Blicken entschwand.

Abermals wurde es Nacht. Hrenki fiel in einen traumschweren Schlaf, aus dem sie wiederholt erschreckt auffuhr. Der Hunger plagte sie, auch fühlte sie sich schwach und elend. Hätte sie sich auf ihrem Baum nicht angebunden, wäre sie bestimmt zu Boden gestürzt.

Am nächsten Morgen faßte sie den Entschluß, den Sertão aufzusuchen. Dort gab es wenigstens Wildfrüchte, und sie mußte nicht verhungern. Mit dem Buschmesser bahnte sie sich einen Weg durch den Urwald, bis er lichter wurde und sie rascher vorankam. Endlich erreichte sie offenes Gelände.

Hier fühlte sie sich wohler. Stellenweise gab es hohe Grasbestände, die sie nach Möglichkeit umging, weil sie die darin befindlichen Jaguare und Schlangen fürchtete. Die Richtung konnte sie nicht verfehlen, solange sie den Galeriewald erblickte, der die Nähe des Tocantins verriet. Unterm Arm trug sie ihre Decke, in der rechten Hand das Buschmesser. Den Hunger stillte sie durch wilde Cajú und Palmnüsse.

Hrenki beeilte sich und legte an diesem Tag fünfzig oder gar sechzig Kilometer zurück. Sie begegnete nicht einem Tier und sah über sich nur einige Vögel fliegen. Dann kam sie an eine ausgedehnte Brandstelle mit noch glimmenden Wurzelstöcken. Für alle Fälle nahm sie sich Feuer mit. Dadurch war es ihr möglich, sich in der Nacht vor wilden Tieren besser zu schützen. Sie trug den glimmenden Stock wie eine Kostbarkeit, und als sie wieder ein ausgedehntes Grasfeld erreichte, zündete sie es kurzerhand an und wartete, bis das Feuer prasselnd um sich griff und mit dunklen Wolken dahinjagte. Im Nu war alles weithin abgebrannt. Hrenki lief durch kohlschwarze Asche und atmete die heiße, stickige Luft des Brandes. Da sie das Grasland nicht mehr umgehen mußte und alles übersehen konnte, gewann sie viel Zeit.

Plötzlich sah sie vor sich ein Maniokfeld, das auf in der Nähe lebende Siedler oder Indianer schließen ließ. Ihr war es jetzt gleich, ob sie diese oder jene antraf; ihr lag nur daran, daß sie endlich zu Menschen kam.

Ein schmaler Pfad, auf dem Hrenki frische Fußabdrücke erkannte, führte von dem Felde zum Galeriewald und weiter zum Tocantins. Zweifellos würde sie bald auf eine menschliche Siedlung stoßen.

Vorsichtiger ging sie durch den Wald, der dunkel und drohend auf sie wirkte. Ihr Herz schlug ängstlich. Am liebsten wäre sie umgekehrt, doch fürchtete sie sich vor der einbrechenden Nacht.

Der Pfad führte wohl zum Fluß, aber keineswegs zu einer Siedlung. Am Tocantins endete er.

Hrenki stand auf einer Sandbank und besah sich die menschenleere Gegend. Ihr Herz schlug wieder ruhig, aber eine grenzenlose Verlassenheit übermannte sie, und schluchzend warf sie sich in den warmen Sand.

Die hereinbrechende Dunkelheit brachte sie jedoch wieder auf die Beine. Ihre Furcht vor Krokodilen war größer als ihre Verzweiflung.

Der Stock neben ihr glomm nur noch schwach. Da erschrak sie und suchte dürres Gras und Holz, häufte es und blies vorsichtig das noch vorhandene Fünkchen an. Es gelang ihr, das dürre Gras fing an zu brennen, und bald loderte ein Feuer, das sie die ganze Nacht unterhalten wollte. Wo die Sandbank zu Ende war, lag ein angeschwemmter Baum. Hrenki schleppte ihn heran und hockte sich nieder, um den schützenden Flammen recht nahe zu sein.

Sie wußte, daß kein Tier in ihre Nähe kam, solange das Feuer brannte. Lieber wollte sie auf den Schlaf verzichten als auf die rettenden Flammen. Sie lächelte traurig vor sich hin, ohne an den morgigen Tag zu denken.

Die Nacht begann, die Sterne standen wieder über ihr, und das kleine Mondschiff trat seine nächtliche Reise an.

Hrenki war eingeschlafen, erwachte jedoch, als vom Fluß herüber leises Plätschern erklang. Sie legte erschrocken dürres Holz nach, damit die Flammen höher loderten. Ihr Schein fiel bis auf den Fluß hinaus.

Dort schob sich ein dunkler Schatten in die flakkernde Helligkeit. Hrenki sprang auf, als wollte sie fliehen.

Ein Einbaum stieß auf den knirschenden Sand. In ihm saßen zwei Männer, die neugierig die an dem Feuer stehende Gestalt betrachteten.

»Boa noite«, grüßten beide, ohne von ihren Plätzen aufzustehen, und der eine fuhr fort: »Wir wollten nur nachsehen, wer hier lagert. Es könnte sein, daß jemand Hilfe braucht.«

Mit langsamen Bewegungen schlug Hrenki ihre Decke um sich, und sie ging, das Buschmesser in der Hand, zu dem Boot hinüber. Es blieb ihr keine andere Wahl, als sich diesen Männern auszuliefern.

»Bist du ganz allein?« fragte der eine verwundert.

Sie nickte und stieg in den Einbaum. Ihr war jetzt alles egal. Die Männer fanden vor Erstaunen keine Worte. Trotzdem stießen sie vom Sand ab und paddelten davon. Die Fahrt ging schräg über den Tocantins zum anderen Ufer hinüber, wo unter großen Bäumen eine Hütte stand. Hrenki hatte sie von der anderen Flußseite aus nicht sehen können.

Langsam folgte sie den Männern, die hier zu Hause waren. Sie fürchtete sich so sehr vor den Schrecken einer neuen Nacht auf der Praia, daß sie lieber den Fremden folgte, als noch einmal allein zu sein.

Eine ältere Caboclofrau saß in dem kleinen Haus und hatte den Tisch gedeckt. Sie blickte die Eintretenden mit großen Augen an, sagte jedoch kein Wort.

Hrenki grüßte, wie sie es von Déa gelernt hatte.

»Ja, da sind wir«, sagte der ältere der beiden Männer und schob Hrenki eine Kiste zu, auf die sie sich setzen sollte.

»Mir scheint, daß wir zur rechten Zeit gekommen sind. Bevor du uns deine Geschichte erzählst, können wir essen. Vielleicht bist du hungrig.«

Auf dem Tisch standen gekochter Fisch und geröstete Bataten.

Hrenki schämte sich, da sie kein Kleid besaß und in der umgewickelten Decke nicht zu essen wagte. Sie griff nur mit einer Hand zu, weil sie mit der anderen die Decke hielt.

»Hast du das Kleid verloren?« fragte die Frau mit leiser Stimme.

»Alles«, erwiderte Hrenki, während sich ihre Augen mit Tränen füllten.

»Ist das Boot gekentert?« erkundigte sich der ältere Caboclo.

»Der Wind hat es weggetrieben«, erklärte Hrenki mit niedergeschlagenen Augen. »Wir kamen vom Araguaya, Tukano und ich. Als das Kanu abtrieb, wollte Tukano nachschwimmen.«

Hrenki kämpfte mit ihren Tränen und brachte kein Wort mehr heraus.

»Armes Kind«, sagte der Mann, denn er und die anderen ahnten, daß sie Furchtbares erlebt haben mußte.

»Heilige Mutter Gottes«, stieß die Frau seufzend hervor, »so haben diese Teufel auch unser Kind geholt.« Sie fuhr sich mit der flachen Hand übers Gesicht und schob Hrenki die Fischschüssel zu.

»Was soll nun werden?« fragte der Mann teilnahmsvoll. »Bist du am Araguaya zu Hause?«

»Ich bin eine Crao«, gab Hrenki Bescheid. »Mit Tukano wollte ich zum Posten des SPI und von dort in unser Dorf.«

»Wo ist das Boot abgetrieben worden?« wollte der Caboclo wissen.

»Ich bin von dort einen ganzen Tag durch den Sertão gelaufen, bis ich die Maniokpflanzung drüben am anderen Ufer erreichte und den Weg bis zu jener Sandbank fand.«

»Bei uns bist du gut aufgehoben«, versuchte die Frau Hrenki zu trösten. »Vielleicht paßt dir eine von meinen Blusen, damit du etwas anzuziehen hast. Roberto, unser Sohn, wird dafür sorgen, daß du eine Fahrgelegenheit bis zum Posten bekommst. Hier fährt so manches Boot vorbei, das dich mitnehmen kann. Ruhe dich erst einmal ordentlich aus. Du siehst schrecklich mitgenommen aus, armes Kind, aber wir werden dich schon wieder auf die Beine bringen.«

Hrenki sagte: »Muito obrigado«, vielen Dank.

Sie fühlte sich plötzlich geborgen und begann zu diesen einfachen, freundlichen Menschen Vertrauen zu fassen.

Drei Tage blieb sie hier. Roberto paddelte eines Morgens einem Händlerboot entgegen, stoppte es und redete mit den Insassen. Dem Bootsbesitzer war ein Abstecher zum SPI-Posten ganz recht. Er kannte Senhor Dias und wußte, daß er das Mädchen nicht umsonst mitzunehmen brauchte; außerdem versprach er sich von diesem Besuch ein kleines Geschäft. Der Posten hatte immer etwas zu befördern, und für ihn spielten einige Cruzeiros mehr oder weniger keine Rolle.

Hrenki verließ die Caboclos, bedankte sich für die freundliche Aufnahme und ging an Bord des Motorbootes. Die Caboclofrau hatte ihr eine Bluse geborgt, die der Händler wieder mitzubringen versprach.

Nun stand ihrer Heimkehr nichts mehr im Wege. Die Bootsleute fuhren auch in der Nacht, denn sie kannten den Fluß zur Genüge. Für Essen war gesorgt, und zum Schlafen fand jeder ein Plätzchen auf der Ladung, die aus Fässern, Kisten und Säcken bestand.

Nach einigen Tagen hieß es an Bord, die Häuser des Postens kämen in Sicht. Hrenki sah diesem Augenblick voller Spannung entgegen.

Da gab es jedoch nichts Außergewöhnliches zu sehen. Die Gebäude glichen den üblichen Siedlerhäusern, und sie standen auf einer hohen Böschung, wie überall an den Flüssen.

Senhor Dias kam zur Begrüßung der Ankömmlinge ans Wasser herunter. Wer so selten Gäste sah, mußte den Besuchern die nötige Ehre erweisen.

»Wir bringen Ihnen ein Mädchen«, sagte der Händler nach der umständlichen Begrüßung.

»Nein, mit was heutzutage alles gehandelt wird!« gab Senhor Dias lachend zurück, weil er hinter des Händlers Worten einen Scherz vermutete.

»Ich wollte es nur abliefern, aber nicht verkaufen«, erwiderte der andere.

Der Postenführer wurde stutzig und fragte gespannt: »Wen bringen Sie?«

»Ein Craomädchen, dem das Boot davongeschwommen ist. Es heißt Hrenki und will heim in das Dorf Icré.«

»Mann Gottes, wissen Sie, was Sie da sagen?« entfuhr es Senhor Dias. »Seit Monaten suchen wir Hrenki!

Komm her, mein Kind! Laß dich umarmen! Ave Maria, daß wir dich gefunden haben!«

Senhor Dias vergaß plötzlich seine Gastgeberpflichten und kümmerte sich nur noch um Hrenki. Er drückte sie an sich, ließ sie nicht mehr los und hieß sie wiederholt willkommen. Die Heimkehr eines eigenen Kindes hätte ihn kaum mehr aufregen können.

Ohne die anderen ins Haus einzuladen, stürmte er mit Hrenki die in die Lehmwand gehauenen Stufen hinauf, dabei hielt er die kleine Crao fest, als fürchtete er, sie wieder zu verlieren.

»Hrenki! Hrenki!« brüllte er, oben angekommen, damit es alle hörten.

Seine Frau, sämtliche Kinder des Postens, auch Manuel, Nuno, Miguel und wie sie alle hießen, kamen angelaufen, um das Wunder zu bestaunen. Hrenki wurde von allen gedrückt und so herzlich willkommen geheißen, daß sie nicht wußte, wie ihr geschah.

»Wo bist du gewesen?«

»Kommst du allein?«

»Wie ist es dir ergangen?«

Die Fragen hagelten nur so auf Hrenki herab, die nicht eine einzige zu beantworten vermochte.

»Laßt sie in Ruhe, denn sie versteht kein Portugiesisch«, wehrte schließlich Senhor Dias den Ansturm ab.

Da mußte Hrenki jedoch lachen, und sie bestritt diese Vermutung energisch.

»Aber das ist ja großartig!« rief der Postenführer begeistert. Und jetzt war er es, der ein Dutzend Fragen auf einmal stellte.

Er zog Hrenki auf eine Bank unter einem Mangobaum und umschlang väterlich ihre Schultern. Alle anderen bildeten einen Halbkreis um sie herum. Sie wurden still, standen zuerst, setzten sich dann, lagen zuletzt im Schatten ausgestreckt und lauschten Hrenki, die ihre Geschichte von Anfang an erzählte.

»Jetzt gibt es kein Zögern mehr«, entschied der Postenführer am nächsten Morgen. »Nuno und Manuel, ihr fahrt mit dem motorisierten Einbaum los und sucht Hrenkis Vater und den anderen Crao. Beeilt euch und kommt nicht ohne die beiden zurück! Sie befinden sich bestimmt noch oberhalb des Tocantins, andernfalls hätten sie uns einen Bescheid zukommen lassen. Nehmt genügend Verpflegung mit. Los, verschwindet!«

Während sich die beiden davonmachten, fragte Hrenki die Frau des Postenführers, ob Nuno nicht schon alles berichtet habe, nachdem er doch in Corcunda bei ihr gewesen sei.

»Kein Mensch hat den beiden ihre Erzählung geglaubt«, antwortete Dona Marietta, die Frau des Postenführers. »Wir hielten es einfach für unmöglich, daß du nicht mitkommen wolltest, denn wir konnten ja nicht wissen, wie gut du zu der Senhorita stehst. Du hattest also Angst vor Nuno und Manuel?«

»Ja«, gestand Hrenki lächelnd.

»Na ja, sie werden auf einer so langen Fahrt nicht wie Pastorensöhne ausgesehen haben. Aber nun sage mir, mein Kind, wie wirst du dich zu Hause fühlen? Ich meine, im Dorf der Crao. Die siehst aus wie ein Siedlermädchen, sprichst jetzt eine zweite Sprache und hast dir Manieren zugelegt, die bestimmt nicht indianisch sind. Ich glaube, die Umstellung wird dir nicht leichtfallen.«

»Bestimmt nicht«, wagte Hrenki zu behaupten. »Aber ich gehe gern zurück. Viel zu lange war ich weg.«

»Trotzdem solltest du wissen, daß du jederzeit zu uns kommen kannst. Wie du weißt, achtet der Posten darauf, daß kein Crao sein Dorf verläßt, um woanders Arbeit zu suchen. Er könnte nur zu leicht unter Menschen geraten, von denen nichts Gutes für ihn zu erwarten wäre. Bei dir liegt der Fall anders. Du bist gegen deinen Willen verschleppt worden und kannst nichts dafür, daß aus dir ein anderes Mädchen geworden ist.«

»Ich bleibe im Großen Lied«, erklärte Hrenki, und ihre Augen strahlten. »Déa sagte, ich soll für immer zu ihr kommen, wenn ich mag, doch wird sie es nicht erleben.«

»Dann ist ja alles gut«, meinte Dona Marietta beruhigt.

Hrenki verbrachte beim Posten viele frohe Tage. Alle Leute waren gut zu ihr und überhäuften sie mit Geschenken.

So blieb es, bis eines Tages ein Motorboot um die nächste Landzunge bog, in dem vier Männer saßen. Einen kleineren Einbaum hatten sie im Schlepptau hängen.

Sämtliche Postenbewohner kamen angelaufen und blieben auf der Böschung stehen.

Hrenki sprang die Treppe hinab, wartete mit Herzklopfen am Ufer und sah den Ankommenden fiebernd vor Ungeduld entgegen. Sie erkannte den Vater, Ganaz und die anderen. Am liebsten wäre sie ihnen entgegengeschwommen, denn hier gab es keine Krokodile und Piranhas.

Das Boot scheuerte auf den Sand, und die Männer stiegen aus.

Hrenki schlug die Augen nieder. Ihr Vater kam auf

sie zu, legte seinen Arm um ihre Schultern und ging mit ihr die Stufen hinauf. Kein Wort wurde gewechselt. In ihrer indianischen Art konnten sie schweigen und vor den anderen ihre Gefühle verbergen.

Ganaz benahm sich so unbeteiligt, als hätte er nichts für das Mädchen übrig. Er sah es kaum an.

Die anderen erzählten den beiden Crao, wie Hrenki zu ihnen gekommen war und was sie alles erlebt hatte.

Insú verbarg seine Freude, aber wenn er allein war, huschte ein glückliches Lächeln über sein Gesicht.

Er hatte es eilig, vor dem Regen nach Hause zu kommen. Es stand zwar nicht ein Wölkchen am Himmel, doch wollte ihm keiner widersprechen. Der Postenführer erreichte lediglich eine Frist bis zum nächsten Morgen.

Die Crao sollten sich mit Lebensmitteln, Geschirr und allen möglichen Dingen beladen. Insú aber lehnte außer einer Axt und einem neuen Buschmesser alles ab. Ganaz nahm ebenfalls ein langes Messer und dazu — eine Trillerpfeife.

Hrenki begnügte sich mit einer warmen Decke. Schließlich wickelte sie noch drei Kämme, drei kleine runde Spiegel und zwei Lendentücher ein, denn sie dachte dabei auch an ihre Freundinnen Ara und Tucra.

So schieden die drei vom Posten. Insú und Ganaz drehten sich nicht um, aber Hrenki winkte noch mehrmals zurück.

Unter einem Mangobaum, der voller Früchte hing und zu dem die Postenleute täglich kamen, zog sie die Bluse aus, die ihr die Caboclofrau gegeben hatte. Sie legte sie so hin, daß sie gefunden werden mußte. Dann eilte sie den Männern nach.

Nun war sie wieder eine Indianerin vom Stamm der

Crao. Sie freute sich darüber und wurde lustig. Die Männer stießen gellende Rufe aus.

Und Hrenki fing an zu erzählen. Jetzt, da sie unter sich waren, verwandelten sie sich in fröhliche Menschen. Hrenki fand kein Ende. Sie ging in der Mitte hinter Ganaz und drehte sich immer wieder um, weil sie ihren Vater sehen wollte.

Es war ein schöner Tag. Alles Schlimme war jetzt vergessen. Vögel zwitscherten und sangen im Sertão, Araras strichen kreischend über die Heimkehrenden hinweg, und Zikaden sirrten, als wollten sie Hrenkis Heimkehr begrüßen.

Anmerkungen

Alqueira, brasilianisches Flächenmaß (1 Alqueira entspricht 2,5 Hektar).

Amazonas, wasserreichster und, wenn man die neuerdings angegebene Länge von 6518 Kilometer zugrunde legt, längster Strom der Erde. Seine Mündung in den Atlantik ist 250 Kilometer breit. Er und seine 200 Nebenflüsse bewässern das größte Urwaldgebiet unseres Planeten.

Anakonda, eine Riesenschlange im Amazonasgebiet, die 12 Meter lang werden kann, den Menschen jedoch nur selten angreift. Sie ist nicht giftig, sondern erwürgt ihre Beute. Hauptsächlich ernährt sie sich von Wasserschweinen.

Arara, auch Ara und Ararauna genannt, ist ein großer, farbenprächtiger Papagei in den tropischen Wäldern Südamerikas.

Babam, nimmt im Glauben der Crao die Stelle eines Schöpfers bei Nacht ein.

Batate, eine süßschmeckende, stärkehaltige Wurzelknolle der Knollenwinde. Sie kann in tropischen Gebieten angebaut werden, aber kommt in Südamerika auch wildwachsend vor.

Buritipalme, eine Fächerpalme, wächst in feuchten Niederungen. Aus ihren frischen Trieben werden die Fasern für allerlei Flechtarbeiten gewonnen.

Buteblö, die oberste Gottheit der Crao. Der Buschgeisterglaube ist jedoch bei den meisten südamerikanischen Indianerstämmen ausgeprägter als der Gottglaube.

Caatinga, indianische Bezeichnung für das trockene

Hinterland im Norden Brasiliens. Bekannt durch die periodisch auftretenden Dürrezeiten.

Caboclo, der nichtindianische Bewohner des brasilianischen Landesinneren.

Cajú, birnenförmige, saftige und gutschmeckende Baumfrüchte. Ihre Kerne werden geröstet und konserviert.

Capivara oder *Capybara,* ein Wasserschwein, das eine Länge von über einem Meter erreicht. Es ist das größte Nagetier und ein vorzüglicher Schwimmer.

Cayapó, ein Indianerstamm, der zwischen den Flüssen Araguaya und Xingú ansässig ist und zu der Gruppe der Gé gehört. Die Männer tragen kleine Lippenscheiben. Sie galten bis vor kurzem als sehr kriegerisch.

Chavante, ein Stamm am Rio das Mortes (Mato Grosso).

Cherenté (Cherenti), gehören zu den Chavante, leben jedoch sehr verstreut und haben sich zum großen Teil der Zivilisation angepaßt.

Cruzeiro, die brasilianische Währung.

Dona, Anrede bei Gebrauch des Vornamens.

Nandu, ein Straußvogel.

Farinha, das grobkörnige Produkt aus getrocknetem und gemahlenem Maniok.

Fazenda, heißt in Brasilien jede Farm mit landwirtschaftlichem Betrieb, z. B. mit Anbau von Kaffee, Kakao oder Früchten, ebenso aber auch mit Viehwirtschaft.

Flagelado, der Geschlagene, ein Flüchtling aus den Trokkengebieten von Pernambuco im Nordosten Brasiliens, wo mitunter eine entsetzliche Dürre (Sêca) die Einwohner zur Abwanderung zwingt.

Ganaz, Gürteltier, gehört zu der Familie der Zahnarmen, trägt einen Schuppenpanzer, ernährt sich von Ameisen und Termiten und lebt in selbstgegrabenen Erdhöhlen.

Gé, eine indianische Sprachgruppe, der u. a. die Crao, Cayapó und Chavante angehören.

Hokko oder *Mutum,* großes, schwarzes, vorwiegend auf Bäumen lebendes Waldhuhn.

Hornfrosch, ein dem Ochsenfrosch verwandter, 20 Zentimeter langer und in Brasilien vorkommender Frosch.

Interior, das brasilianische Hinterland.

Jaguar, in Brasilien auch Tigre genannt, ist das gefährlichste Raubtier des Landes. Er hält sich auf den Bäumen auf und ist ein guter Schwimmer.

Kaiman, ein stumpfschnäuziges Krokodil.

Kalebasse, eine kürbisähnliche, ungenießbare Frucht, die als Cuja auf niederen Bäumen wächst und fast 50 Zentimeter groß werden kann oder in geringer Größe an Ranken wächst. Sie findet als Wasserbehälter, Trinkbecher und Tanzrassel Verwendung.

Kolibris, kleine, farbenprächtige Rackenvögel, die im Schwirrflug Nektar und kleine Insekten aus Blütenkelchen holen. Einige Arten sind nicht größer als Hummeln.

Légua, brasilianische Meile (1 Légua = 5 km).

Londra, die südamerikanische Art des Fischotters.

Mamão, die brasilianische Bezeichnung für Papaya, eine zartfleischige, gutschmeckende, melonenartige Frucht eines tropischen Baumes. Sie enthält das pflanzliche Pepsin.

Mango, orangegelbe, fleischige Steinfrucht, wächst am immergrünen Mangobaum, der sehr groß wird.

Maniok, Mandioka oder Manhiot genannt, ein tropisch-amerikanisches, jetzt auch in Afrika angebautes Wolfsmilchgewächs. Die Wurzelknollen werden, da sie Blausäure enthalten, durch Auswaschen entgiftet und sind ein wichtiges Nahrungsmittel der Indianer.

Medizinmann, auch Pagé genannt, ist Heilkundiger und auch Zauberer. Er verwendet vielerlei Heilkräuter und bedient sich magischer Mittel. Seine Macht ist oft größer als die eines Häuptlings.

Palmito, Palmenmark, kann roh gegessen oder als Gemüse zubereitet werden.

Pekari, kleine Wildschweine, die in Rudeln auftreten, selbst den Jaguar angreifen und von den Indianern gefürchtet werden.

Piranha, ein Raubfisch mit messerscharfen Zähnen, der fast in allen Amazonasgewässern vorkommt. Durch Blut angelockt, überfällt er Tiere und Menschen, um sie in wenigen Minuten zu skelettieren. Die Piranhas kommen in mehreren Arten vor, werden bis zu 25 Zentimeter lang und von den Einheimischen gern gegessen.

Pirarucú, der größte Amazonasfisch, dessen Länge drei Meter betragen kann. Er hält sich mit Vorliebe in Buchten auf.

Purgiernüsse, können sehr giftig wirken, werden von den Crao schmerzlindernd angewandt und enthalten ein Abführmittel, das in der modernen Medizin Verwendung findet.

Put, in der Vorstellung der Crao ein Geist, der am Tage schafft.

Sertão, die brasilianische Wildnis.

Sertanejo, Bewohner des Sertão.

SPI = Servico de Protecão aos Indios (Indianerschutzdienst). Er wurde zum Schutz der Indianer im Jahre 1910 von Marschall Silva Rondon gegründet. Der Grundsatz des SPI lautet: ›Sterben, wenn nötig — töten nie!‹ Der SPI besitzt im Interior viele Posten, um indianische Stämme zu befrieden und ihre Interessen zu vertreten.

Tapirapé, ein Indianerstamm, aber auch Name eines Nebenflusses des Rio Araguaya.

Termiten, kleine ameisenähnliche Kerbtiere, die aus Kot und Lehm Burgen bauen, Bäume und Balken aushöhlen und dadurch großen Schaden anrichten können. Sie meiden das Tageslicht und legen röhrenartige Gänge an.

Toro, Stier.

Tribu, Stammesverband.

Tukan oder *Pfefferfresser,* mit seinem großen farbigen Schnabel zählt er zu den schönsten Vögeln Südamerikas.

Urubu, ein Indianerstamm der Tupisprachfamilie im östlichen Waldland Brasiliens; aber auch ein Nackthalsgeier, der von Aas und Abfällen lebt und dadurch sehr nützlich ist.

Urucú, ein roter Farbstoff, der aus den Samenkapseln der Bixa orellana, seltener aus deren Rinde und Wurzeln gewonnen wird. Mit Öl vermischt, wird er in Klumpen aufbewahrt und gern als Tauschmittel gebraucht. Urucú wird neben Genipa (blauschwarzer Farbstoff) zur Körperbemalung verwendet.

Vaqueiro, Rinderhirt.

Inhalt